國立台灣大學法學叢書（一○七）

台灣法律史的建立

王泰升　著

國立台灣大學法學叢書編輯委員會編輯

序　言

　　本書以筆者自一九九三年返國後迄今所發表的數篇論文為主，經整理及修改後集合而成，其內容不免有重複之處，尚請讀者見諒。惟〈導論〉一文雖有部分之前曾經發表，但大部分係於完成上開論文之後才形塑出較完整的論點。這也代表個人嘗試進行從具體到抽象、從個別到一般的理論建構方式，但可能仍有不周密者，祈請指正。

　　若無許多人的協助，本書是不可能出現的。感謝所有台大法律系師長支持我回母校任教，肩負這般期待的壓力，配合台大良好的學術環境，才能寫出這些論文。也要感謝跟我一起探索台灣法律史的那群熱情又認真的同學們，特別是直接參與本書之編輯和校對工作的陳昭如、曾文亮、鄭宏基、沈靜萍、梁煒智、羅詩敏、鄭凱榕等同學。更要感謝家人一直支持著我朝向學術研究發展，並以此書獻給我的好牽手惠玲。

王　泰　升

一九九七年八月

於台北自宅

簡　目

詳　目

研究方法篇

日治時期法律篇

3.日治時期台灣特別法域之形成與內涵—台、日的「一國兩制」.................101

專題研究篇

圖 表 目 錄

導　論

壹、一個長期被忽視的研究領域

一、整個國家歷史教育的問題

　　一九九三年筆者甫自美國留學回來，當被詢問及專攻領域時，為配合一般人的慣用語，經常即簡單地回答：「法制史」。但似乎大部分的人聽了之後，就想當然爾的認為是「中國法制史」，僅有少數

人會進一步追問：「是中國法制史還是西洋法制史？」卻幾乎沒有人想到是「非中非西」的台灣法律史。爲什麼台灣社會的人們，竟然不會把「法制史」一詞與自己所身處的「台灣」聯想在一起呢？

　　向來在台灣的歷史教育是從屬於統治者的國家意識型態。做爲一個「想像的共同體」的近代「國民國家」（ nation-state ），常想透過人爲的歷史教育來塑造「國民意識」，歷史因此必須依據這個「國家」的意識型態加以解釋。一八九五年日本帝國征服台灣，台灣社會第一次被納入這種近代型國家權威底下，當時在台灣的歷史教育因而是爲「日本國民意識」而服務的。[1]於五十年後的一九四五年，另一個近代國家權威—中華民國國民（黨）政府—又跨海而來、君臨台灣社會，歷史解釋的目標因而改變爲灌輸「中國國民意識」。[2]正因爲近百年來台灣社會在政治上一直未被定位爲一個「國家」，使得在台灣的歷史教育，始終不以台灣社會自身的發展爲主軸進行「國民塑造」的工作，反而刻意的讓台灣社會去曲從、去依附另一個與其具有若干異質性的社會—或日本社會或中國大陸社會。尤其當討論的對象是高度涉及國家權力的法律制度，統治當局更不願台灣相對較特殊的法律生活經驗被突顯出來，這些特殊經驗只能以「地方史」的身分被置於「國家史」的大脈絡下，或者乾脆避而不談，好讓它逐漸被大眾所淡忘。在這種惡劣的大環境裡，以台灣爲主體的台灣法律史，很難有生存及自由揮灑的空間。

二、以有關繼受西方法之討論爲例

---

[1]　日本官方出版之有關台灣通史的書籍，即充分顯露出這種性格。參見翁佳音等，《台灣通史類著作解題與分析》（台北：業強，1992 年），頁 103。

[2]　參見翁佳音等，同上，頁 114-115， 120。

　　過去在台灣許多關於繼受西方法的研究，即充分顯示欠缺台灣主體性思考的特色。當日本統治台灣時，在台灣之法學者，絕大多數是日本人，彼等自然把台灣社會之繼受西方法視為其早已在日本內地進行之法律西方化的一部分。雖然他們認知到台灣原屬清帝國統治，並未與「日本內地」同步接觸西方法，且用心地調查及實際上援用所謂的「台灣舊慣」，但日本政府這分對台灣原有法律的關心，最終目的卻在於消滅這些台灣的「特殊」習慣規範。[3] 值得注意的是，在日本統治的一九二〇年代，幾位具有「台灣人意識」的第一代台灣法律人，已試圖本於台灣社會自身的法律發展歷程，探討日本西方式民商法應否施行於台灣的問題。[4] 雖其並未正式揭櫫台灣法律史的大纛，但顯然已流露出台灣主體性的思考方式；只不過，這種聲音在當時極為微弱，且為統治者所不喜。

　　一九四五年以後，新來的中國統治者之歷史經驗，再次決定了這項議題的研究取向。戰後台灣法學界，就繼受西方法的討論，出現了急遽轉變，改以「中國內地」的歷史經驗為準，也就是從一九〇二

---

[3]　日本政府在台灣廣泛調查舊習慣係由後藤新平所力倡，其目的是為了日本帝國在台統治之順遂，且以台灣法律與日本內地法律同一為遠程目標。參見後藤新平，〈經營台灣必須調查舊慣制度的意見〉，《台灣舊慣記事》（中譯本，台灣省文獻委員會譯），1 卷 5 號（原刊於明治 34 年〔1901〕5 月），頁 154-157。

[4]　參見鄭雪嶺（松筠），〈就民商法施行而言〉，《台灣青年》（東方文化書局複刊於民國 62 年），3 卷 4 期（大正 10 年〔1921〕10 月），漢文之部，頁 17-21；林呈祿，〈民法の親族規定を台灣人に適用する法案の疑義〉，《台灣》（原稱《台灣青年》），第 3 年第 6 號（大正 11 年〔1922〕年 9 月），和文之部，頁 21-35。鄭松筠認為身分法事項應隨社會而異，台灣人身分上習慣法係沿襲自傳統中國而不同於日本內地，不宜全部廢棄改依日本內地法。林呈祿亦認為台灣人若干親屬法上習慣由來已數千年，不宜旦夕之間以相異之日本民法親屬編取代之。

年中國（大清帝國）決定學習西方法之時點，開始談對於西方法的繼受，而不分辨所討論的主題究竟是「中華民國法律的西方化」，還是「台灣社會的法律西方化」。事實上這兩者並不一致。當中國於一九〇二年（光緒 28 年）開始嘗試西方化其法律時，台灣已不爲中國政權所統治，故從此時一直到一九四五年爲止，在中國大陸所進行的任何法律改革，都跟當時的台灣社會無關。其實在較早或同一的時間裡，台灣社會正由另一個政權—日本殖民地政府—帶領著，經歷近代西方式法律的施行。若由歷史年代來舉例說明，近代西方式刑法第一次正式被施行於台灣社會，是在日本統治下的一八九六年，[5]中國社會第一次出現近代西方式刑法典，係於一九一〇年，[6]而現行中華民國刑法典之公佈，則已是一九三五年的事。由於今日的台灣社會，基本上乃是延續著一九四五年以前那個台灣社會，[7]倘若探討的主題是台

---

[5]　明治二九年（ 1896 ）律令第四號規定在台灣之犯罪依日本帝國刑法處斷。當時的日本刑法係公布於明治 13 年（ 1880 ）由法國法學者草擬的近代西方式法典。日本帝國刑法於明治 40 年（ 1907 ）再遵循近代西方刑事法理論做若干修改。參見細川龜市，《日本近代法制史》（東京：有斐閣，昭和 36 年），頁 142-148 。

[6]　由日本法學者草擬之第一部中國西方式刑法典—大清新刑律，經附加旨在維護傳統中國禮教的「暫行章程五條」後，由資政院議決，並於宣統 2 年（ 1910 ） 12 月宣佈，但尚未及施行清朝已滅亡。至民國元年（ 1912 ）才刪除大清新刑律中與民主國國體抵觸者，取消原附加的暫行章程五條，改稱「暫行新刑律」，予以頒行。參閱林咏榮，《唐清律的比較及其發展》（台北：國立編譯館，民國 71 年），頁 130-134 ， 195 。

[7]　依官方統計數據，現今台灣社會人口中總計約有百分之八十六係屬「台灣省籍」、「台北市籍」及「高雄市籍」，此即俗稱之「本省人」，其本身或其上一代曾經有受日本統治的經驗。參閱行政院主計處，《中華民國統計年鑑（一九八九年度）》，頁 68-69 。而且今日台灣之自然與社會環境，亦由日本統治下的台灣一脈相傳而來。

灣社會的法律西方化,則當然須觀察台灣在日本統治時期有關西方式法律的制訂與施行的實況,但是長期以來台灣法學界似乎根本無視於這段法律史的存在。此不能不歸因於較欠缺台灣主體性之思考,而這顯然是國家歷史教育的「成功」。[8]

自一九八〇年代後期,原本一直為統治當局所打壓的「台灣本土意識」已在台灣社會逐漸昂揚,台灣法律史終於有機會破繭而出。於一九八六年,也就是台灣即將解除戒嚴邁向政治自由化的前一年,有兩位台灣著名法學者分別在其公開演講中提到:日本統治的五十年對於台灣社會之繼受西方法具有若干正面的意義,[9]雖然這項論點並非其演講的主題,但似乎已展現出從台灣社會之角度思考問題的傾向。約十年後的一九九五年,一群明白揭示認同台灣主體性與自主性的法學者,以「台灣法制一百年」為主題發表多篇論文,且大多肯定台灣法制的現代化,是從一八九五年日本之統治台灣開始,故到一九九五年剛好一百年。[10]可見當今台灣法學界,已有部分學者逐漸擺脫過去由統治者所設下的國家意識型態的框框。立基於台灣主體意識的台灣法律史研究,似乎也將否極泰來、登上法學研究的殿堂。

惟冰凍三尺非一日之寒,台灣法律史研究在好不容易「破冰」之後,仍須面臨漫長崎嶇的路途。在一九九七年的今天,當我表示自

---

[8]　筆者亦不免於成為國家歷史教育下的制式產品,故非得等到赴美國留學之後,才能就此有所反省,進而以台灣在日本統治下對西方法的繼受,做為博士論文的探討主題。

[9]　參見蔡墩銘,〈貴賓致詞〉,《戰後中日法學之變遷與展望》(台北:中國比較法學會,民國76年),頁3-4;王澤鑑,〈民法五十年〉,載於《民法學說與判例研究,第五冊》(台北,民國76年),頁8。上述講詞都是在民國75年(1986)以口頭發表。

[10]　參見台灣法學會(原名為中國比較法學會)編,《台灣法制一百年》(台北,1996年)。

己係專攻台灣法律史時，已有較多的人們知道這是研究有關台灣的法律歷史，但大多數人依舊不清楚它的內容是什麼，或者在心中根本就質疑其存在的必要性。因此以下將先闡明「法律史學」（或簡稱「法史學」）的學問特質，再談「台灣法律史」這個學門的內容。尤應說明者，雖然過去台灣法律史因政治因素而受壓抑，吾人亦不希望未來它亦因政治因素而蒙寵幸，甚至又淪為製造另一個「國家神話」的工具。台灣法律史的存在，應有其學術研究上的理由與價值，且應堅持「反省、批判」與「求真、求善」的學術性格。

貳、法律史學的研究取徑

一、法律史學的研究對象

法律史學所關心的是過去曾發生的法律現象。法律史學之所以要對已成為過去的法律現象加以研究，主要是想透過認識過去，來瞭解現在，進而策畫未來。亦即經由對過去的法律之形成原因和實際運作情形為充分的認識後，瞭解其是否透過文化的傳遞而影響及現今的法律社會，並藉以設計相應的策略來維持或變易傳統觀念，達到改善現行法律的目的。[11]這項研究上的動機，使得如下所述的「法律發展歷程」成為法律史學的研究對象。

---

[11]　參見張偉仁，〈傳統觀念與現行法制－「為什麼要學中國法制史」一解－〉，《台大法學論叢》，17卷1期（民國76年），頁5。

為便於說明法律的發展歷程，姑且將其區分為三個部分：（A）「形成法律的原因」、（B）「法律的規範內容」、（C）「法律的社會效應」（見下一頁所附圖表）。在此必須先界定「法律」（或簡稱為「法」）之意義。若如右圖，將法律的所有成分組合為一個「

法律體系圖

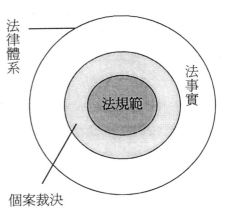

法律體系統包含著「法規範」，即法律當為規範（norm），以及「法事實」，即與法規範相關的經驗性事實。依實證主義（positivism）立場，法律通常被認為具有命令性規範（prescriptive norm）與經驗性事實（empirical fact）的兩面性。[12]本文基本上同意這項見解，認為某一法規範之存在，一方面是一項經驗性事實；另一方面，法規範本身終究是以應然語句所構成的命題，[13]在法律現象的觀察上有必要凸顯這種特質，故宜從所有的法律經驗性事實中特別區分出「法規範」。例如假設某個時代有某法律條文規定：「凡殺人者應處死刑或無期徒刑」，這當然是一個經驗性事實，但它同時是一項由應然語句所構成的「法規範」，我們因此會關心它在當

---

[12]　R. Cotterrell, *The Sociology of Law : An Introduction* (London: Butterworths, 2nd ed.,1992), pp.8-9.

[13]　應然語句是指在其中包含了「禁止」、「允許」、或「要求」的語句。見王海南等，《法學入門》（台北：月旦，1993 年），頁 21 。此部分係由顏厥安教授執筆。

時整個法規範體制中的地位（規範面上的意義），譬如其係立法機關所公佈施行的法律或行政機關頒行的命令（假如有此區分的話）？其與其他法規範是否存有特別法與普通法的關係？不過,關於將該項當為規範解釋適用於某具體生活事實（例如司法裁判），則雖仍和這項法規範之內容有關，但已兼具「法事實」的性格，其觀察重點在於「是否有」、「如何為」、而非「應否為」此一法規範的解釋適用。至於總計該項法規範實際上被援用的頻率及所宣告的刑種,以及是否因而使社會治安趨善等等問題,則已純然屬「法事實」的範疇。

法律發展歷程圖示:

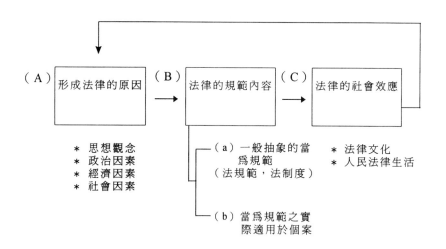

探索（B）「法律的規範內容」,經常是法律史研究的第一步。當我們想研究過去的某一法律現象,通常會從理解當時相關的法規

範之內容入手。法規範是指對不特定人所爲之一般抽象的命令性規範，且係可透過權威機關之強制力所實施之規範，故不同於禮俗、宗教等社會規範。[14]於近代西方式的國家法律，這些法規範包括憲法、立法機關制訂的法律、行政機關的「法規性命令」、[15]地方自治團體本於自治立法權所制訂的法規、國際條約，乃至司法機關所爲實質上具有一般性規範之拘束力的判決理由（例如台灣現行法上的「判例要旨」）等。本書〈日治時期台灣特別法域之形成與內涵－台、日的「一國兩制」〉所談的「法源」，即是此等法規範。惟針對施行傳統中國法之社會，所謂之法規範，宜在官府制定法之外，同時承認由村庄頭人（領導者）、家族長等「權威機關」依其「強制力」所實施的民間習慣規範。本書〈台灣企業組織法之初探與省思－以合股之變遷爲中心〉，因而將台灣在清治時期關於合股的民間習慣規範，納入法規範之範圍內。把相互間具關連性的法規範集合成爲一體，即通常所稱之「法制度」（ legal institution ）或「法體制」。

　　由特定的「法規範」加上「具體生活事實」所構成之個案適用法律結果，雖然已不單純是以一般、抽象性規範之姿而存在，仍宜置於「法律的規範內容」底下。按於個案所出現的法律適用結果（法律判斷），原是依理則學上三段論法，以某特定的法規範爲「大前提」，某具體生活事實爲「小前提」，所得出的「結論」。故可謂是一般、抽象的法規範的具體落實，對於法規範內容的闡明具有重要意義。例如觀察一九二〇年代國家法律對政治犯的處置時，吾人除須瞭解治安警察法內諸多抽象的法規範之外，還須注意到它實際被適用於一九二三年所謂的「治警事件」時的情形，譬如就該事件所爲判決之最高

---

[14]　參見同上，頁 22。

[15]　參見黃茂榮，《法學方法與現代民法》（台北，1993 年），頁 15-18。

刑度僅有期徒刑四個月。又如本書〈台灣日治時期憲法史初探〉，不以討論明治憲法之抽象法規範意義爲已足，尚進一步探求政府機關或人民，於何時援引這些法規範、做什麼樣的法律主張。蓋透過這些實際適用的案例，才可更清晰的認識到法律的規範內容，同時呈現其現實上發生的規範效力。

這些法律的規範內容究竟因何產生，乃是圖表上（Ａ）「形成法律的原因」所擬探討者。法規範既然是一種當爲規範，其背後經常有某種價值觀以決定當爲或不當爲。各種思想觀念乃是形塑價值觀的重要因素，其之影響法規範內容，自屬當然。傳統中國法上許多尊長與卑幼之間的不平等對待，即是來自儒家思想中家族內應卑事尊、幼事長的觀念。但政治因素可能更直接的決定法規範之內容，不論是專制獨裁政治或民主政治皆然。如本書〈日本殖民統治下台灣的法律改革〉所指出，日本帝國在台灣所進行的法律改革，經常有其殖民地統治利益的考慮。至於民主國家，法律所由生的國會，不正是各種政治勢力角力的場所嗎？經濟因素也不容忽視。今已廢止的「獎勵投資條例」，從名稱上即可知是爲了達成經濟目的而制訂的。又社會的變遷，亦可能導致法規範的修改。台灣婦女之社會地位及活動能力的提昇，已相當大的程度，促成了中華民國親屬法上若干不符兩性平權原則之條文，遭立法上廢止或司法上宣告無效（例如大法官會議第三六五號解釋認爲民法第一〇八九條違憲）。以上所舉只是較爲明顯之例，事實上有太多非法律的因素有力地決定了法律的規範內容。

此外，我們同樣或更是關心：在施行了那些法規範之後，究竟因而出現什麼樣的人類社會？亦即（Ｃ）所談的法律對社會的效應（effect）問題。這些與法律相關的社會現象，包括一般所謂的「法律文化」，亦即公眾對於法律的理解、以及對它的態度與反應模式

。包括人們的感覺與作為是否認為法院是公正的？人們在什麼時候願意使用法院？人們認為法律的哪些部分具有正當性？人們一般地認為法律是什麼？[16]例如本書〈台灣日治時期憲法史初探〉，即檢討當時台灣憲法文化之內涵。再者，於經歷數個法律體制之後，台灣人民究竟是認為法律乃統治工具而避之唯恐不及呢？還是認為法律是社會生活關係的最高準繩而積極援引之？另外，還有一些社會現象和人民的「法律生活」息息相關，亦屬考察法律的社會效應時之重點。例如，施行某種有關刑事制裁之法律規範內容（含法規範及在實際個案的適用）之後，社會治安狀況因之發生什麼樣的變化？司法上的律師制度或民法上抵押權、質權等擔保物權制度，是否經常為一般人民所使用？雖為現行國家法規範所否定但係舊有國家法規範所肯定之「女子不繼承家產」，是否仍某程度存在於人民法律生活當中？

　　須解明這三個部分之間的互動關係，才能探知法律的發展歷程。由上述說明應可概略瞭解因（Ａ）而有（Ｂ）、因（Ｂ）而有（Ｃ）的因果關連性。此外，（Ｃ）可能轉化為（Ａ）的一部分，例如正因某種法律規範內容可產生某種社會效應，故在結合某些政治、經濟、社會等因素的考量後，制訂出新的法規範。其實例為：基於傳統中國的保甲制度在清治台灣社會裡具有協助官府維護地方治安的效應，新來的日本政府本諸「以土人法統治殖民地」的政略，制頒了結合近代西方式警察制度的「保甲規則」。或者（Ｂ）可能透過（Ｃ），反向地導致（Ａ）之構成部分發生變化，而變化後的（Ａ）再影響及（Ｂ）。例如某項法律規範內容，因其正當性廣為社會所接受而發揮強大的實質規範力，變更了政治、經濟、社會等結構，進而

16　參見 L. Friedman, *The Legal System: A Social Science Perspective* (New York: Russell Sage Foundation, 1975), pp. 193-194 。

使得新的結構在未來產生出新的法律規範內容。以大法官會議第二六一號解釋，認為第一屆未改選之中央民意代表應於一九九一年年底以前終止行使職權為例。此項法律的規範內容，固然是因台灣政治情勢變遷所致，但因大法官的職權及此項解釋文本身深獲社會肯定，中央民意代表乃全面在台改選，而由台灣選出的代表則使爾後立法院所制訂的法規範更具台灣特色。又，（C）亦可能反向地影響（B），具有不同法律文化背景者，面對相似的法規範條文可能會做出迥異的法律解釋適用。若從本文所稱之（B）及（C）即構成了法律體系，而（A）則屬政治、經濟、社會等體系運作之範疇，來加以觀察，那麼這些也可視為是法律體系與其他非法律體系之間的互動關係。

　　法律史學不宜僅以法規範之集合，亦即法制度，做為研究的對象。按法律史研究所涉及的，經常是現在已失效的法規範，故其不能經由法律之解釋適用而規範當下的生活關係，那又何必對此加以研究呢？主要即是因為它會經由文化的傳遞，而影響及現在的社會。詳言之，法規範（尤其是國家實定法上規範）可能旦夕之間成為無效，但由該等法規範之施行所形塑而成的法律現象（例如法律文化），卻可能延續至下一個施行新法的時代，或需一段時間之後新的法規範才會再形塑出新的法律現象。因此若僅注意「法規範」而不探究「法事實」，則勢必不能藉「過去」的法律來瞭解「現在」的法律現象，更遑論對「未來」法律的發展提出預測，致喪失法律史研究的意義。緣此，筆者以「法律史」取代向來所稱之「法制史」一詞，因其易於被等同為僅以「法制度」為研究對象的制度史。當然，雖以「法制史」為名，但卻以整個法律發展歷程為研究標的，亦未嘗不可。但過去台灣學界已習於以「法制史」之名為「制度史」的研究，例如坊間有關「

中國法制史」的教科書大多如此，故為了刺激學界重新思考斯學的研究對象，擬以新的名稱展現不一樣的研究取徑（ approach ）。筆者絕不敢言「法制史」之稱呼是錯的，只是認為在台灣以「法律史」命名，或許更恰當。其亦可稱為「法史」，就像「法律社會學」可稱「法社會學」，「法律學院」可稱「法學院」。[17]

二、法律史學的研究方法

由於法律史學係以歷史的－亦即過去的－法律現象為對象，兼具歷史學與法學的性格，故其研究方法也須同時滿足這兩種學問的研究方法。[18]

（一）從做為歷史學的一支出發

欲探知與法律相關之歷史事實，須從史料的蒐集著手。由各種史料所可呈現的經驗性事實，多如繁星，研究者勢必只能擷取與其關心重點（問題意識）相關之事實。至於為何關心此不關心彼，只好讓諸研究者主觀的決定。這就像一群朋友去爬山，行走在同樣的山路，唸植物學系者可能注意花草樹木的變化，地質學系者卻注意岩石的變化，專攻土木建築者則專注於築路的技術，蓋各個人主觀的關心點不同也。但歷史事實之是否存在，有客觀的真假對錯可言，故做為史實之基礎的史料宜盡可能多方蒐集，切忌一開始就預設結論而排斥與該「結論」不合之史料，例如只要研究者可找到一名台灣人在日本時代

---

[17] 關於使用「法律史」的名稱，尚有關於研究方法上的理由。參見本書，頁85。台灣著名的法理學教授楊日然亦使用「法律史學」一詞，參見楊氏上課筆記。

[18] 參見齋川眞，〈法史學の位置と方法について〉，《法制史研究》，第43期（ 1993 年），頁129-133。

就讀於法科，即可主張向來所謂「台灣人在日本時代不能唸法律」之陳述為假。

　　面對相同的歷史事實，不同觀點的人可能會有相異的歷史詮釋與評價。歷史之構成，尚須以因果關係的說明將歷史事實加以串連。因果關係的認定，固然有某程度的客觀性，例如須符合史料的記載、事件發生當時一般人的認知、或當時的物質條件，但觀察者主觀上採取的不同觀點，可能導致對「因」之由來有不同意見。例如發生一件官民衝突的法律案件，站在人民立場（人民史觀）者，可能會強調係由於政府種種不合理施政所致；站在政府立場（統治者史觀）者，則可能認為是由於一群政治野心分子的煽惑所致。好比前舉爬山之例，觀察者在山底及山峰將看到不同景致，但可能並非山景有變化而是其觀察的立基點不同。這種歷史詮釋，固難脫觀察者自身所選定立場的影響，惟其結論終究須獲得大多數人的接受，此雖不表示其具有絕對客觀性，但可制衡詮釋者個人的恣意曲解。至於歷史評價的做成，則根本須先以某項主觀的價值為準，始能評斷某事件之為善或惡，故只有妥當與否而無真假的問題。

　　為提昇法律史學的「科學性」，意即「相互批判可能性」，研究者應盡量以各種史料探究某項歷史事實之真假，以史料、一般事理、或邏輯法則，質疑歷史事實之間因果關係說明的真實性或合理性，甚至本於已被明白揭示的同一價值觀，檢討據以做成的歷史評價是否妥當。若根據不同的價值觀指摘他人歷史評價為不妥當，則已涉及做為評價前提的價值之主觀信仰問題，難以進行學術上有意義的討論。

　　法律史學亦可藉由史學「鑑往知來」的作用，預測某種法律的施行結果。當吾人針對過去的法律發展經過，分析出「什麼樣的法律規範內容導致什麼樣的法律社會現象」之後，即能預測現在或未來所

施行的法律可能會產生什麼樣的社會效應。雖由於歷史詮釋本身原有主觀立場（觀點）的介入，且可能會有未預見的變數突然發生，故並無所謂「歷史必然性」可言，但是在類似的地理環境、存在類似的歷史條件底下，當然很有可能會產生類似的結果，因此所分析得出的因果經驗法則，仍可做大致上的預測。就像依照過去之觀察記錄所做的氣象預測，固然可能因突如其來的氣流以致發生與預測不符的結果，但並沒有人因此否定其預測的功能。不過，若要將法律史學的這種預測，運用於立法政策的擬定上，則必須先確定立法所欲追求的價值是什麼，才能判斷某種法律規範所導致之「可能的結果」究竟是好或是壞，從而決定應否制訂這類法律規範。好比氣象預測表示明天會下大雨，但對於久旱不雨的地方來講這是「好天氣」。茲以鞭刑制度為例，台灣在清治時期及日治前期（1904-1921）曾施行過鞭刑，假設從歷史資料發現鞭刑之施行能導致短期內社會治安趨善的效果（此效果亦可能係由於嚴格執行法律所致，否則清治時期怎不見治安良好？），但同時也會造成人民存有：不必絕對尊重別人之身體、法律僅是懲罰或威嚇之工具而非人類生活中須共同遵守之最高準則等觀念。那麼，今天是否採用鞭刑制度，就取決於我們認為法律的目的僅是社會治安的維持，還是除了維護治安之外還要追求一個人人相互尊重、以法為治的社會？由此亦可知法律史學並不純然是歷史學的一支，它還必須有法學的思維。

（二）從做為法學的一支出發

　　法律史學係一門從法學的視角觀察歷史現象的學問。法律史學雖是法學（關於法律的學問）當中的一學科，但其不屬於以現行法規範之解釋適用為研究對象的「實定法學」，蓋如前所述，其欲解說的是包含法規範及法事實的法律現象。故就方法論而言，與同屬「基礎

法學」的法律社會學類似,兩者之不同只在於所處理的法律現象是過去或現在,有學者即謂:「法史學是以過去爲對象的法社會學」。[19]因此法律史研究如同法律社會學般,須以各種可能的調查方法探求經驗性事實。當然法律史學不可能對已逝者爲問卷調查,但查閱特定人的回憶錄、口述歷史或當時人的文書、作品等都是替代的方法。

由於法律史學是把法規範(法制度)當做經驗性事實,故所探究者係過去「是」如何進行法律的解釋適用,而不是現在就該法規範「應」如何爲解釋適用。譬如本書〈台灣日治時期憲法史初探〉中,所談的是當時有權機關做什麼樣的法律解釋,及當時學者等認爲應做如何解釋(學說之見解)等歷史事實,而不處理以今日之法學理論觀之某項法規範應否違憲的問題。不過,知悉過去曾存在之法律規範內容,有時候對於適用現行法解決現在的紛爭,仍有其必要性。例如做爲現行法規範之解釋方法之一的「立法史解釋」(或稱「歷史解釋」),即係依據過去的立法資料,主張應有的規範內容,其顯例爲據民律草案上立法理由之敘述,認爲現行中華民國民法典內某項法規範應如何解釋。[20]尤屬常見的是,法律紛爭雖發生於現在,但問題癥結卻在於過去舊法時代所成立之某法律關係的法律效果是什麼。例如發生於當今台灣的繼承權有無之爭,其關鍵事實可能是成立於日本時代之收養孫輩爲養孫的收養行爲於當時法律上是否有效?[21]究竟是有效或無效係有真假對錯可言的歷史事實問題,今日法官依現行法應否承

19　參見同上,頁 135 ,138 , 148-151 。
20　參見王澤鑑,《民法實例研習叢書第一冊:基礎理論》(台北,民國 71 年),頁 134-135 , 154 。
21　參見蘇達志,〈台灣固有習慣與民法之適用〉,《台大法學論叢》, 21 卷 1 期(民國 80 年 12 月),頁 407-418 。

認這項事實，則是法律解釋適用時如何為利益衡量價值判斷的問題（屬法解釋學範疇），但總須以知悉該項事實做為前提。法律史學在此意義上，乃是「實定法學的補助學」。[22]

　　法律史學在學術上更重要的工作是，經由對以往法律現象的瞭解，建構出完整的法律發展理論。法律史學做為一種「法經驗科學」，其本務在於將法律體系因什麼因素而有如何的變遷，為有系統、可驗證的說明，以形成一般性理論，讓任何人能依同樣的素材得出同樣的結論。例如以《古代法》（ Ancient Law ）一書享譽全球的十九世紀英國法學家梅因（ H. Maine, 1822-1888 ），提出人類遠古社會對於法律觀念的三階段發展演變理論，即「裁判的階段」、「習慣法時代」、「成文法出現的時期」，且指出一項法律的基本發展趨勢，即「由身分到契約」。[23]但梅因上述理論係參考英國、羅馬、印度之法律經驗所做成的，是否在非洲、東亞等地也能通過驗證而得出同樣的結論？或是梅因受當時西方中心觀的影響，根本就忽略了非洲、東亞等地的人們？本文認為法律史理論可適用的範圍，應與其建構理論時所使用之基礎素料涵蓋範圍一致。若基礎素料來源為全世界人類，則可謂世界法律史（是否有意義乃另一問題）；基礎素料來源為歐陸，則係歐陸法律史；來源為東亞，則為東亞法律史；僅以與台灣相關者為限，即是台灣法律史。

---

[22]　齋川真，頁 150。例如 1996 年台灣高等法院於審理某案時，發現系爭契約書內所謂「現銷金」之法律性質係關鍵事實，然不解其意。經函詢台大法律系後，由筆者告之以「現銷金」乃系爭當事人居住地台北附近自清治時期即有的民間習慣，並說明其在清治時期相關的法律關係及爾後的演變。據云法官即參考此意見而為裁判，可見法律史之知識對於今日法院的裁判工作，仍有相當大的助益。

[23]　參見王海南等，頁 58-60。這部分亦由顏厥安教授執筆。

參、台灣法律史的建構

一、單獨成為一個研究領域的理由

（一）主觀上理由

　　如前所述，在浩瀚似海的法律相關歷史事實中究竟要擷取那些部分進行研究，原是緣自研究者本身主觀的關心方向。若研究者對有關台灣（台澎金馬）的法律歷史感興趣，自然會朝向台灣法律史進行研究，研究者漸多即可形成一個新的研究領域。在台灣內部，由於近年來台灣主體意識的昂揚，確實吸引不少人從事台灣法律史研究，但相較之下從事「中國法律史」或是「中華民國法律史」研究者似乎仍占多數。這是研究者主觀的關心方向不同，並無對錯可言，但無疑的是受長期以來大中國主義歷史教育的影響。不過，晚近在台灣以外的美國、日本學界，亦有不少對台灣法律史感興趣的學者，他們的研究動力與上述台灣主體意識無關，而是來自學問上的趣味，蓋如下所言，台灣法律史本有其單獨成為一個研究領域的客觀上理由。

（二）客觀上理由

　　台灣自一九四九年迄今將近五十年一直事實上是一個主權獨立國家，故有以其國家領域為範圍論述法律史的客觀上需要。如本書〈台灣歷史上的主權問題〉所云，自一九四九年年底至今，於台灣事實上存在一個以台灣本島及其附屬島嶼（含澎湖、金門、馬祖等）為領域，對內為最高權威、對外獨立自主的主權國家。既對內係最高權威，則台灣整個地域係處於同一國家法律體制底下，又對外乃獨立自主，因此不受其他國家法律體制的規範，故一九四九年年底迄今的台灣法律發展，即與這套國家法律體制密不可分，須單獨看待其變遷。

　　台灣在一九四九年以前的整個法律歷史，也具有相當的複雜性，在學術上足以構成一個單一的研究領域。這可從現在的台灣表現於「人」與「地」的某些現象，看出其端倪。就當今台灣人民，可大致區別為「原住民裔台灣人」和「華裔台灣人」，後者再分為「閩南」、「客家」、「外省」等三個族群。於總人口中占極少數的原住民，有自己一套由來已久屬於南島民族的法律文化,嗣後才受日本及中華民國實定法影響。占絕大多數人口的其他三個族群都屬漢民族（今語謂「華人」，故以「華裔」稱之），受數千年來傳統中國法之薰陶，但由於移入台灣之時間不同，仍有不同的法律經驗，亦即居相對多數的閩南及客家兩族群曾經歷日本在臺法律的施行,外省族群則無此經驗,惟後來則同受中華民國法律之規制。再從今日台灣土地面積的計量單位,亦可看出這塊土地經歷數個性質不同之政權統治過的痕跡。台灣民間就土地面積常以「甲」稱之，此名稱是荷蘭政權的遺留,意味著台灣於原住民自治時代尚無土地登記制度，至荷蘭人統治時，始以其自身習用的計量單位進行土地登記。民間亦常以「坪」稱房屋面積，這亦源自日本人的「建坪」，意味著台灣在清朝中國統治時並未要求房屋面積須為登記，迨日人統治時始以其「建坪」進行登記。今日台灣現行法則採用「平方公尺」，這原是西方人的用語，意味著現在所施行的中華民國法體制，乃繼受自西方法。

　　接著可能有人會質疑上述的複雜性，是否具有足夠的「獨特性」而使得台灣法自「中國法律史」裡被區分出來？其實這個問題有一個預設的前提，亦即所謂「台灣是中國的一部分」。事實上台灣本島與中國大陸兩地之處於同一政權的統治底下，僅有二百一十六年，也就是一六八三年至一八九五年間的清朝政權，和一九四五年至一九四九年的國民黨政權。在今天，絕大多數的華人固然組成被國際社會認

定爲「中國」的「中華人民共和國」，但是在台灣的華人亦組成被國際社會認定爲「台灣」的「中華民國」（即台灣的法律上國號），既是「兩國」當然可以有個別的法律史。誠然因爲兩國之大多數人民在種族文化上同屬漢民族（華人），故有部分重疊的法律發展歷程，例如就華裔台灣人而言，其先祖於大量渡台（最早約在十七世紀時）之前，即與居住於中國大陸的華人經歷相同的法律歷史，但能以此否定台灣之能夠單獨建構自己的法律史嗎？大部分的美國人或澳大利亞人，亦與英國人分享彼等在移居新天地之前的英國法律史，難道因此美國或澳大利亞也不能有自己的法律史？況且，台灣法律發展過程中異於中國的獨特性，之所以未被充分發現，乃由於許多研究者對於台灣的法律發展，早已先選擇以中國史爲立場尋找研究題目及進行歷史詮釋，有意或無意忽略台灣歷史發展中的「非中國」因素，自然不易「發現」台灣有什麼「獨特性」，譬如前舉的甲、坪、平方公尺之例，雖在台灣俯拾皆是，卻少有人明白其歷史意義。

二、台灣法律史的內容

台灣法律史的建構，對台灣人民而言，其實是重新展開對自我的追尋。但時至今天，這項追尋的成果仍十分有限。關於台灣法律史的內容，本書〈台灣主體性的法律史研究〉，曾利用圖表概括地敘述台灣法律發展的基本架構，故以下僅談探究台灣法律史內容時，宜注意的幾個問題。深切地期待，在不久的將來，能有論述台灣法律史內容的專書出現。

宜結合專題式和斷代式的研究，來呈現法律史的完整內容。誠如張偉仁教授所指出的，進行法律史研究時，可採「專題研究」的方式，即以法律體系中一個特定的議題爲對象，探索其演變歷程，亦可

依「斷代研究」的方式,即以某一個時代的法律爲對象,檢討其整體特徵與屬性。前者因爲研究的範圍小,可以做得精深,但其結果容易顯得支離零碎;後者則因研究的範圍大,可以做到廣博,但其結果容易顯得粗略膚淺。因此這兩種方式最好能連結起來,使其相輔相成。合理的連結應該是先做斷代研究,勾畫出一個完整的輪廓,然後再做專題研究,將一個特定的議題放在這法律體系的整體之中,探討其中的細節。[24]

由於許多人甚至連台灣曾經歷那些由各政權所施行之相異法律體制都不甚了解,故更有需要先以各政權之統治時代做爲一單元,釐清各個時代法律的基本特質,或該時代某特定法律之內涵。因此可依統治權歸屬,區分爲如下六個時期。即(1)施行南島民族部落法律的「原住民自治時期」、(2)施行前近代西方殖民地法律的「荷蘭西班牙統治時期」、(3)施行漢民族軍事統治法律的「鄭氏王朝統治時期」、(4)施行傳統中國法律的「大清帝國統治時期」、(5)施行兼具近代西方法內涵之殖民地法律的「日本帝國統治時期」、(6)施行兼具傳統中國法文化內涵之近代西方式法律的「國民黨政府統治時期」。可簡稱爲「原住民自治」、「荷西統治」、「鄭治」、「清治」、「日治」、「國治」等時期。[25]

24　參見張偉仁,《清代法制研究》(台北:中研院史語所,民國72年),輯一冊一,頁145-146。

25　今日台灣官方及一部分學者仍使用「日據」一詞指稱日本帝國統治時期。按中華民國國民政府甫至台灣時,尚以「日人統治時代」、「日治時代」、「日本佔領時代」稱呼台灣在日本統治下的五十個年頭。參見台灣省行政長官公署民政處編,《台灣民政第一輯》(民國35年5月),頁453;台灣省行政長官公署編,《台灣省行政長官公署施政報告―台灣省參議會第一屆第二次大會》(民國35年12月),頁283-284。但官方嗣後即統一口徑改稱為「日據時期」。這是從中國民族主義的立場,認為凡是非「中

　　惟整個台灣法律發展的連續性，可能會被斷代式的研究所割裂，故跨時代的專題式論述亦不可缺。且爲了因應特定專題之需，可考慮不以政權轉替之時點爲論述的分期點。例如探討台灣的「戰時法體制」時，不宜僅討論國治時期的「戡亂戒嚴法制」，而應從日治時期的一九三七年中日戰爭爆發後施行新修正之日本軍機保護法，或更嚴謹的從一九三八年日本國家總動員法施行於台灣，開始論述。按自一九三八年台灣已全面地被納入戰時法體制，且各項戰時法律管制並未因二次大戰結束、台灣改由國民政府統治而完全解除，其幾乎無間斷地銜接到國民黨政府正式頒佈的那套戡亂戒嚴法制。

　　同樣是爲了顯現歷史連續性，宜以西元記載各年代。「時間」

國」的政權統治台灣，皆是似土匪般「佔據」台灣，所以稱呼「日據」、「荷據」，而由滿族建立的大清帝國因被認為是現在的「中國」之前身，故不言「清據」。此亦是從新統治的立場，為了否定舊政權之統治正當性而使用的情緒性詞彙。好比滿人建立的清朝以中原正統自居，故用「偽鄭」稱呼漢人建立的鄭氏王朝，以「偽」指其「非正統」。若基於台灣主體性，從台灣人民的角度來看，日本帝國固然事實上是以武力據台，大清帝國當年何嘗不也是以武力據台，且不論日帝、清帝皆是從台灣島外來君臨台灣的「外來政權」，既稱「日據」，則為公平起見亦應稱「清據」，且依同理一併稱「荷據」、「鄭據」，豈可厚此薄彼？況且日本尚可主張其係依「馬關條約」取得對台灣的主權，相較於其他在台灣的政權，其統治之國際法上基礎或許更為明確。為避免在描述歷史事實時摻入統治者的偏見，似宜單純的本於各個政權都曾統治台灣之事實，將日本統治時期，簡稱為「日治時期」。此外，基於「人民才是歷史的主人」之觀點，既然多數曾受日本統治的台灣人民，習慣上是以「日本時代」來稱呼這五十年，則這項稱呼理應受尊重。至於「國治」之稱呼，主要是擬彰顯國家名稱雖是「中華民國」，但 1945 年來台灣統治的不是「北洋政府」，而是「國民政府」及行憲以後之「國民黨政府」（在法律上國民政府此一組織已廢止），且迄今仍是由國民黨政府統治著台灣。尤其當有必要與「日治」時期相比較時，實不妨逕稱「國治」。

在歷史的觀察裡，具有重大的意義。對於台灣法律史，有文字記載可資瞭解的「歷史時期」，已是十六、七世紀以後，因此若一律用西元記載年代，應可清楚呈現各個人物或事件的前後或因果等關係，必要時（例如欲探討某皇帝在位期間法律措施的演變）才附上各個皇帝的年號紀元。假設有云：「清康熙帝領有台灣後即禁止漢人向平埔族承租土地以從事農耕，直到雍正二年才准許平埔族之地租與漢人耕作。」聞者乍聽之下，實難以知悉清帝領台之後經過多少年才有這項法律變革。但若以「一七二四年」代替「雍正二年」，則以一七二四減清領台的一六八三年，則可知相距約四十年。在向來受中國民族主義影響的官方史書，就發生於日本時代的史實，總是將原依日本天皇年號之紀元，改成「民國」紀元，不無魚目混珠之嫌，尤其可能出現「民國某某年律令第某某號」之記載，令人誤以為中華民國法制內亦有「律令」。或謂用「民國」方可使距今多久的距離感浮現，果其然，為什麼不一律用西元呢？筆者在正文裡原則上用西元紀元，必要時附上清帝、日帝的年號紀元及「民國」紀元；但在註釋中，由於原法令或原文獻可能係依當時的紀元，為方便讀者之調取，通常即依當時紀元，有時為顯現該文獻之時代上的意義，也會附上西元。

三、參考文獻的蒐集

有道是巧婦難為無米之炊，若無充分的史料和相關文獻，如何瞭解台灣的法律發展歷程呢？這對於初次從事台灣法律史研究者，尤感棘手。筆者雖曾在本書〈撥雲見日的台灣法律史研究〉一文中，以「學術史」的角度，評述百年來若干重要的台灣法律史或與其相關之論著，但仍深感所知有限。以下僅不揣淺陋地提供一些尋找相關資料的大方向，欲得其詳細內容，尚有待他日針對台灣法律史之研究，完

成一本研究書目彙編。

（一）原住民自治時期

就歷史時期之前的原住民社會，我們只能透過口語傳說、考古遺物，以及殘存的風俗文物來推知其社會面貌，故史前史裡的法律現象是很難探知的。進入歷史時期之後，則可利用荷蘭或西班牙傳教士的著作，[26]或下述荷西統治當局的檔案記載，瞭解當時原住民的法律。

（二）荷西統治時期

殖民統治者的官方檔案，已為探求當時的法律歷史事實，留下珍貴的第一手資料。台灣史研究者已經將荷蘭東印度公司中有關台灣之資料，整理出一分目錄，[27]且據參與整理工作者表示，檔案內有不少關於法律方面的記載，例如荷蘭當局曾頒佈一些原本在台灣社會不存在的法規範，則似乎其已引進若干前近代西方的法律制度。西班牙也有一些官方檔案涉及台灣，惟是否談及法律方面仍未知。尚有一些西班牙傳教士為傳教之目的，曾記述當時（例如淡水一帶）原住民的社會生活，或許亦可供參考。[28]

歷史學界有不少關於荷治的論著，從中應可擷取出若干與法律相關的敘述。此外，荷蘭東印度公司當時也在其他地方（例如印尼）

---

[26] See e.g., William Campbell, ed., *Formosa under the Dutch* (London, 1903), pp.9-13. 並參見鮑曉鷗（Jose Eugenio Borao），"Spanish Sources for the History of Taiwan",台灣史料國際學術研討會（台大歷史系主辦，民國82年9月10-11日，以下簡稱「台灣史料研討會」），頁4-6。

[27] 參見江樹生，〈荷蘭聯合東印度公司檔案台灣關係檔案目錄序〉，台灣史料研討會，頁1-15。

[28] 參閱鮑曉鷗，頁3-6。

建立殖民地政權，西方學術界對之亦有一些研究作品，[29]其對於瞭解荷蘭人在台灣殖民地所施行的法律應有幫助（甚至可藉以從事殖民地法的比較研究）。

（三）鄭治時期

有關鄭氏王朝法律的參考資料相當缺乏。[30]鄭氏王朝享國短又本質上屬軍事集團，故其本身未留下太多文治方面的資料。後繼統治的清帝國，原不在乎彈丸之地台灣，對鄭氏在台灣的歷史，缺乏興趣，縱使有記述，亦較少觸及法律方面。當時一般時人留下的文獻，似有相同的缺憾。故可藉以探討其法律體系的中文資料，數量相當有限。[31]

挖掘中文以外的資料因此值得嘗試。在鄭治時期，日本與英國是台灣的二大貿易對手國，也許可藉由這些國家的記載來瞭解當時的台灣。按英國東印度公司在當時的安平設有商館，其公司檔案即有一部分與鄭治時期的台灣有關。[32]惟當中是否有關於法律之記載尚待考察。

（四）清治時期

在今日的台灣、中國、日本、美國學界有許多關於傳統中國法

---

[29] See e.g., De Kat Angelino, *Colonial Policy, Volume II: The Dutch East Indies*, trans. G. J. Renier (Hague, 1931).

[30] 同見解參見台灣省文獻委員會，《台灣省通志稿卷三政事志司法篇第一冊》（台北，民國44年），頁6。

[31] 中文文獻目錄可參見 Chien-chao Hung, *Taiwan under the Cheng Family 1662-1683: Sinicization after Dutch Rule* (Ph.D. diss., Georgetown University, 1981), pp.311-342.

[32] 參見張秀蓉，〈英國東印度公司檔案中的台灣史資料〉，台灣史料研討會，頁1，6-9。

（中國法律史）的論著，係研究清治時期台灣法律史的重要參考資料。按於清治時期成為台灣優勢族群的漢人移民之固有法律觀念，即是受中國自先秦至清代（即「傳統中國」）的法律發展所影響；且清帝在台施行的大清律例，原是沿襲傳統中國官府制定法而來，上開論著應有助於瞭解大清律例的規範內容。

就大清律例在台灣實際運作的情形，官府檔案提供了忠實的記載。《淡新檔案》原是日本政府領台後所保存之清治時期淡水廳與新竹縣的官署文書，年代約自一八一二年至一八九五年，記述當時地方行政工作之推行及司法審判之運作實況；戰後再由戴炎輝教授等加以整理、命名，將全檔分為行政、民事、刑事三大門，今收藏於台大研究圖書館，且已有若干部分已出版。近來關於本檔案的研究成果已日漸增多。此外，目前收藏於故宮博物院的清廷中央政府檔案，亦有不少涉及台灣者，可一併參考。[33]

清治時期台灣的民間習慣規範，尚可參考日本統治當局所留下的詳盡調查報告。在清帝國的法律制度下，大多數今日所謂民事事項經常係依民間習慣規範決定，這些習慣規範本為不成文，不易見諸書面文獻。惟日本政府為有效率地統治台灣，花費鉅大人力物力，調查台灣人民在前清既有的各項習慣規範，而有《台灣私法》、《台灣慣習記事》等書刊流傳至今。目前還有一些關於清治台灣田契、地契等文書的彙集，例如《岸裡社文書》（收藏於台大）、《台灣公私藏古文書》（收藏於中央研究院史語所）等等，亦是研究清治時期法律的好素材。

清治時期法律史也是整個清治時期歷史的一部分，史學界關於

33　參見莊吉發，〈故宮檔案與清代台灣史資料〉，台灣史料研討會，頁 1-40。

清治時期台灣史的論著相當多，於研究此時期的法律史時，必須充分使用這些研究成果。

（五）日治時期

外來之日本統治者既有法律經驗的瞭解，可藉助於日本學界的研究成果。日本於領有台灣之前，已在明治維新中將國家法律體制改造為歐陸式法制，一八九五年以後日本即持之以統治台灣，深刻影響日本在台灣所施行之法律。也因此欲探討日本在台法制及實際運作方式，須先對日本從一八七〇年代初至一八九〇年代的繼受西方法過程，有所瞭解。且日本治台後在內地施行法律的情形，也會影響到做為日本帝國一部分的台灣，故須一併注意。這方面日本法史學界已有眾多論著可供參考，例如計十一冊的《講座日本近代法發達史》（1958-61）、或福島正夫編的《日本近代法體制の形成》（1981-82）等等。

欲知台灣在日治時期的法律現象，首要的參考資料當然是當時的各種法學論著。這包括專以台灣法律為討論對象的書籍，例如台灣總督府的《台灣法令輯覽》、上內恆三郎的《台灣司法政策論》（1916）、谷野格的《台灣新民事法》（1923）、姉齒松平的《祭祀公業並台灣ニ於ケル特殊法律ノ研究》（1937）與《本島人ノミニ關スル親族法竝相續法ノ大要》（1938）、長尾景德的《台灣刑事法大意》（1926）與《台灣行政法大意》（1934）、中村哲的《植民地統治法の基本問題》（1943）。以及不勝枚舉之以整個日本法為對象的各科教科書、或論述整個殖民地法的相關書籍，例如山崎丹照的《外地統治機構の研究》（1943）。還有法律專業期刊，例如《台灣慣習記事》（1901-07）、《台法月報》（1907-43）。特別是當探討法規範以外的法律經驗性事實（例如一般人民法律生活）時

，亦須留意如下的統計資料：《日本帝國統計年鑑》（ 1895-1939 ）、《台灣總督府統計書》（ 1897-1942 ）、《台灣總督府犯罪統計》（ 1909-42 ）、《司法事務集計表》（ 1918-38 ）、《台灣司法一覽》（ 1940 ， 1941 ），以及當時的報紙，例如《台灣日日新報》（ 1898-1945 ）、《台灣青年》與《台灣民報》系列（ 1920-31 ）等，甚至是當時台灣人所寫的小說。

日本統治者亦留下相當多的檔案資料。最重要的就是《台灣總督府公文類纂》（ 1895-1945 ），記錄各項法律案由草擬到公佈施行的整個過程，及若干法律上重要議題的處理情形。此外《台灣總督府府報》（後改稱《台灣總督府官報》， 1896-1945 ）刊載台灣總督府頒行之法令，及日本中央政府官報所載有關台灣之詔書、法令等。爲供警察內部使用而編的《台灣總督府警察沿革誌，第二編：領台以後の治安狀況（下卷）》（ 1942 ），對司法制度及刑事司法頗多記載。各級法院審理案件之卷宗，今似乎已無從尋獲，但當時曾被收錄以供出版的法院判決全文或要旨（ 1896-1940 ），仍可參閱。

日治結束後所完成之關於這個時代法律的論著，至今已不少。較具有一般性參考價值者，例如台灣省文獻委員會編的《台灣省通志稿卷三政事志司法篇》當中的「日據時期之司法」（ 1955 ， 1960 ）、日本外務省編的《外地法制誌》（計十三編， 1955-70 ）、黃靜嘉的《日據時期之台灣殖民地法制與殖民統治》（ 1960 ）、 Myers 和 Peattie 合編的《 The Japanese Colonial Empire, 1895-1945 》（ 1984 ）、向山寬夫的《日本統治下における台灣民族運動史》（ 1987 ）、黃昭堂的《台灣總督府》（ 1989 ）。另外，史學界關於日治時期歷史的相關論著，亦須查閱並參考之。

（六）國治時期

關於外來之國民黨政權既有法律經驗的參考資料，似仍不夠充分。國民黨政府於領台之前，亦曾有一段繼受西方式法典的艱辛過程，做為其成品的中華民國法典即在一九四五年之後被帶至台灣施行。故欲探討台灣在國治時期的法律，同樣需對中國自本世紀初至一九四○年代的法律發展有所瞭解。惟迄今，雖關於中華民國法典從草擬到制訂的條文變遷等事項，還有一些研究成果；但就該時期法規範以外的法律現象，則仍相當欠缺廣泛且有實證資料支持的研究。[34]這對台灣國治時期法律史的研究而言，也是一大遺憾。

自一九四五年起算的國治時期法律史，因鄰近當代故相關資料較豐富，但就國治初期則不然。法學界進行現行法之研究時所使用的參考資料類別，大概都可運用於國治時期法律史之研究（故略而不論），尤其是關於本時期法規範演變的掌握上。不過自一九四五年國民政府接收台灣後，一直到一九四九年中華民國中央政府遷台之前後，有關法律方面的資料相當有限，尤其接收當時又涉及今人所不熟悉的「訓政法律體制」，故除了借助於若干台灣省行政長官公署（1945-47）印行的官方報告書，或晚近出現之例如朱滙森主編的《政府接收台灣史料彙編》（1990）一類資料，研究者還須參考當時的法學論著、報紙，甚至完整的國民黨和政府檔案等，才能描繪出國治初期的法律現象全貌。

國民黨和政府之與法律相關檔案的未能完全公開，使得國治時期法律歷史事實之探究，增添困難。例如吾人可輕易的知道法規範之變遷，但欲進一步探索此項變遷的政策上考量時，我們幾乎無法取得

---

34 參見陳添輝，〈一九一二至一九四九年中國法制之變化〉，載於中國法制史學會編，《中國法制現代化之回顧與前瞻》（台北，1993年），頁317-336；陳恆昭對陳添輝此文之評論，同上註，頁337-340。

關於國民黨和政府內部研議該法案之經過的資料。相對的，就日治時期之形成法律的原因，台灣總督府檔案則可提供重要的訊息。也因此，國治時期法律史之研究，經常須參考政治學、經濟學、社會學等對於當代政經社現象的解釋理論，以說明法律現象與這些現象之間的因果關連性。

肆、小結

由於向來的國家歷史教育，從不以台灣為主體建構歷史，台灣法律史研究當然隱沒不現、乏人問津。也因此屢屢以近代中國繼受西方法的歷程，套用於當時根本不由中國統治的台灣社會身上。終於，在一九九〇年代，伴隨著台灣主體意識的興起，台灣法律史逐漸為台灣學界所接納。

為使台灣法律史能夠永續發展，須厚植其學術研究的基礎與潛力。法律史學所研究的是過去曾發生的法律現象，亦即在於探索「形成法律的原因」、「法律的規範內容」、及「法律的社會效應」等三方面的互動關係，以瞭解現存的法律相關現象，並做為思考未來法律發展時的借鏡。雖然基於史學的性格，法律史研究不可能完全擺脫研究者的主觀立場，特別是在關心之議題和歷史評價方面，但對於歷史事實之說明，仍應客觀地忠於史料證據。在法學的領域裡，法律史的知識，對於現行法之解釋適用於現存案件，也有其相當的必要性，但最終目標仍在於建構出法律發展的一般性理論。也因此關心台灣、希望為台灣有所貢獻的研究者，當然會擇選以台灣的經驗事實為素材，從事法律史的研究。且台灣法律史本身的複雜性，客觀上亦足以使其成為一個深具學術價值的研究領域。台灣法律史的內容，迄今仍有不少待填補之處，但經由宏觀之斷代研究與微觀之專題研究的相互輝映

，配合各時期法律相關資料的多方廣泛蒐集，未來必能更清晰的呈現其完整面貌。

附記：本文有部分內容曾以〈台灣法制史之建立〉為標題，發表於《台大法學論叢》，23 卷 1 期（民國 82 年 12 月），頁 1-24。

研究方法篇

台灣主體性的法律史研究

壹、緒言

　　自從律師司法官考試不再將「中國法制史」列入必試科目，其在大學法律系中已幾乎淪爲「冷門科目」。或許有人以「功利」兩字責難莘莘學子，但非得靠國家考試爲餌，不足以利誘學生研讀，正顯示其自身的學術價值未受肯定。連帶的竟使所有關於法律史的研究皆遭池魚之殃，專攻者寥寥可數。依拙見，若台灣的法律史學者，不願站在台灣人民的立場，思考我們需要的是什麼樣內容的法律史研究？則如何期待台灣社會給予掌聲，如何引發台灣學子的共鳴與奉獻？因此在台灣的法律史學者，於顧影自憐之前，似乎應先反省一下是否本

身的研究取向有待檢討？

一、身在台灣卻不採台灣主體觀

　　造成身在台灣卻不採台灣主體觀的第一個原因是，台灣的法律史學向來具有濃厚的「中國本位」色彩。為什麼會有「中國本位」色彩？從一個較大的視野來看，就是我們教育界充斥著大中國的意識型態。從一九四五年國民政府接收台灣之後，自小學教育就開始灌輸「我是中國人」、「台灣是中國的一部分」的觀念，希望學生用「大中國」的眼光來看一切事物，對台灣種種社會現象，也以大中國的立場瞭解它。通史是如此，法律史也是如此。等到學生進了大學，接受法學教育，由於國治初期的法律學者多半來自中國大陸，深受中國民族主義的薰陶，基於其本身的歷史記憶，以及對五千年中國歷史的溫情與孺慕，自然也是以中國本位的立場來講授法律史。甚至，為了渲染中國之偉大，對於傳統中國法中許多負面的因素也刻意迴避、隱惡揚善地將不好的部分略而不提。這樣的一種研究或教學的態度，亦相當符合當時統治者的希望。統治者在當時的政治局勢下，希望學生能徹底的中國化，認同中國，好替他們反攻大陸。在這同時，其實台灣本身還存在一些為數不少擁有不同歷史記憶的法律人，那就是曾經在日治時期接受法學教育的台灣人。雖然事實上這批人，為數不少，但縱使日後他們能進入國治時期的法學界，恐怕也不得不遷就大中國的觀點，否則處在當時的環境，難免面臨生存不易的問題。因此，戰後在台灣接受法學教育者，已經非常習慣接受大中國的法律史觀。這樣的史觀就是以中國大陸的歷史與法律變遷為研究對象。但應注意的是，談到一九四九年以後，就突然的不再談中國大陸，而開始跳到宣稱代

表中國的台灣了。也就是把一九四九年以後在台灣的法律發展，擬制為中國的法律發展。所以，我稱呼這樣的法律史研究不是中國法律史，更不是台灣法律史，它是「中華民國法律史」。

此外，第二個原因，則是法典本身的特性，使台灣之主體性隱而未現。現行法典的特性，使得中國本位色彩的法制史成為主流。因為現行有效的中華民國法典，是一九四五年以後從中國大陸移入台灣的，它原本即是以中國大陸為主體所建構的一套法律制度。這套法律至今還是堅持中華民國的領土包括外蒙古及中國大陸。所以，這整套法典本身就是大中國本位。站在實定法的立場，要探究法律的發展，自然會以中華民國或是以中國的歷史脈絡為主。

基於這兩個因素，使得法律史學向來就是中國本位。那麼，何時開始有台灣主體性的浮現呢？

二、台灣主體性觀點的浮現

從歷史的大環境來看，一九八○年代，堅持「中國正統」的威權政府，對於台灣民間社會的控制力逐漸衰退，而在民間蟄伏已久的「台灣意識」則逐漸勃興。但是，我們可以看到，在台灣的法律人仍然受限於現行法的架構，所以至多只能盡量把談論的重點擺在「中華民國在台灣」的法律發展，而對於「中華民國在大陸」的法律發展部分，輕描淡寫，一筆帶過。但是，無論如何，這樣的思考格局仍是被「中華民國法律史」這個大框框給套住，不敢超越實定法給予他的限制。

到了一九九○年代，當台灣政府和中國大陸政權開始往來，台灣的法學界終於碰到了另外一個「中國」，或者說碰到了「真正的中

國」，那是一個世界上絕大多數國家所承認的「中國」 — 中華人民共和國。所以，台灣法學界已經不能再像從前那樣大搖大擺的使用「中國」一詞。因為當你自稱「中國某某法之研究」，在國際上，人家會以為這是指中華人民共和國的法律；甚至在台灣島內，也會引起別人的迷惑，根本搞不清楚這是在指哪一套法律？因為，至少依台灣官方的說詞，在「中國」有兩套法律體制。於是在台灣的法學界，開始有人以「台灣地區」為研究對象，排除中國大陸的部分。尤其是在進行所謂「兩岸交流」時，更需搬出「台灣地區」的稱號，以資區別。這顯然也是為了遷就現行法上大中國的擬制架構，所以才會把我們自己認為是「台灣地區」。但是，法律應該是為人民的需要而存在的。為什麼台灣只能是另一個主體底下的一個地區？為什麼台灣自己不能成為一個主體，而以它來作為法學研究的對象？在這些疑問之下，開始出現了今日標舉著台灣主體性的法學研究，包括本文所要談的法律史研究。所以，在此要強調的是，台灣主體性的法律史研究，基本上是超越現行法律制度的思考方式。也就是學者所稱的「法超越的正義」，它是超越了現行法律制度的精神，未來它能不能夠發展成「法內在的正義」，成為國家實定法內在的根源，就要看這項正義觀是不是能為台灣人民所瞭解、認同。[1]

貳、以台灣為歷史主軸的法律史研究 — 台灣法律史

---

[1]　有關法內在的正義及法超越的正義，參見韓忠謨，《法學緒論》(台北，民國 66 年)，頁 129-132。

　　當我們以台灣主體性的觀點來看台灣的法律發展，則可以所附的圖表來加以說明。

台灣及其東亞鄰國法律發展圖

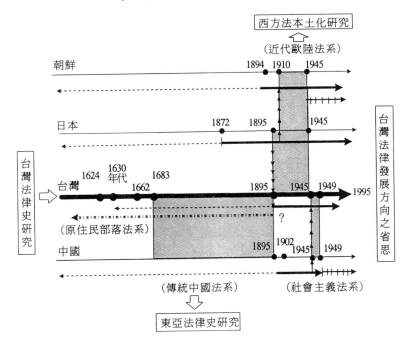

註：(1)各法律領域之歷史年代線下方是法系屬性線，分別以實線代表近代歐陸法系、虛線代表傳統中國法系、雙虛線代表原住民部落法系、鐵軌線代表社會主義法系

　　(2) ▨▨▨▨▨▨▨▨▨▨ 表示政治上合併爲一國

　　在這個圖上有分別代表台灣、中國、日本、朝鮮等四個法律領域的四條橫線，比較粗的一條代表台灣，因爲我們是以台灣爲主軸來

進行討論的。此橫線上標記著重要年代的始點，故可稱爲「歷史年代線」。在年代線下方的線是代表法系，表現出在這個年代的法律是屬於什麼樣的法系。因爲在此要談的是法律發展的大架構，故以最具概括性的法系指稱其特性，在圖上代表法系的幾條線當中，實線是指近代歐陸法系，虛線是指傳統中國法系，雙虛線則是指原住民部落法系，像鐵軌一樣的線，是指社會主義法系。我們要以這幾個法系爲指標，說明整個台灣及其東亞鄰國的法律發展。

就台灣的部分，可以先從政權的演變以及當時法系屬性，兩者結合起來看。

台灣在一六二四年之前，全然是由原住民過著部落式的法律生活，似乎沒有一個統率數個部落的權力者存在。所以，或許可稱之爲原住民自治時代。在圖上，代表原住民部落法的這一條雙虛線，一直向前回溯。至於其回溯至何時？尚有待未來的研究。

再來是一六二四年，荷蘭東印度公司代表荷蘭共和國，在台灣本島建立一個行使統治高權的主權政府。這時候的荷蘭法律，還不是近代西方法，所以在圖表中，於一六二四年的下面並沒有一條實線。倒是表示原住民部落法的雙虛線仍然延續著，因爲當時荷蘭政府在台灣實行所謂「法律複數主義」，對於受荷蘭統治的原住民，是適用原住民自己的法律來解決他們的法律紛爭。而且事實上，當時許多原住民根本未被荷蘭人統治。故可以說這個雙虛線仍繼續存在。再者，荷蘭人對於其統治下的漢人，也是由漢人依照其自己的法律解決漢人間的紛爭。在荷蘭治台期間，漢人大概是在一六三〇年代以後，才有大量的農民在台灣定居，之前則大多是季節性漁民或貿易商，其之來臺並不以定居爲目的。定居於台灣的漢人農民們，把他們在福建等原鄉

固有的習慣移植至台灣。而這些民間習慣，就是屬於傳統中國法系的習慣。所以就台灣而言，代表傳統中國法的那條虛線，可回溯至一六三〇年代，換言之，此為傳統中國法在台灣的開端。另外，於一六二六至一六四二年之間，西班牙人亦曾在北台灣建立政府，其實施何種法律尚有待研究，但可肯定的是那並非近代西方法。

　　一六六二年，鄭成功所建立的鄭氏王朝，取代荷蘭政權，統治台灣。使得傳統中國官府制定法，伴隨著漢人民間習慣，一併移植來台。亦即荷西統治時期在台灣只有傳統中國民間習慣規範，但到了鄭氏王朝，則官府的制度亦採用傳統中國法，因此在鄭治時期，代表傳統中國法系的虛線，一直延續。不過，雙虛線仍同時存在。因為鄭氏王朝依然未將所有的原住民納入統治範圍，很多原住民仍不受其控制，而過著自己的法律生活。

　　一六八三年，大清帝國逼降鄭氏王朝，隔年將台灣納入中國版圖，並實施傳統中國法。由於清朝領臺達二一二年，傳統中國法這一條虛線在圖上延伸得非常長，直至一八九五年。但是，仍應注意其底下的雙虛線繼續存在。也就是說，清朝政府事實上並沒有將其統治權延伸至所有原住民社會，尤其是在一八七〇年代之前，故原住民仍可過著原有的部落法生活，使雙虛線與上述的虛線並行。

　　接著，一八九五年，日本政府依據馬關條約，自中國清朝政府手中取得了對台灣的主權。此後，日本就在台灣實施大體上已屬於近代歐陸法系的殖民地法律。[2]所以在圖上，一八九五年之下的法系線開始了實線的部分。請注意，這一條實線是從日本那邊延伸過來的。

2　詳情參閱拙著，〈台灣日治時期殖民地立法之程序與內容〉，《台大法學論叢》，24 卷 1 期(民國 83 年 12 月)，頁 1-44。

在圖上，有一串自日本延伸過來的箭頭，這表示一八九五年，日本帶來了日本的歐陸式法律，有人稱這個時點是台灣法律近代化的開始。至於原住民部落法的雙虛線，在圖中畫至一八九五年爲止，但是又加上一個問號，表示這個部分依然存疑。因爲至少在日治初期，日本政府並沒有辦法掌控「山地」；縱令日後控制了山地，在山地行政區實施的也是另一套異於平地的法律制度。而其在山地所實施的究竟是怎麼樣的法律制度？至今仍有待研究。但大致而言，因爲自一八九五年日本國家權威的進入，原住民的部落法在此情勢下能否繼續頗有疑問。碰到了這樣一個強大的近代國家權威，即使其部落法得以繼續，恐怕也是困難重重。

　　一九四五年，中國國民政府代表盟軍接收台灣，並且開始實施也是屬於近代歐陸法系的中華民國法律。故圖上代表該法系的實線，沿著箭頭由下方的中國延伸上來台灣，表示它是一九四五年從中國帶來的。近代歐陸法一直實施至今（1995年）剛好一百年。在歷史年代線上，值得注意的是一九四五至一九四九。在這四年台灣是中國的一個地方政府，好比一八九五至一九四五是日本的一個地方政府。但是一九四九年到今天，在事實上，台灣是一個主權獨立的國家，它現在的國名叫中華民國。法律上，它則是一個虛幻擬制性「國家」的一部分，被稱爲「台灣地區」。[3]

---

[3]　在法律上，「台灣地區」與「大陸地區」共同組成一個「國家」，但實際上所謂的「大陸地區」，現在係屬中華人民共和國及蒙古共和國之領土。若一個國家之絕大多數領土實際上爲他國的領土，則這樣的一個國家只能算是觀念上被創造、擬制出來的。何謂「中國」？從歷史、文化而言，領有中國內地(China Proper，古稱「中原」，約指東亞大陸長城以南以漢人爲主的居住地區)的政府，世人稱爲「中國」，故明朝與清朝雖疆域範圍相

　　回顧了台灣本身的法律發展史之後，接著可觀察它跟西方以及東亞鄰國之間的關係。就它跟西方的關係而言，台灣史上建立第一個主權政府者，即為西方人。荷蘭東印度公司是第一個以武力為後盾，鎮壓原住民，在台灣施展其統治權力的政權。雖然當時的荷蘭人尚未發展出近代西方法，但仍自西方引進了不少台灣原本沒有的法律制度。究竟引進了多少新的制度？仍在研究當中。目前在海牙仍保存著荷蘭東印度公司的檔案，從這分檔案中或許可以探究出答案，但這分檔案是以古荷蘭文記載，故仍有待未來通曉荷蘭古文之人的解讀研究。不過，我們至少知道，今日台灣所用的土地面積計量單位「甲」，即是荷蘭人所遺留者。

　　在鄭氏王朝統治台灣之時，台灣跟西方國家的關係也是相當的密切，特別是在貿易上。但是到了清治時期，台灣跟西方國家的關係又因形同鎖國的政策而中斷，一直到一八六〇年之後，因為清朝開放

差頗大，前者大體上僅領有中國內地，後者尚包括東北(滿州)、蒙古、新疆(回疆)、西藏，但因為皆領有中國內地，均稱中國政府，其歷史為中國歷史。1945 年至 1949 年，中華民國政府(國民政府)是以中國的身分統治台灣，故台灣為中國的一個地方政府。但 1949 年迄今，中華民國政府原本對中國內地的主權已被中華人民共和國政府取代，其原本對外蒙古的主權亦已被蒙古共和國政府取代。因此，雖中華民國沿襲著名稱，繼續統治台灣、澎湖及其附屬島嶼(含政治上附屬島嶼的金門、馬祖)，但國家實體(人民、領土)已異於往昔。既然領土已不包含足以被稱為「中國」的中國內地，則依其國家實體只能稱為「台灣政府」。現在領有中國內地的中華人民共和國政府，才是中國政府。準此，個人認為現在所有居住於台灣(台澎金馬)的人民，都是「台灣人」，或者依照現行國號(妥當與否為另一問題)，稱為「中華民國人」，但並非「中國人」。未來，假設台灣被併入中國統治，則台灣人即成為中國人，甚至被併入第三國，亦成為該國人；不然，不但現在是台灣人，未來也是台灣人。

通商口岸，台灣亦開放四口通商，才又再啓與西方接觸之門。這樣的接觸不僅在商業上也在法律上造成影響，例如民間有關「合股」的習慣，因為跟西方商人有所往來而產生變化。[4]

自一八九五年開始，日本帝國統治台灣，再經國民政府接收迄今，台灣的法律就跟近代西方法脫不了關係。因為日本法事實上是西方歐陸式法律，日本殖民政府在台灣實施日本法，幾乎等於是實施西方法；而其後一九四五年國民政府所帶來的這一套中華民國法律，基本上也是西方歐陸式的法典。所以這一百年來，台灣的法律發展受西方法(尤其是歐陸法)的影響相當深遠。

我們再看台灣與其鄰國之間的關係。台灣最主要的鄰國就是中國。在圖中，代表台灣這條線跟代表中國那條線的中間，有一色塊部分，就是表示兩地在這個時期政治上是合併為一國。亦即在清朝統治的二百一十二年，台灣跟中國兩者政治上合而為一，所以台灣的法律，在此時期可以說是中國法律的一部分，中國清朝政府的法律有何變動，也必然會影響到台灣的法律。在這段合併時期之前的鄭治時期，由於鄭氏王朝雖由漢人所組成，但基本上未領有中國內地，並非中國政權(清朝才是當時的中國政府)，故台灣跟中國是分離的。而在清朝統治二百一十二年之後，台灣與中國再度分離，而併入日本五十年。至一九四五年兩者第二次結合，但是僅結合了短暫的四年。至一九四九年，兩者又分道揚鑣。在中國，於一九四九年新成立中華人民共和國，且其法律屬於社會主義法系。由此可以清楚的看出，台灣跟中國

4　參閱拙著，〈台灣企業組織法之初探與省思—以合股之變遷為中心〉，本書，頁291。

在本世紀的分離，不止四十多年，而是將近一百年。[5]

　　另外一個鄰國 — 日本，如圖上色塊部分所示的，在一八九五至一九四五年，台灣跟日本在政治上合而爲一，所以當時台灣的法律是日本法律的一部分，日本法律的發展直接影響了台灣的法律。在圖表的最上方，我們可以看到朝鮮的部分。朝鮮是在一九一〇年被日本所併吞，在圖上與日本之間的色塊部分，延伸至一九四五年，使得朝鮮跟台灣成爲當時日本帝國的兩大殖民地。因此，兩地的法律制度有互相參考的必要，這一點在過去比較少人注意。譬如說，朝鮮總督得發佈制令以規範在朝鮮的立法事項，即是仿效自台灣總督原有的律令制定權。又台灣在一九一九年法院制度之由二審制改爲三審制，多少受到朝鮮的影響，因爲當時新來的總督正是從朝鮮調派來台的，所以他就把當時朝鮮的制度搬來台灣。由於兩者皆爲日本帝國的殖民地，其法律制度相關性頗高。

　　台灣的法律發展不但與西方脫不了關係，與東亞的各個鄰國也是關係密切，所以做爲一位台灣法律史的研究者，必須非常辛苦地兼通數種法律體系。不能只精通中國法律史，還必須瞭解近代日本法律史及當時世界的殖民地法制，又由於法律體系上繼受歐陸法，所以對於歐陸法律發展史也要有一定的瞭解，由此可見其工程浩大。同時亦可知台灣的法律，在不到四百年之間，已經歷了原住民部落法系、傳統中國法系、近代歐陸法系，且曾是荷蘭、西班牙、日本、中國之法律體制的一部分，或自成一個獨立體制(即鄭治、 1949 年以後的國治時期)。所以從台灣法律發展的觀點，我們必須說：「中國是台灣的

5　　以上敘述涉及台灣的主權歸屬問題，請參見本書〈台灣歷史上的主權問題〉一文。

一部分」。因爲中國因素(傳統中國法文化、中國法制度)的確是台灣法律的一部分,也是很重要的一部分,但是影響台灣法律發展的,除了中國因素,還有西方法因素以及日本法因素等,這些因素都是屬於台灣法律的一部分。

參、台灣本位的東亞法律史研究

接著想提出「東亞法律史」的研究。這可能也是一個較少人碰觸的領域,在此想強調的是以台灣爲本位的東亞法律史研究。因爲透過東亞法律史的研究,可以讓我們更加清楚地瞭解台灣法律史發展的全貌。如前所述,台灣跟東亞鄰國之間有許多的互動;再者,東亞諸國跟台灣一樣,在過去長期以來皆是受到傳統中國法的影響。由圖表上可以看出,這四個國家的法系線之中都包含了虛線,也就是說,都曾受到傳統中國法的影響,在法律文化上相似之處非常多。在法律文化背景相似的情形下,各國的法律發展歷程,其實相當值得我們借鏡。以下分別就東亞法律史的研究做更深入的檢討:

一、中國法律史的研究

(一)傳統中國法之定位

向來在台灣提及法制史研究,大概是指中國法制史之研究,目前大學裏有關法律史學的科目名稱也大多是「中國法制史」。但觀其研究或教學之對象,事實上幾乎就是在談傳統中國法,因爲其通常只談到清末爲止。在此,必須先對傳統中國法的定位做一個澄清。這也是筆者在「中國法制史」課程的講授上首先要強調的:「從台灣的觀點,看待傳統中國法」。按傳統中國法的確是台灣法律史上非常重要

的一個部分。其重要性主要源於清治以來，大量受傳統中國文化影響的華人移居台灣，取代了原住民，成為台灣社會的優勢族群。一旦要探討這個族群的法律文化，乃至法律價值觀，自然不可避免地須溯及中國先秦時代的法律思想，以及秦漢至清末，支配了華人兩千多年的傳統中華帝國律典與民間習慣。因為這些均相當根深蒂固地成為所有華人法律文化的一部分。但是在這些歷代的律典當中，曾經直接施行於台灣這塊土地的，事實上只有大清律例。我們在大清律例中偶爾還會倍感親切的看到有關台灣的規定。因此倘若研究傳統中國法的初衷是在關心台灣社會，則應特別重視關於大清律例的研究。況且大清律例也是傳統中華帝國法的最後成品，具有代表性。總之，透過大清律例的研究，不但可以了解傳統中國法本身，還可以了解台灣在清治時期的法律。

（二）近代中國法律西方化歷程之意義

　　近代中國繼受西方歐陸法的歷程，係屬中國法律史的一部分，但其對今日台灣亦具影響力。如圖所示，中國自一九〇二年一直到一九四九年，推行屬西方歐陸法系的法律。中國大概是從一九〇二年開始準備要學習西方法，但是歷經數次草案，大致在一九三〇年前後，才正式公佈實施各項近代歐陸式法典，也就是我們今日台灣現行的中華民國法典。不過請注意，一九〇二年至一九四五年，在中國所發生的這些法律西方化的歷程，雖然是中國的歷史，但並不是當時台灣的歷史。假如我們把圖上的兩條線提出來印證，就非常的清楚，此段歷程發生在代表中國的那條線，而不是在代表台灣的這條線。理由很簡單，因為那時候的台灣正由日本統治中。但是目前台灣的法學界因為受到以往「中華民國法律史觀」的影響，一旦談到對西方法的繼受（

法律的西方化)，絕大多數的人都是從一九○二年談起，亦即只談自
一九○二年開始的中國歷史，而不談同時期台灣在日治下的歷史。這
種從「清末民初」如何如何寫起，而忽略了當時實際存在於台灣的法
律體制，正表現出研究者主觀上將那一段中國變法的歷史，當作台灣
的歷史。這也是長久以來台灣法學界欠缺台灣主體性思考的結果。但
是同時必須說明的是，一九○二年至一九四五年，這一段中國法律西
方化的歷程，對台灣絕對有影響，而且影響重大，只不過這樣的影響
須待一九四五年之後。因為在一九四五之後，中華民國的法典才開始
實施於台灣。要了解現今中華民國法典的制訂由來，當然有必要回顧
這一段產生的背景。此外，一九四五年之後，台灣的執法人員，大部
分也是由中國大陸遷來，他們的歷史經驗何在？當然是一九○二年以
來中國變法的那段歷史。欲瞭解其法律觀念、法學素養，無不須先對
一九○二至一九四五的這段中國歷史作一番深入的研究。更何況，這
一段歷史，也是構成今日台灣人民一部分之俗稱「外省族群」(即 1945
年後自中國大陸移入台灣者及其後裔)的歷史記憶，站在台灣本位的
立場，絕對不能略而不提。尤其須特別指出的是，在過去甚至現在，
占台灣人口絕大多數的閩南、客家、原住民等三個族群的上一代的歷
史，被國家教育粗暴地加以抹煞，但我們絕不希望在未來台灣再有任
何一個族群的上一代的歷史，亦遭受他人抹煞。今天既然大家都在台
灣，大家都是台灣人，每個族群的歷史記憶都應當受到尊重。

（三）現代中國法律史之認識

代表中國的那條線，在一九四九年之後可說進入了「現代中國
法律史」的範疇，也就是討論中華人民共和國社會主義法律的發展。
要瞭解此項法律，事實上相當有必要探討其在一九四九年建國之前的

法律經驗,這段歷史也常為現在的台灣法學界所忽略,這樣的態度有待商榷。例如當初中共在蘇維埃地區的法律經驗,當然跟台灣一點也不相干,但是跟今天中華人民共和國的法律卻有相關。由於地緣的關係,今日的台灣不可避免的必須跟中國大陸有所往來,當然我們必須以一個主權獨立的國家跟它往來。既然有所往來,就需要瞭解它的法律。要瞭解今日中華人民共和國的法律,即必須對它過去三、四十年來的法律發展歷程有所瞭解。在此意義下,「現代中國法律史」的研究,也不可輕忽。

二、日本法律史的研究

　　台灣法學界的法律史探討,向來很少談到日本。整個學術界的主流似乎都有點仇日情結,不太喜歡談到日本。但是,要瞭解台灣的法律歷史,對日本法律史的研究是不可或缺的。我們先看圖上代表日本的這條線,在一八七二年之前也是實施傳統中國法,在明治維新初期,它仍然想要模仿明清律。但後來發現時代已經變了,要用西方的法律制度才行,大概在一八七二年之時,日本開始採取西方式的法院制度。故本文以一八七二年作為其繼受西方法之始點。一八七二年至一八九五年的這一段歷史,日本逐漸但大量的引進西方法。這段歷史對台灣絕對有影響,它所影響到的是一八九五年之後台灣在日本統治底下所實施的法律制度。舉例來說,大家都知道日本初到台灣即從事地籍整理。其整理地籍,事實上很多是參照日本過去明治維新時期的經驗。甚至有時還將其不完全的經驗,改良得更好後再施行於台灣。所以倘若不知一八七二年至一八九五年的日本法律史,恐怕就不容易了解一八九五年之後的台灣法律。這就好比中國自一九○二年至一九

四五年的法律改革歷程，也不是台灣的歷史，但影響了一九四五年以後的台灣法律。至於一八九五年至一九四五年的這一段日本歷史，更是研究台灣法律史者當然必須知曉的，因為它直接涉及在台灣的法律。具體的例子就像日本於一九三八年進入了戰時法體制，致使台灣法制必須跟進。

再者，關於一九四五年之後的日本法律史，是否因為此時的台灣已經告別日本的統治而失去研究必要性？個人認為，日本戰後整個法律發展仍有值得我們參考之處。因為一九四五年之後的日本，開始反省戰前法律而展開民主化的工作，例如對身分法或刑事訴訟法等之改正。對於至今仍適用之抄襲自戰前日本法的中華民國法典而言，假如它也要邁向民主化，則日本的經驗，由於目標一致，背景相似，相當具有參考的價值。故即便是現在的日本法律史，也同樣值得我們注意。

三、朝鮮的法律史

這可能是台灣法律界最為忽視的一個主題，其基本原因在於認為自己是「中國」，自己是「兄」，朝鮮是「弟」。但是事實上，我們是台灣，不是中國；我們更不是「兄」，沒有資格當韓國人的「兄」。台灣跟朝鮮曾經在日本帝國主義之下，雙雙成為日本帝國主義的兩大殖民地，擁有共同的反抗經驗，其實這個應該是當今台灣跟兩韓之間關係再出發的一個共同點。由於台灣與朝鮮有同樣被日本殖民的經驗，朝鮮自一九一〇年起在日本殖民統治下的情形，相當適合跟台灣在日本殖民統治下的情形，做一個對比。朝鮮整個法律發展過程，與台灣也頗多類似之處，譬如說，兩者原本皆受到傳統中國法系的影

響；朝鮮之法律西方化始於一八九四年，與台灣的一八九五年相距僅一年；還有，長期受日本殖民統治之後，在殖民色彩尚未淡去之時，在政治上即展開了威權統治，繼之才又慢慢的民主化，這段政治變遷的歷程有許多跟台灣類似之處。當然也不乏相異之處，例如，在被日本合併之前，朝鮮曾經以獨立國的身分，自主的繼受西方法達十餘年。因此對朝鮮人而言，日本殖民統治所帶來的近代西方法，沒有什麼了不起，因為朝鮮原本即要繼受西方法，只是日本無理地侵入他人的國家，使得這段自主的繼受過程中輟。此外，台灣與朝鮮受日本統治時間的長短也有差異，日本對台統治五十年，受日本教育的台灣人第二代已漸成為社會中堅，但是統治朝鮮只有三十五年，尚未出現類似情況。再者，朝鮮在戰後分裂為二，如圖表所示，南北韓兩個國家各自施行不同的法律制度；而台灣並未分裂。所以，比較兩者的歷史經驗，同異之處何在，至少在學術上具有相當的意義。

肆、法律史的研究與繼受法的本土化

一、歐美法律史之研究

對於源自西方的繼受法，欲進行本土化的工作，仍須先從歐美法律史的研究下手。台灣現行的實定法是繼受自西方，特別是德國、瑞士等歐陸國家。因此要了解今日制定法上法律制度的淵源，不能在傳統中國法中找到答案，而必須求諸歐陸法律史。先觀察這些制度當初是在怎麼樣的思想背景、政經社各項條件之下被形塑出來的。繼而再去探討台灣既有的各項條件，與這個法律制度所由生的各項條件，是否相互一致。假如缺乏對應的配合條件，而我們又希望或需要去落實這樣一套法律制度，那麼可能應該要思考的是，如何去創造那些有

利其發展的各項政經社條件。而且透過對歐陸法律史的研究，我們可以明瞭傳統中國的法的發展軌跡，與近代歐陸法實在是南轅北轍，所以不要動不動就牽強附會地認為傳統中國法中有今天某些西方式法律制度，而不願批判在觀念上實大相逕庭的傳統中國法。[6]這種欠缺學習誠意的扭曲，只會造成事實上得不到所企求的法社會效果，既然如此，當初又何必引進西方法？

在圖表上雖沒有列出亦屬西方法一支的英美法系，但其對台灣法律亦有若干影響。一九四九年之後的中華民國法典，雖然和戰前日本一樣以沿襲歐陸法為主，但亦有部分法律受到美國的影響。特別是與經濟活動較相關者，例如：商法、證券交易法、動產擔保交易法等。所以就美國法律史相關部分的研究，亦值得注意。

二、以本土資料建構屬於台灣的法律學

談到這裏，我們不難發現，台灣的法律文化實在是多采多姿，幾乎世界上幾個比較重要的法系，都曾出現在台灣的法律發展史上。但研究台灣法律發展史，最終還是希望能以本土的資料來建構台灣自己的法律學。

自己國家的實定法是繼受其他國家的法律而來，並不是一件令

6　例如以傳統中國法亦要求知縣審擬案件時須引用律典上規定，而主張其與近代西方法同樣有「罪刑法定」原則。卻不深究傳統中國法上該項要求，原是出於皇帝及上官為考核下官有無遵守命令而設的；近代西方法上該原則，則是為了防止皇帝及官員任意侵害人民自由權利而發展出來的。況且在傳統中國法底下，皇帝可不依律典任意斷臣民之罪，審判官員可類推適用律典上規定以斷罪，這些都是近代西方罪刑法定主義所明白禁止的行為，怎可將二者等同？

人愉快的事情。法律原本應該是出自於被規範人民的價值觀及其客觀生存條件。不過,由於十九世紀以來西方勢力的強大,使得台灣人民不得不被迫接受西方式的法律制度及法律觀念。不論其形式上是假借日本政府或是國民(黨)政府而來,它都是台灣人民所無法抗拒其施行的法律。但事實上,這些西方式的法律,經常比傳統中國式的法律,更能夠保障人民的利益。從這個觀點來看,被迫繼受西方法對人民而言,也不是一件壞事。假如不願繼受西方法而只想沿用傳統中國法,則固有的男尊女卑、官尊民卑那些制度是否也要恢復?其實比起西方法,傳統中國那一套法律價值觀及其制度,似乎已難為今日的我們所接受,所以,至少就某一部分,我們寧願是繼受西方法。只不過,站在一個價值相對主義的立場,仍希望保存一些固有的法律價值觀及制度。亦即,我們並不樂意見到固有的法律規範立時被全面棄守、拋擲一旁,完全的被西方法所取代。總是希望能自主地將一些現今仍宜適用者保存下來,使其能配合台灣人民法律生活上的需要,此即為法律的本土化。

　　在西方式的實定法進入台灣社會的一百年當中,法律要本土化一直有困難。因為眾所皆知的,在前五十年,有日本的殖民地專制統治;後五十年,又有國民黨法西斯專制獨裁。在此情形之下,人民極難有機會以其自主的意志去選擇國家實定法的內容。實定法的內容既然都操之於統治者,人民自然不能發表自主的意見,只有遵守的分。所制定的法律對人民有利或不利,皆是人民無法控制的。但今日的情勢已大不相同,台灣民間社會力量蓬勃發展,政治上也日趨民主。正由於人民可自主的選擇所需要的法律,使法律本土化的機會來了。然而當今台灣法學界的準備仍然不夠,關於本土法律社會的相關資料,

依然十分欠缺。若我們想詮釋現行的法律社會，勢必需要一些法律史
方面的背景知識，而一旦試圖去探詢有關台灣法律史方面的知識，則
將發現其間真是困難重重。所以我們必須從最基本的法律史研究開始
做起，再配合對現在法社會事實所為的調查研究，以建構出屬於台灣
自己的法律理論。亦即不再用外國的理論去硬套，而應藉由本土的資
料架構我們自己的法學理論。此外，還能夠用這些資料，做為我們立
法政策上的參考，以之修改現行法律，使得台灣的法律，真正的成為
造福台灣人民的法律。因此在圖表的最左邊，標示著「台灣法律史研
究」，而在最右邊則註明「台灣法律發展方向之省思」。希望大家能
透過台灣法律史的研究過程，思索台灣未來的發展方向。個人相信，
台灣法律史是可以提供許多這方面的訊息。

伍、結語

　　近百年來，在兩個外來政權的打壓之下，台灣人民沒有辦法發
展出具有台灣主體性的法律史研究，這不但使台灣歷史的發展真相，
經常受到扭曲，例如將一九〇二年至一九四五年中國大陸變法的歷史
當做台灣的歷史。而且造成台灣人民認同上的錯亂，國家換得太快，
為統治者服務的軍國教育，不遺餘力的洗腦或掃毒，使得台灣人民喪
失自我意識。例如在日本統治末期，因為皇民化運動的推展以及小學
教育的普及，當時不少青少年，事實上已相當程度地認同日本，想要
做一個日本人。但是，因為政權替換，另一個國民政府來台後，開始
教他「我是中國人」，認同的衝突油然而生。四十多年中國化的教育
之後，一股蟄伏已久的社會力終於冒出頭來，宣揚「我們都是台灣人
」的觀念，使許多已習於接受「中國人」認同的人，面臨迷惘之境。

假設將來再換成中國政府統治，恐怕又得重新學習做個「真正的中國人」，唸「真正的中國歷史」。總之，過去那般頻繁的政權交替，使得台灣人民的認同錯亂，喪失了自我意識，不曉得從台灣自己的立場去解釋自己的歷史，這是今日最根本的問題所在。

　　所以，我們今天一定要以台灣主體性的立場，重新詮釋台灣的法律發展。假若我們對法律史的知識不足，就難以自稱了解奠基於過去的現今法社會；而對整體法社會事實不明白，又如何能制訂出適合這個社會人民的良善法律呢？由於台灣歷史的研究長期處在被壓抑的情況之下，我們可以理解與諒解在這方面的法律研究成果為何少的可憐。但話又說回來，過去，或許可以用統治者的壓迫做為藉口，自我原諒；但是，今天，我們已經沒有藉口。日後再不做，就是我們自己的責任，表現出的，就是台灣法學界自己的不長進與欠缺歷史感。個人誠摯的期盼能有更多的人參與法律史的研究。雖然這個領域目前的發展程度尚嫌粗略，不夠精緻，但正因如此，才更迫切的需要更多的人來關心與投入。

附記：本文係根據筆者於一九九五年六月三日在台灣法學會所為之演講修改而成，原演講詞除經收錄於台灣法學會，《學報》第十七輯，頁 174-200，又正式發表於《律師通訊》，192 期（1995 年 9 月），頁 37-46。復承日本東洋大學後藤武秀助教授將其譯為日文並附加解題後，發表於該校《比較法》，第 34 號（1996 年 12 月），頁 171-202。

撥雲見日的台灣法律史研究

壹、前言

　　「台灣法律史」（或稱「台灣法制史」）對於台灣學術界而言，是個相當陌生的名詞。近代西方法律學傳入台灣已近百年，但向來很少研究者有意識地以台灣斯土斯民的法律發展爲觀察的主軸，不受政權轉替之割裂而整體性地探究其過程及意義；歷史界如此，法學界更是如此。試翻閱台灣法學界各科教科書，其中不乏闢有「史的考察」專節，但所言者，若非中國大陸自「清末民初」開始進行之西方式法典的編纂，即是西歐自羅馬法以降之法律變遷。當然這兩者各有所本，前者確實是今日施行於台灣之中華民國法典的前身，後者則是現行法典之規範內容的起源。但是中華民國法典至今

只在台灣施行五十年，在此之前台灣的法律是什麼呢？且羅馬法在西方世界的發展，終究是發生在歐美，而非在台灣。台灣人民自己都如此迷失自我意識，外國學者當然更不知以台灣爲一單元觀察其法律發展歷程。在這一片足以遮日的雲霧當中，本文到何處尋覓台灣法律史研究的蹤跡？如何做百年來學術史的回顧呢？

所幸「依附式」的台灣法律史相關論著仍相當多。某些法學論著，於研究某一課題（例如殖民地法制）、或某一法律體制（例如中華民國法制）時，可能涉及台灣法律發展過程中某一階段的法律；其論述主旨，或探討當代法律問題的解釋適用，或說明過去一段期間內的法律變遷。後者堪稱爲屬於典型的「法律史」作品，故宜爲本文主要的研究對象。但倘若凡具有以上所述特色之論著皆一一進行考察，則恐非篇幅所能負擔。是以筆者僅就其中擇取相對較「重要」的論著，同一作者亦僅選擇其中較具代表性者，做爲本文檢視的對象。本文所引述的資料（見附錄一），或有遺珠之憾，祈請見諒。

由於所「依附」的研究領域及其依附原因，百年來因統治台灣之政權的不同而有異，故首先以造成政權移轉的第二次世界大戰終結的一九四五年爲界，分爲戰前與戰後兩部分，各有五十年的時間。因主旨在於學術史之研究，以下將針對台灣法律史或與其相關之論著，檢討其寫作背景（例如政治環境、學界傾向等）及內容上特色，以解釋百年來台灣法律史研究之演變過程，並以管窺天，不自量力地提出其未來應有的發展方向，希望能就教於諸位先進。

貳、戰前部分（1895～1945）

一、依附於「舊慣之研究」

在日治前半期，出現許多以舊慣研究爲名之關於台灣清治時期法律的論著。其中最著名、亦屬集大成的作品，應是由臨時台灣舊慣調查會於一九一〇及一九一一年所出版的《臺灣私法》及《台灣私法附錄參考書》。[1]本書係由京都帝國大學法科教授岡松參太郎法學博士策劃與主筆，書中雖亦論及日治初期的法制變革，但主要係在探究華裔台灣人（當時稱「本島人」，含漢化的平埔族）於清治末期（約當十九世紀後半），各種屬於今日所謂「民商事法律關係」的習慣。由於其係以學術研究之態度，進行調查與撰寫，故一直廣爲各國學術界所接受，台灣學者亦常視爲權威論著而引用之，允稱爲有關台灣法律史的第一本鉅作。晚近台灣省文獻委員會曾將該書譯爲中文，以利不諳戰前日文的國人閱讀，然中譯本有不少漏譯及若干處譯文有待商榷，[2]故欲引用該中譯本者，仍宜先對照日文原本之相關部分。另一方面，針對原住民自古以來的習慣內容，亦由台灣總督府番族調查會於一九二一年出版《臺灣番族慣習研究》，[3]爲前述習慣調查的後續成果。

在《臺灣慣習記事》及《臺法月報》兩項期刊上，亦有不少從事「舊慣」之研究者，發表有關清治時期台灣法律之論文。按《臺

---

[1]　臨時台灣舊慣調查會，《臺灣私法》、《臺灣私法附錄參考書》（台北：自刊，1909-1911年；中譯本，南投：台灣省文獻委員會，陳金田譯，第一卷，1990年；第二、三卷，1993年）。

[2]　中譯本之刊行實嘉惠國人良多，惟或因時間倉促，間有翻譯未臻理想者，僅任意摘取部分有待斟酌之處做成附錄二，敬供參考。

[3]　台灣總督府番族調查會，《臺灣番族慣習研究》（台北：自刊，1921年）。

灣慣習記事》之內容包羅萬象，其中有涉及法律者，當已爲一般台
灣史學者所知悉。惟該期刊於停止發行之際，曾將其刊行有關慣習
研究之業務，移交予《臺法月報》，[4]後者因而闢有「慣習」之專欄
，但其似乎較少受到學界注意。茲就這兩項刊物內堪稱爲與台灣法
律史相關的論著中，列舉較重要之研究者的若干業績如下：(1)當時
覆審法院長鈴木宗言的〈臺灣舊訴訟法〉，[5](2)當時覆審法院「事務
囑託」小林里平的〈清國政府時代的臺灣司法制度〉（〈清國政府
時代に於ける臺灣司法制度〉）、[6]〈保甲制度〉（〈保甲制度〉）
、[7]〈本島親屬制度的大要〉（〈本島親族制度の大要〉）、[8]〈介
紹合股字〉（〈合股字を紹介す〉）、[9]〈介紹民事合股字〉（〈民
事合股字を紹介す〉）[10]等，(3)當時法院檢察官上內恆三郎的〈中

---

[4] 參見〈本會委員慰勞會〉，《台灣慣習記事（中譯本）》7（南投：台灣
省文獻委員會，1993年），頁412。當時《臺法月報》仍採舊名——《
法院月報》。

[5] 鈴木宗言，〈臺灣舊訴訟法〉，《臺灣慣習記事》1：2（1901年），
頁1-17；1：3，頁14-23；1：4，頁1-25。

[6] 小林里平，〈清國政府時代に於ける臺灣司法制度〉，《臺灣慣習記事》
2：12（1902-1903年），頁12-28；3：2（1902-1903年），頁10-25
；3：3（1902-1903年），頁1-13。

[7] 小林里平，〈保甲制度〉，《臺灣慣習記事》3：5（1903年），頁1-
15；3：6（1903年），頁1-13；3：7（1903年）；3：11（1903
年）。

[8] 小林里平，〈本島親族制度の大要〉，《法院月報》（後改稱《臺法月報
》）2：10（1908年），頁49-54。

[9] 小林里平，〈合股字を紹介す〉，《法院月報》（後改稱《臺法月報》）
3：11（1909年），頁25-33。

[10] 小林里平，〈民事合股字を紹介す〉，《法院月報》（後改稱《臺法月報
》）3：12（1909年），頁24-27。

國法系之法制及習慣所認定的財產制〉（〈支那法系の法制及慣習
の認めたる財產制〉）、[11]〈本島繼承制度的大要〉（〈本島相續
制度の大要〉）、[12]〈合股的舊慣〉（〈合股の舊慣〉）。[13]

在日治前期，清代台灣法律史之所以受重視，是因爲日本政府
基於統治政策及國家實定法上需要，必須了解台灣「舊慣」。自後
藤新平提出「生物學的」治台政策後，了解台灣舊有的風俗習慣，
即成爲台灣總督府決定施政方針之前的必要步驟。而且依日本在台
的國家法律之規定，僅涉及台灣人（不含原住民）及清國人（後改
稱中華民國人）的民商事項，原則上須依台灣人舊慣；[14]故司法人
員於適用法律時必須知悉「舊慣」的內容，否則無由判案。於《臺
灣私法》序言中，即明示調查舊慣係「應目前行政及司法之需要，
……爲他日台灣立法奠定基礎」。無怪乎上述清代法律史研究的背
後，皆有國家機關的支持。臨時舊慣調查會乃依敕令組成的，且憑
藉國家財力進行廣泛的調查。發行《臺灣慣習記事》的「台灣慣習
研究會」，係由總督爲會長，民政長官爲副會長，設於總督府民政

---

[11] 上內恆三郎，〈支那法系の法制及慣習の認めたる財產制〉，《臺灣慣習
記事》6：1（1906年），頁1-7；6：2（1906年），頁1-7；6：4
（1906年），頁1-9。

[12] 上內恆三郎，〈本島相續制度の大要〉，《法院月報》（後改稱《臺法月
報》）2：10（1908年），頁67-76。

[13] 上內恆三郎，〈合股の舊慣〉，《法院月報》（後改稱《臺法月報》）3
：2（1909年），頁47-56；3：6（1909年），頁49-65；3：9（
1909年），頁60-68。

[14] 參照明治二八年日令二十一號之三「台灣住民民事訴訟令」第二條，明治
三一年律令第八號「有關民事商事及刑事之律令」第一條，明治四一年律
令第十一號「台灣民事令」，第三條。

部法務課內。《臺法月報》亦是由法務部（課）長擔任主編，設於該部（課）內。且上述研究者除了岡松外，鈴木等人皆是職業司法官僚。

這些研究業績由於是日本官方及學者所主導，在內容上呈現某些值得令人深思的特質。按彼等都是以歐陸法的概念解釋台灣民間習慣的內容，引進原屬西方文化的「權利」概念（指法律爲使某特定人享有一定利益，所賦與該特定人可透過法律上之制度，得以貫徹實施之力），以及如「債權與物權」、「共有」等等屬於歐陸法的特有概念，甚至參照日本歐陸式民法典上分類，將舊慣內容類型化。例如《臺灣私法》將舊慣上「贌」之關係，依借用目的之不同，區分爲三類：「贌佃」（再細分爲「永佃」及「佃」）、「贌地基」、「贌地」，即很可能是受日本歐陸式民法上「永小作權」、「地上權」、「賃貸借」之分類所影響。[15]這固然是因爲歐陸法學概念已爲當時日本法學界普遍採用，但更因爲《臺灣私法》這類「舊慣研究」原本是爲供司法者參考而作，當然宜用司法者熟知的國家法律概念來表達。且多少亦有將臺灣法制統合於日本法體系之意。若以因應日治當時法制上需要而言，則岡松等的作法合理且正確

15　《臺灣私法》依土地借用之目的係(1)從事耕作或畜牧等有關農業之使用，(2)供建造房屋或其他工作物之使用，(3)上述兩類以外之使用，區分爲贌佃、贌地基、贌地。贌佃再依借用期間之長短及其性質，區分爲永佃及佃。而日本民法上，永小作權即指：支付租金而在他人土地有耕作或牧畜之權利，地上權指：爲在他人土地上擁有工作物或竹木而使用其土地之權利，賃貸借則指：約定一方使用收益他方之物並交付一定租金。且永小作權存續期間較長，爲二十年以上五十年以下，而賃貸借存續期間較短，爲不可超過二十年。兩相對照，個中奧妙當可領會。參見《臺灣私法》，第一卷上，頁571。

。但若純粹站在學術立場，希望將台灣在清治時期的法律如實地加以敘述，則使用清治時期並不存在的歐陸法學概念描述其法律關係，是否妥當，不無疑問。而今日吾人是否繼續沿襲這項作法，實應三思。至少其存在不少後遺症，例如今日學界似已誤以為台灣在清治時期就有各式各樣「某某權」（例如業主權、大租權、贌耕權等）之名稱與概念，致忽略「權利化」在台灣法律發展史上具有一定的意義。[16]且對於非習法之其他學科專攻者，是否須先了解各種歐陸法概念，才能掌握法律史的相關知識？比方說，當《臺灣私法》以「不融通物」來描述某物時，讀者是否須先查明該法律概念之涵義？如此是否徒增科際整合之困難？

當「舊慣研究」因日治後期統治政策之改弦易轍而不再吃香，清治時期台灣法律史之研究即隨之消沈。於一九一九年以後，內地延長主義成為日本殖民地統治政策主調，凸顯殖民地特異性的舊慣研究已不再受寵。且自一九二三年起，於國法原則上須依台灣人舊慣處理者，只剩僅涉及台灣人之親屬繼承事項，[17]故司法人員了解舊慣內容的必需性大為降低。此立即反映至有關台灣法律史的研究上。《臺法月報》中「慣習」欄，僅設至第十三卷（1919年）為止，此後雖仍有關於「舊慣」之文章，但大多屬於仍為國家法律所繼

16　吾人在清代契字中，可以看到「業主」、「大租」、「贌耕」等用語，但看不到其後加上「權」字。筆者於討論合股在台灣社會之發展時，曾嘗試避免用歐陸法概念描述其清治時法律關係，追論及合股進入日治時期後之變遷時，才使用諸如「權利」等歐陸法概念。參閱拙著，〈台灣企業組織法之初探與省思－以合股之變遷為中心〉，本書，頁289。

17　參照大正十一年勅令第四〇六號及同年勅令第四〇七號「有關施行於台灣之法律的特例」第五條。

續採用的親屬繼承方面者。且基本態度頗多傾向於應否定舊慣之效力。例如於一九二一年的《臺法月報》第十五卷，即有伴野喜三郎的〈公業廢止論〉（〈公業廢止論〉）[18]及杉木榮次的〈應廢止祭祀公業〉（〈祭祀公業を廢止すべし〉）[19]等論文。縱令不敵視舊慣，亦大多如下述二所言的，係著眼於在日治當代法制上的運用，而非旨在探究台灣法律史的變遷。例如《臺法月報》上一九二三年小島由道的〈關於親屬繼承之習慣〉（〈親族相續に關する慣習〉），[20]及一九二八年後藤和佐二等的〈祭祀公業論—從現行法制觀之的祭祀公業—〉（〈祭祀公業論—現行の法制より觀たる祭祀公業—〉）。[21]

二、依附於「日本在台法制之研究」

探究日本領台以後的法制變遷，亦即「日本在台法制之研究」，亦是日本統治當局認為重要的課題，故附隨的為台灣法律史留下若干研究業績。此類研究自日治前期即有之，其典型的著作如台灣總督府法務部所撰的《台灣司法制度沿革誌》（《臺灣司法制度沿

---

[18] 伴野喜三郎，〈公業廢止論〉，《臺法月報》15：9（1921年），頁2-9。

[19] 杉木榮次，〈祭祀公業を廢止すべし〉，《臺法月報》15：1（1921年），頁21-25。

[20] 小島由道，〈親族相續に關する慣習〉，《臺法月報》17：3（1923年），頁53-59；17：4（1923年），57-65；17：5（1923年），頁64-72。

[21] 後藤和佐二等，〈祭祀公業論—現行の法制より觀たる祭祀公業—〉，《臺法月報》22：1（1938年），頁34-58。

革誌》），²²該書涵蓋一八九五年至一九一七年為止二十二年的台灣司法制度演變歷程，以記述相關法令及其內容為主。一九一九年乃日治時期法律史上重要的一年，故同年的《臺法月報》刊載許多回顧日本在台法制的文章。例如當時覆審法院長谷野格的〈臺灣司法制度及這次的改革〉（〈臺灣司法制度及今次の改革〉），²³台北地方法院檢察官長小野得一郎的〈關於台灣的犯罪〉（〈臺灣の犯罪に就て〉），²⁴及台北辯護士會長山口十次郎的〈回顧二十年〉（〈回顧二十年〉）。²⁵隨著治台時間的增長，更有詳細記述四十餘年來，日本在台刑事法制之內容及其運作實況，由總督府警務局所編的《台灣總督府警察沿革誌，第二編：領台以後治安狀況（下卷）—司法警察及犯罪即決變遷史》（《臺灣總督府警察沿革誌，第二編：領臺以後の治安狀況（下卷）—司法警察及犯罪即決の變遷史》）。²⁶本書雖提供極豐富的日治法律史參考資料，惟終究是站在日本官府立場撰寫，故今日研究者欲參照時，仍須審慎明辨是否已陷入其既有的日本政府觀點而不自覺。另一本由總督府官房

22　台灣總督府法務部，《臺灣司法制度沿革誌》（台北：自刊，1917年）。

23　谷野格，〈臺灣司法制度及今次の改革〉，《臺法月報》13：7（1919年），頁23-29。

24　小野得一郎，〈臺灣の犯罪に就て〉，《臺法月報》13：8（1919年），頁23-29。

25　山口十次郎，〈回顧二十年〉，《臺法月報》13：10（1919年），頁7-15。

26　台灣總督府警務局，《臺灣總督府警察沿革誌，第二編：領臺以後の治安狀況（下卷）—司法警察及犯罪即決の變遷史》（台北：自刊，1942年；戰後日本綠蔭書房及台灣南天書局均有復刊）。

審議室所編之《律令制度沿革》（《律令制度ノ沿革》），[27]收錄律令制度所由產生的法案內容及帝國議會討論經過。任教於台北帝大的中村哲所著《殖民地統治法的基本問題》（《植民地統治法の基本問題》），[28]則進一步就日本領台以來近五十年的統治體制演變，依學理而爲論述。

此外，相當爲今日研究者所熟悉之姊齒松平的二本著作：《祭祀公業及關於台灣特殊法律之研究》（《祭祀公業並臺灣ニ於ケル特殊法律ノ研究》）[29]與《僅關涉本島人之親屬與繼承法之大要》（《本島人ノミニ關スル親族法竝相續法ノ大要》），[30]雖亦述及日治時期關於台灣人親屬繼承、土地、或商事等方面法令及法院判決例的變遷，而依附於「日本在台法制之研究」，但仍較著重於當代司法實務上之運用，非專以台灣法律史爲探討之旨。此由姊齒之爲當時高等法院判官而觀，實屬自然。另一本常被引用之手島兵次郎的《臺灣慣習大要》，[31]也不在談台灣人習慣的演變，而是旨在供當時法院認定習慣內容之參考，故只擬表達日治時台灣人之「習慣」是什麼。又如戴炎輝（田井輝雄）教授於日治時期所發表的〈

---

27 台灣總督府官房審議室，《律令制度ノ沿革》（台北：自刊，1940年）。

28 中村哲，《植民地統治法の基本問題》（東京：日本評論社，1943年）。

29 姊齒松平，《祭祀公業並臺灣ニ於ケル特殊法律ノ研究》（改訂版，台北：東都書籍株式會社，1937年）。

30 姊齒松平，《本島人ノミニ關スル親族法竝相續法ノ大要》（台北：臺法月報發行所，1938年）。

31 手島兵次郎，《臺灣慣習大要》（台北：臺法月報發行所，1913年）。

台灣的家族制度與祖先祭祀團體〉（〈臺灣の家族制度と祖先祭祀團體〉），[32]亦一部分屬於法院判決例變遷史之研究，而非純然是民間習慣內容變遷史之研究。[33]這些研究業績都不能不說是附屬於「日本在台法制之研究」。

隨著日本政權因第二次世界大戰的敗北而退出台灣，上述的依附狀態已告終結，有關台灣法律史之研究，進入戰後階段。

參、戰後部分（1945～1995）

一、依附於「傳統中國法之研究」

中華民國中央政府自統治台灣之初，即厲行「中國化」政策，俟其中央政府遷台後不久，在東西方冷戰的世局下，為宣稱代表「中國正統」，亦在台極力鼓吹「復興中華文化」，故於法律史研究領域中一直獨厚「傳統中國法之研究」。台灣自國民（黨）政府統治以後，各大學法律學系及部分法律學研究所，都設有「中國法制史」之課程，相關論著之數目相當多，[34]且於一九五九至一九七一年止，成為國家舉辦之司法官與律師高考的必試科目。按關係著中

32　田井輝雄（戴炎輝），〈臺灣の家族制度と祖先祭祀團體〉，《臺灣文化論叢》第一輯（台北：清水書店，1945 年），頁 181-264。

33　戴教授係以日治初期至一九二二年為止的法院判決例為中心，敘述當時的家產制度。判決例係日本國家法律底下的產物，故嚴格言之，此仍係針對「日本在台法制」所為之研究。於日治當時，做為一位法律專家，這種處理問題的方式，極為自然且正常。

34　參見黃源盛，〈近五十年來台灣對中國法制史的研究—兼論法制史學的性質及其研究取向〉，《中國法制比較研究論文集》（台北：東吳大學法律學研究所，民國 82 年），頁 85～93。

華民國歐陸式法典內容之由來的西洋法制史，尚且不受重視，更遑論冠上統治當局最忌諱之「台灣」兩字的台灣法律史。只有台灣法律發展史上的清治時期，因當時的台灣為清朝的一部分，所施行的傳統中國法還可稱得上是「中國法制史」的一部分，故較受政府及學術界的眷顧，但既然只是「大中國」當中的「小台灣」，其能受分配到的國家資源，仍非常有限。

這類依附於「傳統中國法之研究」的台灣清治時期法律史相關論著，以戴炎輝的《清代台灣之鄉治》[35]及其他未收錄於該書之諸論文，[36]最為著名。尤其是戴炎輝在一九五〇年代，將原於日治初期取得之前清淡水廳與新竹縣衙門施政記錄（日人稱「台灣文書」），整理後命名為「淡新檔案」，詳見〈清代淡新檔案整理序說〉一文[37]，已為台灣法律史研究保存最珍貴的原始資料。由戴炎輝須以私人力量進行整理分類，於一九六八年獲得國外福特基金會資助後，始將檔案拍成微捲攜往美國，公諸於世，且僅一部分（行政編）在台付印成書，當可窺知國家支援之微弱。隨後台大法律系柯芳枝即依據淡新檔案完成〈清代台灣贌佃契約對業主及佃人之效力〉、[38]〈清代台灣贌佃契約之締結〉、[39]〈清代台灣之房屋租賃〉[40]等

---

[35] 戴炎輝，《清代台灣之鄉治》（台北：聯經出版事業公司，1979 年）。

[36] 戴教授著作之目錄，參見台大法律系編，《固有法制與現代法學—戴炎輝先生七秩華誕祝賀論文集》（台北：成文出版社，1978 年），頁 1～5。

[37] 戴炎輝，〈清代淡新檔案整理序說〉，《台北文物》 2：2（1953 年）。

[38] 柯芳枝，〈清代台灣贌佃契約對業主及佃人之效力〉，《國立台灣大學法學論叢》 13：2（1984 年），頁 175-192。

三篇論文。任職法官的陳計男亦參考該檔案及《臺灣私法》，撰寫〈我國固有典習慣與民法典權之比較〉。[41]前揭戴氏等論著，基本上仍延續《臺灣私法》的風格，運用作者熟悉的歐陸法概念論述清代台灣習慣。但其使得有關台灣法律史之研究，於「大中國主義」籠罩下的戰後台灣，猶不絕如縷地存續下來，為另一階段的新發展，儲備能量，實功不可沒，尤以淡新檔案的保存與整理，貢獻甚偉。

美國學界亦出於研究傳統中國法之需，而關心清治時期台灣的法律。眾所周知的，美國學術界在東西方冷戰時期，因無法進入中國大陸實地蒐集資料，經常以台灣做為研究「傳統中國」之代用品。法律方面亦不例外。尤其是清治下台灣法律之相關原始資料與學術論著，較清治下其他地區為多，為便宜起見，亦可能選取當時的台灣進行研究，藉以了解傳統中國式法律的運作。這一類的重要英文論著如下：(1)R. Brockman 的〈十九世紀晚期台灣的商事契約法〉（Commercial Contract Law in Late Nineteenth-Century Taiwan），[42](2)劉江彬的〈晚清的中國商事法（1842～1911）— 法理及在台灣之紛爭解決程序〉（ Chinese Commercial Law in the Late

39　柯芳枝，〈清代台灣贌佃契約之締結〉，《國立台灣大學法學論叢》7：2（1978年），頁171-194。

40　柯芳枝，〈清代台灣之房屋租賃〉，《固有法制與現代法學》（台北：成文出版社，1978年），頁231-245。

41　陳計男，〈我國固有典習慣與民法典權之比較〉，《固有法制與現代法學》（台北：成文出版社，1978年），頁497-534。

42　Brockman,Rosser H. "Commercial Contract Law in Late Nineteenth-Century Taiwan." in J. Cohen ,R. Edwards, & F.Chen(eds.),*Essays on China's Legal Tradition*,pp.76-136(Princeton :Princeton University Press,1980)

Ch'ing(1842-1911):Jurisprudence and the Dispute Resolution Process in Taiwan ），[43](3)M. Allee 的《帝制中國晚期的法律與地方社會：淡水廳與新竹縣，1840 ～ 1895 》（ Law and Local Society in Late Imperial China :Northern Taiwan in the Nineteenth Century ）。[44]其中(1)的主要參考資料為前述《臺灣私法》及《臺灣慣習記事》，而(2)與(3)則係以「淡新檔案」為主要參考資料。顯然是著眼於既有的學術研究素材豐富，才以清治下台灣法律做為探討傳統中國法的「工具」。

　　這些論著固然有助於吾人更加了解清治時期台灣法律史，但由於其研究目的在於「傳統中國」而非「台灣」，故有下述幾點須留意。作者通常會提及台灣與中國大陸存有差異，但為了自圓其「清治下的台灣足以代表傳統中國」的前提，又認為該等差異是可被忽視的。例如前揭(1)文於論述之初，即做此交待。[45]然而目前關於同時期在中國大陸各地方法律運作的論著不多，未經全面性比較即認為兩者相似，似嫌速斷。且假如研究的目的是為了解「台灣」而非「傳統中國」，則探討這項「台灣是否具代表性」的問題，並非不可缺者。其次，由於對象是傳統中國法，故在資料的引用上，不限

---

[43]　Liu,Chang-bin(劉江彬)*Chinese Commercial Law in the Late Ch'ing(1842-1911):Jurisprudence and the Dispute Resolution Process in Taiwan.*(Ph.D. dissertation, University of Washington,1983).

[44]　Allee,Mark A. *Law and Local Society in Late Imperial China: Northern Taiwan in the Nineteenth Century.*(Stanford :Stanford University Press,1994 ; Ph.D.dissertation, University of Pennsylvania,1987)

[45]　參見 R. Brockman, "Commercial Contract Law in Late Nineteenth Century Taiwan," p. 78.

於發生於台灣者。如前揭(2)文，於討論「行會」（台灣稱「行郊」）時，亦參考關於上海及中國大陸民國時期的資料，假如研究對象是清治時期台灣法律，則這些素材只能做兩地之比較，不能引以證明清治下台灣之情況，因爲民間習慣具有地域性。[46]再者，一部分研究者或許爲凸顯「傳統中國之研究」的重要性，似不自覺地有過度美化傳統中國法的傾向。例如前揭(3)書，作者僅根據少數由衙門所處理的案件（未釋明其在所有衙門案件中具有代表性），即推論出「清朝法律及衙門，係爲了整合社會中不同的族群、連結政府與社會、促進傳統社會制度的形成而運作」。[47]總之，上述論著只不過是截取台灣法律史中清治時期這一段，用以探究傳統中國法的內涵，並非以研究台灣本身的法律發展爲關心重點。

二、依附於「中華民國法制之研究」

台灣自一九四五年十月廿五日起施行中華民國法制，基於國家實定法之身份，其法制變遷當然成爲島內法學界的研究重點之一。按現行中華民國的重要法典，大多係制定於一九三○年前後的中國大陸，其草案之研擬，可上溯自一九○二年之清朝決定仿效西方法編纂新法典。故欲討論這些中華民國法律制度的起源，自應從一九

---

[46] 參見 Chang-Bin Liu, Chinese Commercial Law in the Late Ch'ing (1842-1911): Jurisprudence and the Dispute Resolution Process in Taiwan, pp. 215-220.

[47] M. Allee, *Law and Local Society in Late Imperial China :Northern Taiwan in the Nineteenth Century*, p. 259。對本書之評論可參見王泰升等，〈試評 M. Allee 所著 Law and Local Society in Late Imperial China :Northern Taiwan in the Nineteenth Century 〉，《台灣史研究》 2：1（ 1995 年），頁 213-217。

三〇年前後所公布之法典的內容或其相關草案開始觀察。但這樣的研究取徑，事實上並非在探討台灣的法律史，因為在一九四五年國民政府接收台灣之前，上開法典或草案根本未曾公布或施行於台灣。可見中華民國法律史並不等同於台灣法律史。因此從台灣社會的觀點，一九四五年十月廿五日以後的中華民國法，僅構成台灣法律史的一部分—台灣國治時期法律史；但是從中華民國法制的觀點，其於一九四五年以前早已存在，嗣後才將效力延長至台灣，故中華民國法制方是主體，台灣自一九四五年起施行該法的歷史係附屬於中華民國法制史。

自「中華民國法制之研究」出發，討論台灣各項法律制度之發展歷程，已是台灣法學界長期以來習焉不察的研究取徑。其例證不勝枚舉，於茲僅列出具代表性者而已。由民間的法學者、律師為主所組成的「中國比較法學會」，一直是台灣法律界最具批判色彩的學會，其中堅會員不乏政治異議人士。然該會一九八四年的年會主題訂為「中國法制五十年」，依序探討「五十年來」的刑法、刑事訴訟法、商事法、公司法、民法、土地法、法院組織法、民事訴訟法、商標法、著作權法等。在此所謂「五十年」即指從中華民國相關法典於一九三〇年前後的公布施行起算，至一九八四年已經歷約五十年（例如刑法典係一九三五年一月一日公布，同年七月一日施行）。雖然與會者所關心的皆是當今施行於台灣的這套法律體制，但一旦溯其本源，卻都指向中國大陸自一九〇二年開始研擬、制定，且在當時並未將施行範圍涵蓋台灣的中華民國法典及其草案。此外，由戰後渡台人士所興辦的《法令月刊》，曾在一九九〇年為配合其創刊四十週年紀念，刊出許多以四十年來某某法之回顧與前瞻

為旨的論文。[48]其作者仍係自中國大陸「清末民初」的法制改革開始談起，且大多只羅列各項法律條文之制定與歷次修改的內容，可謂之為「法條變革史」。雖亦有少數作者引用法院判例以敘述法制之內容，然所探討者，皆限於由各種當為規範所組成的法律制度。或許正因對「法制史」抱持這樣的研究態度，以致眼光僅關注中華民國的法規範本身，而忽略該法所依存的台灣社會具有如何的人文及物質條件與之相配合，或在台灣已產生什麼樣的社會效果。有趣的是，當研究者將視野擴及法律與其他社會因素間之關係時，為因應中華民國法律自一九四九年起已未施行於中國大陸之事實，只好將所欲討論的中華民國法律的變遷，界定為係指一九四九年中華民國中央政府遷台以後在台灣的法律施行情形。例如馬漢寶於一九八七年發表的〈近三十年法律與社會變遷之關係〉一文。[49]然而，自「中華民國中央政府」觀之，固為「近三十年」，若自「台灣」從一九四五年後業已改行中華民國法觀之，於當時中華民國法在台應已「三十餘年」。

這般依附於「中華民國法制之研究」的台灣法律史是片斷不完整的。台灣在一九四五年之前的五十年，係施行著日本殖民地法制，且自十九世紀末日治之初，台灣社會已逐步接觸近代歐陸式法制，並相當程度內接受之，[50]故僅持以中華民國法，不能解釋台灣百

48　法令月刊社，〈創刊四十週年紀念特刊〉，《法令月刊》 41：10（1990年），頁 11-63。

49　馬漢寶，〈近三十年法律與社會變遷之關係〉，《社會科學論叢》 35（1987年），頁 1-8。

50　參見拙著，〈百年來台灣法律的西方化〉，本書，頁 343-374。

年來的整個法律近代西方化的過程。然而台灣法學界長期忽視此項事實。考其原因，不僅是因法學界向來只偏重法制度規範面的研究，更因對於台灣在日治時期歷史欠缺認識。

另一方面，中華民國法院及行政機關於處理實務問題，有時仍須知悉日治時期甚至清治時期法律之內容，故亦有配合此項需求而為研究者。這是另一種依附於「中華民國法制之研究」的型態。詳言之，當個案的具體事實係發生於日治時期，則執法機關應有必要依據日治時的法律，確定該項事實於當時已產生的法律效果。若事實發生時點溯及清治時期，則同理亦須參照清時法律。例如某甲主張其係某地所有權人，因該地為其繼承自父親，其父親繼承自祖父，而其祖父係日治時期向某乙之祖父購買該地，則承審法官應先依日治時期法律判斷某甲之祖父當時是否已在法律上取得該地之所有權，為此，不得不探知日治時期法律之內容。

目前中華民國法院經常參考法務部所編之《台灣民事習慣調查報告》，[51]認定發生於日治時期的法律關係。該書係由戴炎輝教授等六人執筆，依其編輯凡例所載，首要「目的在供司法實務上之參考」。其內容分述台灣於「前清」、「日據」、「光復後」三個時期的習慣，但份量上以前兩者為重。所引證之資料則以完成於日治時期的《臺灣私法》、姉齒松平之論著、戴炎輝於日治時期之論著、以及眾多日治時期法院判決例等為主；關於國治時期之習慣，雖言依據各法院之報告及一九六六年為期五個月的實地調查而得，但並未附錄該等報告或調查經過之記錄。且本書似乎不嚴格地深究上

---

[51]　法務部（原稱「司法行政部」），《台灣民事習慣調查報告》（台北：自刊，1969 年；1984 年改由法務通訊雜誌社發行）。

開資料的做成背景,故曾出現直接以日治時期法院判決證明清治時有某項習慣存在之例。[52]尤其是所調查之事項範圍,限於親屬、繼承、合會、神明會、祭祀公業等,原則上不及於人民日常生活習見的財產法事項(例如契約或不動產之法律關係)。若以之相較於日治初期的舊慣調查事業,則調查之規模及投入之時間皆遠不及矣。這或許可部分歸因於依中華民國制定法,民間習慣已無據以判斷人民民商事法律關係之效力,故在司法實務上重要性不如日治時期,致國家機關不願投注太多資源於該項調查事業。在普遍忽視日治時期法律之研究的情況下,中華民國法院及行政機關執法人員,於處理涉及日治時期法律的個案時,除了參考上揭書之外,只好憑一己之力,認定日治時期法律關係。不過一些私人的論著,稍可彌補國家機關的怠惰。例如最高法院法官蘇達志的〈台灣固有習慣與民法之適用〉,[53]及從事地政工作的尤重道數篇有關日治時期財產繼承登記、抵押權塗銷登記等的論文。[54]這些論著跟前揭姊齒松平的作品,在性質上是相同的,皆是將台灣過去曾存在的法律內容,運用於依現行法所為之司法裁判或行政行為,只不過前者的「現行法」是中華民國法制,後者則係日本在台法制。也因此這一類依附於「

52　參見法務部(原稱「司法行政部」),《台灣民事習慣調查報告》(台北:自刊,1969 年;1984 年版改由法務部通訊雜誌社發行),頁 168,註 83。

53　蘇達志,〈台灣固有習慣與民法之適用〉,《國立台灣大學法學論叢》21:1(1991 年),頁 407-418。

54　尤重道,〈日據時期財產繼承登記之研究〉,《土地行政》39(1989 年),頁 37-44;及〈日據時期抵押權塗銷登記之研究〉,《土地行政》41(1991 年),頁 38-45。

中華民國法制之研究」之有關台灣法律史的研究著作,可能較上一類之僅探究中華民國法制立法沿革者,更密切關係台灣人民的法律生活,因司法、行政裁決將會直接衝擊個人既有身分、財產上權利之擁有。然而國家機關卻一直吝於投資爲此項研究。這說明了執政當局若非根本欠缺「法律是爲人民而存在」的理念,即是如下所述的沈迷於「反日情結」,以致不能坦然面對日本治台五十年的歷史事實。

三、依附於「殖民地法制之研究」

因台灣在戰前爲日本帝國統治下的一個殖民地,日治時期的法律常被視爲「殖民地法制」之一而加以研究。尤其在戰後的台灣,國民黨政府爲了否定前任統治者以求取自己統治的正當性,刻意將日治五十年描繪爲除了殖民地統治的壓榨外毫無所成,當時的法律也因此僅是殖民地統治的壓迫工具爾。例如台灣省文獻委員會於編譯一部分台灣總督府司法類檔案之同時,即不忘收錄郭嘉雄所撰〈日據時期台灣法制之演變歷程及其性質〉一文,[55]以向讀者提示應有「反日」的歷史情懷。

國民政府初期台灣的法學者,論及日治時期法律時,亦大多持負面的批判態度。戰後戴炎輝曾發表〈五十年來的台灣法制〉,[56]篇幅雖不長,但能掌握重點且具體有據地論述日治五十年來法制的

---

[55] 郭嘉雄,〈日據時期台灣法制之演變歷程及其性質〉,《日據初期司法制度檔案》(台中:台灣省文獻委員會,1982 年;原刊於《台灣文獻》 25:3,1974 年),頁 1143-1163。

[56] 戴炎輝,〈五十年來的台灣法制〉,《台灣文化》 5:1(1949 年;重刊於《近代中國》 19,1980 年,頁 79-86)。

變遷，允為初步了解日治下法制的佳作，惟於評價部分大多傾向否
定，幾乎未提及因該法制之施行所導致的正面社會效果。延續這項
看法的是戰後始自中國大陸移居台灣的黃靜嘉。其大作《日據時期
之台灣殖民地法制與殖民統治》，[57]相當仔細地描述日治當時立法
、司法、行政等各方面法制的重要規定，且進一步觀察其與政治經
濟因素間的關連性，歸結出當時法制係為殖民統治而生的見解。其
不單敘述法規之制定與修改，而兼從政經之變遷說明其意義，殊為
難得；但未免只注意統治者制法動機之可議，而忽視該法制施行的
結果亦附隨的帶給台灣人民若干正面影響。或許是因作者並未親身
經歷過日本在台統治吧？黃靜嘉於「自序」中，曾表示期待將來能
看到有日治時期經驗的幾位台灣法學者對該題目提出有份量之論著
，但有誰願意在那政府嚴厲箝制思想的年代裡，做這種「吃力不討
好」的工作呢？吾人今日能看到的，只有日治時期曾在日本內地任
職法官的蔡章麟，於台灣省文獻委員會所出版《台灣省通志稿卷三
政事志司法篇》第一冊撰寫第二章「日據時期之司法」，[58]以及日
治時期亦曾在日本內地任職法官的洪遜欣與在日本內地畢業自法科
的陳世榮，於該書的第二冊共同撰寫第三至五章，[59]即有關「日治
」軍政與民政時期民刑事訴訟程序之部分。蔡、洪、陳三位教授的
作品較偏重於詳盡地介紹當時法規的內容，許多法條皆已譯為中文

---

[57]　黃靜嘉，《日據時期之台灣殖民地法制與殖民統治》（台北：自刊，
　　　1960年；原政治大學政治研究所碩士論文，1957年）。

[58]　台灣省文獻委員會，《台灣省通志稿卷三政事志司法篇》第一冊（台北：
　　　自刊，1955年）。

[59]　台灣省文獻委員會，《台灣省通志稿卷三政事志司法篇》第二冊（台北：
　　　自刊，1960年）。

，且不避諱於使用如明治、大正、昭和等日本年號，文中雖亦批判日本基於殖民統治，在法制上對台灣的差別待遇，但份量相對的並不多，可謂屬於記述性的學術論文，而評論部分之不願多加著墨，或許是在欠缺「意見自由」底下明哲保身之道吧。至於台灣省文獻委員會於一九九○年出版之《台灣省通志》的〈政治志法制篇〉，[60]雖仍沿襲前揭《通志稿》中學者所記述之內容，但總要冠上與日治當時法令根本無關的「光緒」、「民國」等年號紀元。

　　戰後的日本，長期以來幾乎僅在「殖民地法制之研究」，才看得到關於台灣法律的論著。在一九五○年代，日本外務省為因應由於舊金山和約（1951）之簽署，須全盤檢討日本原有涉及「外地」（即殖民地）之法令的效力問題，乃調查整理所有施行於朝鮮、台灣、樺太、關東州及南洋群島等舊領外地之法令，並自一九五五年以後陸續公開刊行，命名為《外地法制誌》。其中《台灣的委任立法制度》（《「外地法制誌」第三部の一：台灣の委任立法制度》）、[61]《律令總覽》（《「外地法制誌」第三部の二：律令總覽》）、[62]《日本統治下五十年的台灣》（《「外地法制誌」第三部の

60　台灣省文獻委員會，《重修台灣省通志卷七政治志法制篇》（台中：自刊，1990年）。

61　日本外務省，《「外地法制誌」第三部の一：台灣の委任立法制度》（日本：自刊，1959年）；後收入日本外務省編，《外地法制誌》（東京：文生書院，1990年）。

62　日本外務省，《「外地法制誌」第三部の二：律令總覽》（日本：自刊，1959年）；後收入日本外務省編，《外地法制誌》（東京：文生書院，1990年）。

三：日本統治下五十年の台灣》）[63]等三書，對於日本在台法制有極爲完善的整理與敘述，爲今日研究該法制者必備的「工具書」。相對於日本官方「外地法制誌」之單純以記述法規內容爲主，若干在日本的學者，於探討殖民地法制時，會一併論及台灣殖民地之法制，且加入較多的歷史詮釋與評論。例如，曾在台北帝國大學講授憲法的中村哲所撰〈殖民地法〉（〈植民地法〉）。[64]曾在台灣殖民地接受中、小學教育之向山寬夫的《日本統治下台灣民族運動史》（《日本統治下における台灣民族運動史》）[65]及〈日本統治下台灣的法與政治〉（〈日本統治下における台灣の法と政治〉），[66]向山氏的前一本書雖可能被認爲屬於政治史範疇，但其中論及當時許多重要法令，仍非常值得法律史學者參考。另外，春山明哲的〈近代日本的殖民地統治與原敬〉（〈近代日本の植民地統治と原敬〉）[67]及〈台灣舊慣調查與立法構想—以岡松參太郎的調查與立案爲中心—〉（〈台灣舊慣調查と立法構想—岡松參太郎による調

---

[63] 日本外務省，《「外地法制誌」第三部の三：日本統治下五十年の台灣》（日本：自刊，1964年）；後收入日本外務省編，《外地法制誌》（東京：文生書院，1990年）。

[64] 中村哲，〈植民地法〉《講座日本近代法發達史》第五卷（東京：勁草書店，1958年），頁173-206。

[65] 向山寬夫，《日本統治下における台灣民族運動史》（東京：中央經濟研究所，1987年）。

[66] 向山寬夫，〈日本統治下における台灣の法と政治〉，《國學院法學》21：2（1983年），頁61-106。

[67] 春山明哲，〈近代日本の植民地統治と原敬〉，《日本植民地主義の政治的展開》（東京：アヅア政經學會，1980年），頁1-75。

查と立案を中心に一〉）[68]，從歷史因素分析日治下台灣法制之形成，亦屬佳作。上述作品，經常是立於日本人的觀點而為論述。另有在日本的台灣人學者黃昭堂所著《台灣總督府》（中譯本），[69]站在台灣人的立場，評述日治五十年間法律之施行。最後須一提者，戰後日本學界，就中華民國統治下台灣的法律演變，過去一直乏人問津，這或許跟以往日本學界大多認為台灣是「中國」的一部分，且中華人民共和國才是中國的想法有關？

歐美學界於討論殖民地統治時，經常忘記日本這個「後進」的殖民強權，[70]也因此關於殖民地法制的論著中，較少注意日本在台法制的施行情形。但在美國亦有習法的台灣人陳以德，[71]以英文發表有關日本在台殖民地法制的論文，例如：〈在朝鮮及台灣的日本殖民地主義：政治控制體系之比較〉（ Japanese Colonialism in Korea and Formosa: A Comparison of the System of the Political Control ）、[72]〈整合入帝國的企圖：從法律的觀點〉（ The Attempt to

---

[68] 春山明哲，〈台灣舊慣調查と立法構想—岡松參太郎による調查と立案を中心に一〉，《台灣近現代史研究》6（1988年），頁197-216。

[69] 黃昭堂，《台灣總督府》（台北：自由時代出版社， 1989年；日文版， 1981年）。

[70] 參見 L. Gann, "Western and Japanese Colonialism: Some Preliminary Comparisons," in *The Japanese Colonial Empire, 1895-1945*, R. Myers & M. Peattie (eds.) ,(Princeton: Princeton University Press, 1987), p.497.

[71] 在《通志稿》，頁 292 曾載有「……各法規承……陳以德……諸君任翻譯」，與此處之陳君應屬同一人。

[72] Chen,Edward I-te （陳以德）"Japanese Colonialism in Korea and Formosa: A Comparison of the System of the Political Control." *Harvard Journal of Asiatic Studies* 30(1970),pp.126-158.

Integrate the Empire: Legal Perspectives）。[73]惟台灣學界少有人引用其作品，不知是否與陳君曾任第一屆「台獨聯盟」主席且因而不能返台有關？

肆、撥雲見日的到來

長期埋名隱姓、寄人籬下的台灣法律史研究，在一九九○年代終於能衝破重重陰霾，迎向陽光。隨著一九八○年代台灣本土意識的興起，及解嚴與廢除言論內亂罪的推波助瀾，台灣法學界中明確站在台灣主體立場，主張制定新憲法、建立新秩序的學者越來越多，[74]在研究取徑上強調以台灣為主軸的台灣法律史研究，也因此得到認同。這明顯的表現於最近許多法學論著中。例如(1)憲法學者李鴻禧的〈百年來台灣的法治發展：西方法治東漸的遞移變化〉，[75]及(2)民法學者黃宗樂的〈近百年來台灣法制研究之特殊意義〉[76]等兩篇論文，皆將台灣一百年來在日本及中華民國統治下的法律變遷，當做一個不間斷的整體，不像過去法界習見之將台灣於日治時期之法律加以切除。(3)刑法學者林山田的〈五十年來的台灣法制〉，

---

[73] Chen,Edward I-te （陳以德）"The Attempt to Integrate the Empire: Legal Perspectives." In R.Myers & M.Peattie(eds.),*The Japanese Colonial Empire,1895-1945,*pp.80-127(Princeton: Princeton University Press,1984).

[74] 參見黃宗樂，〈近百年台灣法制研究之特殊意義〉，「台灣法制一百年」研討會（台北：中國比較法學會主辦，1995年11月4日～5日），頁3。

[75] 李鴻禧，〈百年來台灣的法治發展：西方法治東漸的遞移變化〉，「馬關條約一百年 — 台灣命運的回顧與展望」研討會（台北：自由時報主辦，1995年4月18日）。

[76] 黃宗樂，〈近百年台灣法制研究之特殊意義〉（1995年）。

77則於文首清楚地把一九四五年以前在中國大陸的中華民國法律及其施行,排除於同時代台灣法律史之外,亦即將其視爲戰後外來法制本身的歷史而非台灣的歷史。此外,(4)筆者的〈台灣法制史之建立〉、78〈台灣主體性的法律史研究〉,79亦旨在宣揚台灣法律史研究的重要性。

　　台灣法律史此一學科的存在,已逐漸爲台灣法學界所肯定。在台灣法學界深具影響力的「中國比較法學會」,如前所述於一九八四年年會尙舉辦「中國法制五十年」研討會,但在一九九五年年會已轉變爲舉辦「台灣法制一百年」研討會,更在此年會中將會名改爲「台灣法學會」。這項由「中國」改爲「台灣」的舉動,饒富歷史意義,已爲台灣法律史研究之在台灣撥雲見日,做了最佳的見證。在法律學研究所方面,過去的五十年(1945 ～ 1995)中,只在一九八六年曾經出現一篇有關台灣在日治時期警察法令與犯罪控制之碩士論文,80 但是單單一九九六年,在台灣大學法律學研究所,即有五篇以台灣法律史爲論述主題的碩士論文。

77　林山田,〈五十年來的台灣法制〉,「台灣法制一百年」研討會(台北:中國比較法學會主辦,1995 年 11 月 4 日)。

78　王泰升,〈台灣法制史之建立〉,《國立台灣大學法學論叢》 23 ： 1 (1993 年),頁 1-24。

79　王泰升,〈台灣主體性的法律史研究〉,本書,頁 35-55。

80　參見林雅芬、褚秀玲、許進發,〈日治時期台灣史研究博碩士論文目錄〉,《台灣史田野研究通訊》, 26 期,頁 59。該論文作者爲鄭淑屏,題目名稱爲「台灣在日據時期警察法令與犯罪控制」。又,黃靜嘉於 1957 年雖亦完成碩士論文「日本帝國主義下台灣殖民地法制與殖民統治」,但其係畢業自政研所而非法研所。

在台灣以外的學界，台灣法律史似亦漸獲認識。筆者曾在一九九二年，本於台灣主體觀，以「日本殖民統治下台灣的法律改革（1895～1945）：以西方法的繼受爲中心」爲題，在美國提出博士論文，並即將於美國出版。[81]今澳洲墨爾本大學法學院亞洲法中心，亦把該論文列入其課程的參考資料，似即代表著承認這是一項新的觀點。

這道台灣法律史的光芒，雖已射穿遮雲，然尙未達到普及大地之境。雖然有謂台灣法律史爲「顯學」，但當今的現狀，只是相對於過去之完全被壓抑而略有施展的空間罷了，並不意味其已得到「應有」的公平對待。在國內，學術界有限的資源仍大多投注於「傳統中國」或「中華民國」法律史之研究，較少分配予台灣法律史之研究。台灣各大學法律系幾乎都有「中國法制史」的課程，但只有台灣大學法律系同時設置有關台灣法律史之課程。國際上，由於台灣政府至今仍遮遮掩掩地不敢承認台灣是一個有別於中國（中華人民共和國）的國家，使台灣法律史較難以擺脫做爲中國法律史附庸之地位。誠然現狀之能否改善，某程度繫於政治因素之變遷，但學術地位之獲得，不能仗恃外在政治力的運作，而須憑藉本身研究品質的全面提昇。台灣法律史之研究，不容諱言的，至今仍相當「粗糙」，尙缺乏足以推陳出新的精緻研究成果，假如長此以往，則終

81　Wang,Tay-sheng（王泰升），*Legal Reform in Taiwan under Japanese Colonial Rule(1895-1945):The Reception of Western Law*. Ph.D. dissertation, University of Washington ,1992。此論文經稍加修改後，將由 University of Washington Press 在美國印行。

究得不到學術界普遍的肯定。因此，於感嘆過去的悲情之餘，應該認真的思考這個學科未來的發展方向，且持之以恆地不斷努力。

以下謹提出個人對台灣法律史研究方向上的若干管見，祈能引發學界共同來關心與思考。

1.依據原始素材再檢視既有研究作品。日治時期雖留下眾多有關清治台灣法律之論著，但經常有其特定時空底下的寫作框框，除了為配合當時司法實務之需外，亦可能所參考之資料不完全周延，故吾人應儘量利用原始的契字或檔案，再次檢視其內容。以《台灣私法》上所敘述之清代台灣法律現象而言，在沒有其他資料足以推翻的情形下，固然只好承認其為真，但若有可能，應依原始資料檢證之。例如該書依訴狀上印妥之規則，謂：「告田園……不粘連契卷……一概不准」，[82]然依淡新檔案中抗租、爭界款之案件，確有不少雖未附契劵官府仍予以受理之例。[83]另一方面，淡新檔案目前的歸類整理，亦非毫無商榷餘地。例如「爭界」款中有兩個案件實係兄弟間關於分家產之爭，似歸入「爭財」款為妥。[84]唯有日積月累地從事這些再檢視的工作，才能突破或超越前人的研究成果。

2.增廣學術探討的面向。過去法學界雖有不少與台灣法律史相關之論著，但通常集中於探討法律制度之規範內容，且偏重立法條文沿革的說明，讀者不易感受到法律變遷的動態與現實感。其實與法規範之形成及變革相關的各項政治、經濟、社會因素，以及在社

---

[82] 《臺灣私法》，第三卷下（台北：臨時台灣舊慣調查會， 1909-1911 年），頁 459。

[83] 參見淡新檔案， 22212, 22507, 22509, 22510, 22511, 22512 等。

[84] 參見淡新檔案， 22522 ， 22524 。

會中實際運作的情形、一般人民的法律生活經驗等等，都應該包括在法律史的研究範圍之內，甚至這才是「以人民為本位」的法律史研究的核心課題。因此筆者不畏「標新立異」之譏，主張宜以「法律史」取代傳統的「法制史」一詞。名詞本無絕對的對或錯，但向來約定俗成的「法制史」，易使人誤會為僅在研究「法律制度」的歷史，不必涉及其他的法律經驗性事實。而獨厚法制沿革的結果，又易使人陷於但知做為法制施行者的國家及政府的活動，忘卻被規範之一般人民的法律生活。曩昔筆者亦曾使用「台灣法制史」一詞，[85]但如今已改稱感覺上涵蓋面較前者為廣的「台灣法律史」，就像吾人係稱「法律系」而不稱「法制系」；且既然稱政治史、經濟史、社會史，何以惟獨不稱法律史？此外，台灣法律史研究之興盛，有賴各個法學領域專攻者的參與，當各個法學專業史累積相當成果之後，才能整合出廣度與深度兼具的法律史。且以台灣法律史研究為基礎，各個法學領域專攻者，亦可運用本土資料，建構屬於台灣自己的法學理論，不必再言必稱德、日、美等國法學理論。

　　過去歷史界亦較少接觸法律史研究工作者，彼此欠缺互動。由於台灣自一八九五年日本統治後，政府體制已屬於近代西方式，與清治時期大相逕庭，研究者若不具備相當程度的近代西方法知識，不免以日常語言之涵義解讀具有特殊意義的法律專有名詞，例如有些歷史書籍以為一九一二年某號「府令」規定台灣人所設立的商事團體不得使用會社之文字，即是禁止僅有台灣人之企業團體設立近

---

[85]　1993 年筆者曾發表〈台灣法制史之建立〉一文。文獻上出現「台灣法制史」一詞，最早可能是在明治時期的 1907 年。參見〈寺島前院長と本島司法〉，《法院月報》1：5(後改稱《臺法月報》)，頁 93。

代公司的法律依據，[86]其實，此涉及「應以法律規定之事項」，故其依據是「具有與法律同一效力」的一八九八年「律令」第八號。也因此當一九二二年年底為該項禁止規定之律令失效後，即不再有前述限制。[87]此外，法律面的考察有時可協助歷史評價之作成。例如關於二二八事件，歷史界已普遍了解當時有部分人士未經審判即被處死，但似乎尚不太知悉經法院審判者當中，有些被告依當時刑事訴訟法之規定，應係遭違法之裁判。[88]因此，期待未來歷史學界於處理某些課題時，能招攬具有法律學訓練的人才參與。

3.以台灣為主體進行整體性歷史考察。過去那些依附於其他研究目的的台灣法律史相關論著，固然提供許多寶貴的參考資料，但經常受制於某種政策或實務上需要，或局限於某一政權統治時期，致有所偏頗或割裂，故將來應以台灣人民為主體，縱觀各政權統治時期的法律演變。例如可針對許多今日猶存在之民間習慣，如胎借、祭祀公業等，參考各時期法律論著及資料，在不受其既存思維的

86　例如王曉波編，《台灣的殖民地傷痕》（台北：帕米爾書店，1985年），頁149～151。

87　一九二二年九月十八日律令第六號廢止「台灣民事令」（律令），並自1923年1月1日起生效。

88　台大法律系程建壬同學於八十二學年度「台灣法律發展專題」課程中，為有關「二二八事件的法律分析」之報告。其指出依當時刑訴法內亂罪以高等法院為第一審管轄法院，但某一涉及內亂罪之案卻由新竹地方法院進行審判；且依當時刑訴法被告之自白不得做為有罪判決之唯一證據，但許多案件中之第一審判決皆以被告自白為定罪之唯一證據。此一問題仍有待將來為更深入的探討。依拙見，若依當時的國家法律視之即有「違法」情事存在，則今日對二二八受難家屬當然應「賠償」而非「補償」。好比吾人稱國家「賠償」法、冤獄「賠償」法。

拘束下，重新考察其自清治、日治、及至今的發展歷程，觀察面包括各政權制定法對彼等之基本態度、司法裁判之內容、與各該時期社會經濟等背景之關係、人民的使用情形等等。這樣才是具有自主性的台灣法律史研究。

伍、結論

　　百年來關於台灣法律史之研究，於絕大部分時間裡，皆是依附於其他研究領域。日治前期由於統治政策上對於舊慣調查的重視，台灣清代法律附隨的獲得廣泛且相當深入的研究。迨政策轉為內地延長且日本治台時日已久，有關台灣的法律發展史，已被置於日本在台法制演變的脈絡底下進行研究。戰後中華民國國民（黨）政府偏好傳統中國法之研究，故台灣法律史當中的清治時期部分，只得依附於該項研究以求生存；西方學界亦以台灣清治時期法律，做為傳統中國法研究的代用品。另一方面，亦有以中華民國法制為主、其在台灣之發展為從所做的法制史研究，及以因應中華民國司法、行政上之需所為的舊法調查。再者，台灣法律史之日治時期部分，亦可能出現於台灣、日本、美國有關殖民地法律之研究作品當中。但無論如何，台灣本身的法律發展史，從來就未被視為一個獨立的研究領域。

　　時序進入一九九〇年代，台灣法律史終於撥雲見日，從「依附」走向「自主」。盱衡未來，為使斯學日趨茁壯、興盛，必須重新檢視過去在依附時代所完成的相關論著，並從更寬廣的視野考察台灣法律的整體性發展，建構自主時代的新的台灣法律史。

附錄一：參考書目

一、中文部分

尤重道

　　1989　〈日據時期財產繼承登記之研究〉，《土地行政》 39
　　　　　　，頁 37 ～ 44。

　　1991　〈日據時期抵押權塗銷登記之研究〉，《土地行政》
　　　　　　41，頁 38 ～ 45。

王泰升

　　1993　〈台灣法制史之建立〉，《國立台灣大學法學論叢》
　　　　　　23：1，頁 1 ～ 24

　　1995　〈台灣主體性的法律史研究〉，《律師通訊》 192，頁
　　　　　　37 ～ 46。中國比較法學會（今稱「台灣法學會」）

　　1984　「中國法制五十年」研討會，《中國比較法學會學報》
　　　　　　7，頁 1 ～ 201。

　　1995　「台灣法制一百年」研討會，1995 年 11 月 4 ～ 5 日於
　　　　　　台大法學院國際會議廳。

李鴻禧

　　1995　〈百年來台灣的法治發展：西方法治東漸的遞移變化〉
　　　　　　，「馬關條約一百年—台灣命運的回顧與展望」研討
　　　　　　會，1995 年 4 月 18 日，自由時報主辦。

林山田

　　1995　〈五十年來的台灣法制〉，「台灣法制一百年」研討會
　　　　　　，1995 年 11 月 4 日，中國比較法學會主辦。

法令月刊社

　　1990　「創刊四十週年紀念特刊」，《法令月刊》 41：10，
　　　　　　頁 11 ～ 63。

法務部（原稱「司法行政部」）

1969　《台灣民事習慣調查報告》。台北：自刊。（1984 年版改由法務通訊雜誌社發行）

柯芳枝

1978　〈清代台灣贌佃契約之締結〉，《國立台灣大學法學論叢》7：2，頁 171～194。

1978　〈清代台灣之房屋租賃〉，《固有法制與現代法學》，頁 231～245。台北：成文出版社。

1984　〈清代台灣贌佃契約對業主及佃人之效力〉，《國立台灣大學法學論叢》13：2，頁 175～192。

郭嘉雄

1982　〈日據時期台灣法制之演變歷程及其性質〉，《日據初期司法制度檔案》，頁 1143～1163。台中：台灣省文獻委員會。（原刊於 1974 年，《台灣文獻》 25：3）

馬漢寶

1987　〈近三十年法律與社會變遷之關係〉，《社會科學論叢》35，頁 1～8。

黃宗樂

1995　〈近百年台灣法制研究之特殊意義〉，「台灣法制一百年」研討會，11月 4日，中國比較法學會主辦。

黃昭堂

1989　《台灣總督府》。台北：自由時代出版社。（1981 年，日文版）

黃靜嘉

1960　《日據時期之台灣殖民地法制與殖民統治》。台北：自刊。〔1957 年，政大政研所碩士論文〕

陳計男

1978 〈我國固有典習慣與民法典權之比較〉，《固有法制與現代法學》，頁 497 ～ 534。台北：成文出版社。台灣省文獻委員會

1955 《台灣省通志稿卷三政事志司法篇》第一冊。台北：自刊。

1960 《台灣省通志稿卷三政事志司法篇》第二冊。台北：自刊。

1990 《重修台灣省通志卷七政治志法制篇》全一冊。台中：自刊。

戴炎輝

1949 〈五十年來的台灣法制〉，《台灣文化》5：1。（重刊於 1980 年，《近代中國》19，79～86。）

1953 〈清代淡新檔案整理序說〉，《台北文物》2：2。

1979 《清代台灣之鄉治》。台北：聯經出版事業公司。

蘇達志

1991 〈台灣固有習慣與民法之適用〉，《國立台灣大學法學論叢》21：1，頁 407～418。

二、日文部分

(一)、戰前刊行者

山口十次郎

1919 〈回顧二十年〉，《臺法月報》13：10，頁 7～15。

上內恆三郎

1906 〈支那法系の法制及慣習の認めたる財產制〉，《臺灣慣習記事》6：1，頁 1～7；6：2，頁 1～7；6：4，頁 1～9。

1908 〈本島相續制度の大要〉，《法院月報》（後改稱《臺法月報》）2：10，頁 67～76。

1909　〈合股の舊慣〉，《法院月報》（後改稱《臺法月報》
　　　）3：2，頁47～56；3：6，頁49～65；3：9
　　　，頁60～68。

小林里平

1902～1903　〈清國政府時代に於ける臺灣司法制度〉，《
　　　臺灣慣習記事》2：12，頁12～28；3：2，頁10
　　　～25；3：3，頁1～13。

1903　〈保甲制度〉，《臺灣慣習記事》3：5，頁1～15
　　　；3：6，頁1～13；3：7；3：11。

1908　〈本島親族制度の大要〉，《法院月報》（後改稱《臺
　　　法月報》）2：10，頁49～54。

1909　〈合股字を紹介す〉，《法院月報》（後改稱《臺法月
　　　報》）3：11，頁25～33。

1909　〈民事合股字を紹介す〉，《法院月報》（後改稱《臺
　　　法月報》）3：12，頁24～27。

小島由道

1923　〈親族相續に關する慣習〉，《臺法月報》17：3，
　　　頁53～59；17：4，頁57～65；17：5，頁64
　　　～72。

小野得一郎

1919　〈臺灣の犯罪に就て〉，《臺法月報》13：8，頁23
　　　～29。

中村哲

1943　《植民地統治法の基本問題》。東京：日本評論社。

手島兵次郎

1913　《臺灣慣習大要》。台北：臺法月報發行所。

田井輝雄(戴炎輝)

1945　〈臺灣の家族制度と祖先祭祀團體〉，《臺灣文化論叢
　　　》第一輯，頁181～264。台北：清水書店。

杉木榮次

　　1921　〈祭祀公業を廢止すべし〉，《臺法月報》 15：1，
　　　　　頁 21～25。

谷野格

　　1919　〈臺灣司法制度及今次の改革〉，《臺法月報》 13：
　　　　　7，頁 23～29。

伴野喜三郎

　　1921　〈公業廢止論〉，《臺法月報》 15：9，頁 2～9。

姉齒松平

　　1937　《祭祀公業並臺灣ニ於ケル特殊法律ノ研究》，（改訂
　　　　　版）。台北：東都書籍株式會社。

　　1938　《本島人ノミニ關スル親族法竝相續法ノ大要》。台北
　　　　　：臺法月報發行所。

後藤和佐二等

　　1938　〈祭祀公業論—現行の法制より觀たる祭祀公業—〉，
　　　　　《臺法月報》 22：1，頁 34～58。

鈴木宗言

　　1901　〈臺灣舊訴訟法〉，《臺灣慣習記事》 1：2，頁 1～
　　　　　17；1：3，頁 14～23；1：4，頁 1～25。

臺灣總督府官房審議室

　　1940　《律令制度ノ沿革》。台北：自刊。

臺灣總督府法務部

　　1917　《臺灣司法制度沿革誌》。台北：自刊。

臺灣總督府番族調查會

　　1921　《臺灣番族慣習研究》。台北：自刊。

臺灣總督府警務局

　　1942　《臺灣總督府警察沿革誌，第二編：領臺以後の治安狀
　　　　　況（下卷）—司法警察及犯罪即決の變遷史》。台北

：自刊。（戰後日本綠蔭書店及台灣南天書局均有復
刊）

臨時臺灣舊慣調查會

1909 ～ 1911　　《臺灣私法》、《臺灣私法附錄參考書》。台
北：自刊。〔中譯本：陳金田譯，第一卷， 1990 年；
第二、三卷， 1993 年，南投：臺灣省文獻委員會〕

(二)、戰後刊行者

中村哲

1958　　〈植民地法〉，《講座日本近代法發達史》第五卷，頁
173 ～ 206 。東京：勁草書店。

外務省

1959　　《「外地法制誌」第三部の一：台灣の委任立法制度》
。日本：自刊。

1959　　《「外地法制誌」第三部の二：律令總覽》。日本：自
刊。

1964　　《「外地法制誌」第三部の三：日本統治下五十年の台
灣》。日本：自刊（以上三書均收入：外務省編，《
外地法制誌》，東京：文生書院， 1990 年）

向山寬夫

1983　　〈日本統治下における台灣の法と政治〉，《國學院法
學》 21 ： 2 ，頁 61 ～ 106 。

1987　　日本統治下における台灣民族運動史》。東京：中央經
濟研究所。

春山明哲

1980　　〈近代日本の植民地統治と原敬〉，《日本植民地主義
の政治的展開》，頁 1 ～ 75 。東京：アヅア政經學會
。

1988 〈台灣舊慣調查と立法構想─岡松參太郎による調查と
立案を中心に─〉,《台灣近現代史研究》 6 ,頁
197～216。

三、英文部分

Allee, Mark A.

1994 *Law and Local Society in Late Imperial China- Northern Taiwan in the Nineteenth Century.* Stanford: Stanford University Press.（1987, Ph.D. dissertation, University of Pennsylvania）

Brockman, Rosser H.

1980 "Commercial Contract Law in Late Nineteenth-Century Taiwan,"in J. Cohen, R. Edwards, & F. Chen (eds.), *Essays on China's Legal Tradition*, pp. 76-136. Princeton: Princeton University Press.

Chen, Edward I-te （陳以德）

1970 "Japanese Colonialism in Korea and Formosa: A Comparison of the Systems of the Political Control," *Harvard Journal of Asiatic Studies* 30,pp 126-158.

1984 "The Attempt to integrate the Empire: Legal Perspectives," in R. Myers & M. Peattie (eds.), *The Japanese Colonial Empire,1895-1945*, pp. 80-127. Princeton: Princeton University Press.

Liu, Chang-bin （劉江彬）

1983 *Chinese Commercial Law in the Late Ch'ing (1842-1911): Jurisprudence and the Dispute Resolution Process in Taiwan,* Ph.D. dissertation, University of Washington.

Wang, Tay-sheng （王泰升）

1992   *Legal Reform in Taiwan under Japanese Colonial Rule (1895-1945): The Reception of Western Law,* Ph.D. dissertation, University of Washington.

附錄二：《臺灣私法》中譯本有待斟酌部分

中譯本第一卷	日文本第一卷上
頁 82，倒 1 行：「通常視為從物而隨主物取得或處分」	頁 143，第 3~4 行：「但實際上因主從之關係，從物因從屬於對主物之處分，或因添附於主物，而一併被取得之情形不少」。
頁 92，倒 1 行：「典權……」	頁 161，倒 1 行，<u>漏譯</u>：「故頗類似我國（日本）法上的不動產質」
頁 94，第 8 行：「<u>不以</u>添付為土地取得原因」	頁 164，第 11 行：「以添附為土地取得原因」
頁 135，第 4 行：「契稅只對<u>台民及華僑</u>間的是向有保護權利的效力而已」	頁 224，第 11 行：「只對於僅涉及台灣人及清國人之事項，契尾還可作為一種<u>公證</u>而具有權利保護之效力」
頁 142，第 10 行以下	頁 234，第 9~13 行，整段<u>漏譯</u>
頁 160，倒 3 行至頁 161 第 4 行	頁 269 第二段有大量<u>漏譯</u>，例如「當時台灣之地，有一半在清政府治下，但大半之地仍歸蕃人佔有，故開墾者或自官府取得開墾權，或與蕃人協商以若干代價換取其土地，……」皆漏譯
頁 161，第 4 行與第 5 行之間	頁 270~272：<u>漏譯</u>三段，此三段在解釋小租戶如何成為業主。
中譯本第三卷	日文本第三卷上
頁 207，第一段，即「第二節債權的效力」；第 5 行「債務人不履行義務，亦不請求損害賠償」	頁 323~324，原文計 21 行，中譯本只 7 行，<u>漏譯</u>者難數。應係「於債務人全然不為履行時，非當然可對其請求損害賠償」

中譯本第三卷	日文本第三卷下
頁 386，第 10 行：「台灣的合股後來<u>變成兩種</u>……」	頁 121，第 8 行：「自中國大陸傳來的合股營業組織，在台灣<u>經歷了兩次變遷</u>，……」
頁 437，第 8 行	頁 181，第 9~13 行<u>漏譯</u>，此段在說明合股財產之法律上<u>屬性</u>。
頁 477，倒 7 行：「因此股東的親族中的一人<u>繼承股份</u>」	頁 234，倒 2 行：「由親族中有能力者<u>管理</u>之」。且其餘部份<u>漏譯</u>。
頁 526 與 527 之間	頁 234，倒 2 行至頁 326 倒 5 行，<u>漏譯三大段</u>，其比較清治時「匯票」與今日有價證券法律性質上之差異。

附記：原發表於中央研究院台灣史研究所籌備處暨台灣大學歷史學系合辦，「台灣史研究百年回顧與展望研討會」（1995 年 12 月 15 日-16 日）。本文的註釋方式，依該研討會共同遵守的格式。

日治時期法律篇

日治時期台灣特別法域之形成與內涵
— 台、日的「一國兩制」

壹、序言

　　日本開始統治台灣之時，正值其甫確立近代歐陸式政治及法律體制，並達成國家統一與獨立的時期。突然間擁有台灣這個巨大的「異域」，日本政府領導階層須面對台灣應如何與本國連結之「國家統合」的政治性課題，以及應如何依明治憲法體制經營台灣的法律性課題。[1]有關「台灣統治制度」的爭議，即在這些問題點上發展，夾雜著日本政治勢力的相互抗衡，從一開始六三法在性質上的暫定試行，到經過兩派角力後仍回原點的三一法，最後終於因時勢所趨以法三號將所行制度固定化。其間於實定法上，台灣一直被定位為日本帝國「領域」內的一個特別「法域」。由於其係與日本內地（即本州、四國、九州及北海道，Japan proper）為法制上相異之地域，故又稱為「外地」。[2]形成在一國之中，有「內地」、「外地」之區分，各自施行著不同的法制，可謂為「一國兩制」。

　　施行於台灣法域的眾多法令，在日本「法治國家」要求下，自有其內在結構性法律秩序。例如台灣法令與日本內地法令間之相互關

---

[1]　參見春山明哲，〈台灣舊慣調查と立法構想〉，《台灣近現代史研究》，第 6 號（1988 年 10 月），頁 82-83。感謝若林正丈博士提供這項寶貴的參考文獻。

[2]　關於外地之意義及此稱呼之使用，參見外務省編，《外地法制誌，第二卷，外地法令制度の概要（第二部）》（東京，原刊於昭和 32 年，復刊於平成 2 年），頁 1-2。宮沢俊義在所著的《憲法大意》中認為，一國領域於區分為數個法域之情形下，原則上施行依憲法所定通常立法程序所制定之法律的法域，可謂為內地，其他的法域則稱為外地。引自外務省編，《外地法制誌，第一卷》（東京，原刊於昭和 30 年，復刊於平成 2 年），頁 67。

係，台灣法令本身有效性之位階關係；台灣行政機構與內地機構間之
監督關係，台灣行政組織本身的中央與地方之劃分；乃至於台灣司法
體制的構成及其與內地司法體系之分立。這些井然有序的「台灣法」
之內容，才是填充日治時期整個法制骨架的血與肉，也是欲了解當時
台灣各項法律議題所不可不知者。

　　本文擬先概述台灣地域基本法之建構過程，再論及立法、行政
、司法等三方面的法令。雖然無法敘述當時全部有效的法令，但將盡
量以提綱挈領的方式，舉例說明之，使有心了解日治時期台灣法制者
，可依此尋找出欲知悉之法令的內容，俾助益於整個台灣法律史研究
的提升。由於本文的重點在於「法制」，即法律制度本身，而不在於
被制度所規範之人民的法律生活，故觀察的面向將集中於做爲制度擬
訂者的統治者一方的活動。這純是出於探討主題之性質使然，並不意
味筆者放棄「人民史觀」的立場；而以當時整個台灣地域法體制爲研
究對象，正是實踐以台灣爲主體之「台灣史觀」的做法。故最後將從
台灣人民的觀點，省思這段歷史給我們的啓示。

貳、新領域統治基本法的確立概況

一、初期的各項草案

　　日本明治政府，自始即不單從政策面，亦從法律面，思考台灣
新領地的統治制度。在日軍尙未武力接收台灣之前，日本政府即向所
雇用的外國法律專家，詢問有關統治台灣的法律制度應如何設計。尤
其令人注意的是，這些法律意見書中一再提及明治憲法及依憲法所制
定的法律應否施行於台灣等等的憲法議題。例如英國顧問　W.

Kirkwood 的「關於台灣制度、天皇大權、及帝國議會之意見書」。[3]
顯然標榜「法治國」的明治政府，縱令骨子裡所思量的是什麼統治政
策最符合日本帝國的利益，但在明治憲政體制下，仍講究「法律技術
面」的妥當，以避免破壞國家法制的整體性與一貫性。以下有關台灣
統治制度的爭辯，也是在這個認知底下進行的。

　　負責全盤檢討台灣統治制度的是，依一八九五年六月十四日勅
令成立的「台灣事務局」。最初有關台灣統治制度的方案，是第一任
台灣總督樺山資紀所提「台灣總督府條例草案」，其中規定：「總督
直隸於天皇，在其管轄區域內統率陸海軍、統理行政司法之事」，然
未觸及台灣的立法權問題。[4]當時日本內閣總理伊藤博文並未採用這
項提案，但由此草案已可窺見台灣總督欲獨攬台灣政務之企圖。嗣因
台灣戰事日熾，日本依一八九五年八月六日陸軍省達第七十號發布「
台灣總督府條例」，使總督府成為「軍事官衙」，在台施行軍政，故
此一條例並不涉及立法、行政、司法等事務之權責分配。[5]但另一方
面，台灣事務局仍積極準備移歸民政後之台灣統治制度。其首先提出
「台灣條例案」（法律案），全文二十一條，含有關於立法、行政、
司法、及財政事務之基本性規定，故可謂為台灣統治的「基本法」（
或稱「台灣憲法」）。其關於立法之規定中，總督經「立法會議」（
其組織依勅令定之）的議定及天皇的勅裁，得發布具有法律（指經帝
國議會協贊者；以下亦同，除非另有註明）效力的總督府令。但反對

3　　參見伊藤博文編，《台灣資料》（東京，昭和 11 年），頁 71-148。
4　　其全文，見伊藤博文，同上，頁 203-206。
5　　參見春山明哲，頁 85；條約局編，《日本統治下五十年の台灣（「外地法
　　制誌」第三部の三）》（東京，昭和 39 年），頁 143-146。

意見認為立法會議的成員若包含台灣當地住民，則依當時台灣武裝抗日活動蜂起的情勢而言，實不適當。[6]台灣事務局同時對總督身分提出「以陸海軍大將或陸軍中將充之」，即武官專任制。而總督對此案所提出修正意見中，則要求賦予強大的立法權及陸海軍統率權。此外，台灣事務局亦擬有「拓殖務省官制案」（勅令案），以該省做為中央政府對於台灣總督府的監督機關。[7]

台灣事務局經審議修正意見後，一八九五年底改提「台灣統治法」等五個草案。「台灣統治法」（法律案）分五章，分別規範著總督及總督的職權、行政、司法、財政、及法律的施行，故仍具「基本法」性格。其第二條允許總督只經勅裁即可發布有法律效力的命令，但第五條仍規定此時須附有「總督府評議會」的「評決」。與此相配合的「台灣總督府評議會章程」（勅令案），則規定評議會成員皆為總督府內各部門主管，不含台灣本地人在內。另外提出「台灣總督府條例」及「台灣總督府民政局官制」兩勅令案。前者採納了武官專任制，及總督的在台陸海軍統率權；後者則以民政局（長）在總督管轄下處理關於行政及司法之事務。第五案則為未聞異議的「拓殖務省官制案」。[8]

一八九六年一月出身平民、當時擔任台灣事務局委員的原敬，就上述台灣統治方案向伊藤博文提出不同意見。他認為有關台灣的諸問題可歸結為甲乙兩案，甲案是把台灣視為歐洲人所謂的「殖民地」

---

[6]　參見春山明哲，頁 85；條約局編，《台灣の委任立法制度（「外地法制誌」第三部の一）》（東京，昭和 34 年），頁 31-32。

[7]　參見春山明哲，頁 85-86。

[8]　參見同上，頁 86；前四項草案的全文，見伊藤博文，頁 151-162。

，故授予台灣總督充分的職權，使台灣成為「自治之域」，乙案則認為台灣雖與內地有些相異的制度但非屬「殖民地」之類，故雖授予台灣總督相當的職權，但台灣的制度應逐漸趨近內地，終至與內地無區別。基於台灣與日本內地，地理上接近、種族文化上近似等因素，應採用乙案。且因此建議：日本現行法律可適用於台灣者應即漸次施行，為因應台灣特殊情況而暫時採取異於日本內地之制度時，則以勅令規定之。[9]原敬這種主張儘量將內地制度施行於台灣，以達到台灣完全被統合入日本的政治目標，被稱為「內地延長主義」。此與樺山台灣總督及以藩閥勢力為主的陸軍的治台構想大異其趣，後者顯然偏好甲案，希望透過特別的制度，使擁有強大職權的台灣總督單獨宰制台灣，免受日本中央的掣肘。有學者稱之為「特別統治主義」。[10]

然而具有基本法性質的「台灣統治法」，最後胎死腹中，未被提到帝國議會裡討論。而將涉及總督立法權的規定予以分離後，單獨成為一項法案，即「有關應施行於台灣之法令之法律案」，送至帝國議會審議。其結果就是接著要談的「六三法」。

二、暫定試行性的六三法（1896-1906）

六三法使台灣總督享有其一再爭取之對台灣的強大立法權。一八九六年三月三十一日日本以法律第六十三號，公布「有關應施行於台灣之法令的法律」，簡稱「六三法」，其內容參見表一。本法最大特色厥為台灣總督的委任立法權。即帝國議會經由此項法律，廣泛、無限制地授權台灣總督得制定在台灣地域內具有與法律同等效力的

---

[9]　參見伊藤博文，頁 32-34。
[10]　參見春山明哲，頁 86-87。

命令—「律令」，只要求程序上須事先獲台灣總督府評議會之議決及天皇（事實上為內閣）的勅裁。於臨時緊急時，甚至得先發布緊急律令，再事後取得勅裁。由於六三法對於應制定什麼樣內容的律令，絲毫不加以規定，台灣總督得在明治憲法體制的約束下，相對自由地擇定施行於台灣的法制內容，它可能與日本內地相同，亦可能是台灣獨特的。故就台灣立法之內容而言，六三法只是讓「特別統治主義」易於實現，並不全然排斥「內地延長主義。」[11]

表一：「有關應施行於台灣之法令的法律」內容對照表

事項別		明治二十九年法六三號	明治三十九年法三一號	大正十年法三號
律令	發布權	台灣總督在其管轄區域，得制定具有法律之效力的命令。（第一條）	在台灣須以法律規定之事項，得以台灣總督的命令規定之。（第一條）	在台灣須以法律規定之事項，如並無應適用之法律或依前條之規定處理有困難者，以因台灣特殊情形有必要時為限，得以台灣總督的命令規定之。（第二條）
	發布手續	前條之命令，應經台灣總督府評議會議決而經拓殖大臣奏請勅裁。（	前條之命令，應經主管大臣奏請勅裁。（第二條）	前條之命令，應經主管大臣奏請勅裁。（第三條）

---

[11] 參見同上，頁87。

		第二條第一項）		
		台灣總督府評議會的組織以勅令定之。（第二條第二項）		
	緊急命令與事後勅裁	於臨時緊急時，台灣總督得不經前條第一項之手續，立即發布第一條之命令。（第三條） 依前條發布之命令，發布後需立即奏請勅裁並向台灣總督府評議會報告。 未得勅裁時，總督需立即公佈該命令向將來失效。（第四條）	於臨時緊急時，台灣總督得立即發布第一條之命令。（第三條第一項） 前項之命令，發布後需立即奏請勅裁，若未得勅裁時，總督需立即公佈該命令向將來失效。（第三條第二項）	於緊急時，台灣總督得不依前條之規定，立即發布第二條之命令。（第四條第一項） 依前項規定發布之命令，公佈後須立即奏請勅裁，未得勅裁時，總督須立即公佈該命令向將來失效。（第四條第二項）
	與施行於台灣之法律及勅令的關係		第一條之命令，不得違反施行於台灣之法律以及特別以施行於台灣為目的所制定之法律與勅令。（第五條）	台灣總督依本法所發布之命令，不得違反施行於台灣之法律及勅令。（第五條）
	從前的律令之效力		台灣總督已發布之律令，仍有其效力。（第六條）	台灣總督依明治二十九年法律第六十三號或明治三十九年法律第

				三十一號所發布之律令,於本法施行之際現時具有之效力,暫時仍依從前之例。(附則第二項)
法律	法律的施行	現行法律或將來發布之法律,如其全部或一部有施行於台灣之必要者,以勅令定之。(第五條)	法律之全部或一部,有施行於台灣之必要者,以勅令定之。(第四條)	法律之全部或一部,有施行於台灣之必要者,以勅令定之。(第一條第一項)
	對施行之法律設特例事項			在前項情形,關於官廳或公署之職權、法律上期間或其他事項,如因台灣特殊情形有設特例之必要者,得以勅令為特別之規定。(第一條第二項)
本法有效期間		此法律自施行之日起,經滿三年後失效。(第六條)	本法自明治四十年一月一日開始施行,至明治四十四年十二月三十一日止,有其效力。(附則)	本法自大正十一年一月一日開始施行。(附則第一項)(不附期限)

註：參見《台灣の委任立法制度》,附錄,頁22-24。

　　強調將台灣統合入日本的意見,並未被六三法所忽略。至少在形式上,係由在日本內地的帝國議會依明治憲法的立法程序,將立法

權委任給在台灣的統治當局。且依六三法的規定，日本中央政府認為日本法律的全部或一部有施行於台灣之必要者，即可依勅令為之，此稱「施行勅令」。這項規定已為台灣與日本間法制的統一，開啟一扇門。

六三法帶有暫時建立台灣立法制度的意味。可能因為日本欠缺統治像台灣這般居住著異民族之大島的經驗，故以具備模糊空間的制度，先為試行。本法因而附有三年有效期限之規定。其結果，每三年一到就須再檢討一次台灣立法制度。

由六三法被稱為「台灣法令法」，[12]即可知其並非「基本法」。台灣地域之行政、司法、軍事等事務，尚有待其他法令加以規範。前述台灣事務局最後所提出的數勅令案，大致上獲得實現。一八九六年三月三十一日以勅令第八十八號發布「台灣總督府條例」，自四月一日施行。同日在日本中央施行拓殖務省官制，統理台灣事務，廢止台灣事務局官制。依台灣總督府條例，總督須陸海軍大將或中將，於委任範圍內統率陸海軍，並在拓殖務大臣的監督下，統理台灣各項政務。總督府內置民政局，處理有關行政、司法（指司法行政監督）之事務，及軍政局，處理有關軍政及軍令事務。其分別依三月三十一日勅令第九十號「台灣總督府民政局官制」，及四月一日勅令第一百十六號「台灣總督府軍務局官制」行事。又依六三法第二條規定，台灣總督府評議會須以勅令定之。惟六三法及如上有關官制的勅令，皆未涉及關於司法裁判權之行使。故總督府於一八九六年五月以律令制定「台灣總督府法院條例」，由隸屬總督的該法院掌理民事刑事之裁判，

12　例如見《外地法制誌，第二卷》，頁 39。

採行審級制度，七月又以律令制定「台灣總督府臨時法院條例」，處理政治犯案件。[13]六三法加上前述勅令、律令，始構成自一八九六年四月一日開始之「民政時期」的基本法。

三、政治均勢下產生的三一法（ 1907-1921 ）

以新法取代六三法是當時日本政界一致的聲音。六三法從審議期間到施行之後，一直遭到關於台灣統治政策面的質疑，以及委任立法違憲等法律上爭議。[14]但是取代性法律的內容應該是什麼呢？前述內地延長主義及特別統治主義兩派的戰火，再度燃起。

台灣現地統治者的兒玉總督及後藤新平民政長官，汲汲於爭取在台灣地域擁有施行異於日本內地法制的自主權。於一九○二年的六三法再延長案審議時，已表示總督府準備就台灣制度為根本的改革。且從台灣總督府及中央政府於帝國議會之答辯，可知彼等係採「特別統治主義」之路線，視台灣為與內地相異的特別法域，建構以台灣「舊慣」為基礎的法體系。尤其兒玉總督竟以台灣人素有集立法、行政、司法於一身者才是統治者之「舊慣」，主張台灣總督有必要被賦予此三權。其實這樣的改革構想，已非修改六三法所能濟事，更涉及明治憲法與台灣之間關係的調整。雖政府公式般地宣稱憲法施行於台灣，但其法律解釋上的牽強，早已使有些人主張不如明講台灣係處於憲法施行區域之外，應直隸於天皇的統治大權。在表明上述進行根本性

13　參見《日本統治下五十年の台灣》，頁 118-120，頁 148-151。

14　參見吳密察，《台灣近代史研究》（台北：稻鄉，民國 79 年），頁 118-119。有關憲法上爭議，參見拙著，〈台灣日治時期殖民地立法之程序與內容〉，《台大法學論叢》，24 卷 1 期（民國 83 年 12 月），頁 7-9。

改革的立場後，總督府積極起草相關法案，準備於三年後的一九〇五年完成立法以取代六三法。其中包括增修憲法第七十六條，以做為在台灣施行特別制度之法的根據，其規定：「此憲法之條項，除以台灣統治法設有特別的規定之外，適用於台灣。（第一項）台灣統治法以法律定之。（第二項）」且考其所擬定台灣統治法之內容，無異是一八九五年具有基本法性格之「台灣統治法」草案的復活，以做為台灣各項特別制度的根本性規定。惟一九〇五年六三法期限又將屆滿之際，由於日俄戰爭爆發，兒玉擔任滿州軍總參謀長，致帝國議會決定暫時繼續六三法，待戰爭結束後再行改革。[15]

但日俄戰爭後日本政局有所變動，強烈主張內地延長主義的原敬任職內相，「形式上」對台灣總督府擁有監督權，而取得六三法改正的發議權。原敬對於所謂台灣統治法的草案，直斥為「將使台灣幾乎如同半獨立狀態」。[16]故其向議會提出之六三法改革案，是「須以法律規定之事項（即「立法事項」，筆者註），以勅令規定之」的「勅令中心主義」。只在緊急情況才允許總督行使律令權。但這項議案在貴族院，亦遭主張台灣特別主義者的反擊，終告廢案。[17]

最後在一九〇六年取代六三法的是，略加「內地延長主義」粧扮但實質似近六三法的法律第三一號，即「三一法」。三一法與六三

---

[15]　參見春山明哲，頁 95-102。

[16]　參見同上，頁 102，104。

[17]　參見《台灣の委任立法制度》，頁 58-59；春山明哲，頁 104。日本政府原考慮就勅令之副署，於某些情形下，由台灣總督為之。但此被批評為違反憲法，因總督非國務大臣，在憲法上不對天皇負輔弼之責，焉可副署，故只能由監督台灣總督的國務大臣為副署。然實際上在內地的主務大臣，對台灣了解可能相當有限。

法兩者條文內容之對照,可參見表一。六三法第一條的「得制定有法律之效力的命令」,在三一法第一條雖改為「須以法律規定之事項,得以‧‧‧命令規定之」,但實質上同一。因為惟針對「須以法律規定之事項」,才有必要藉委任立法方式使律令具法律效力,否則如係「天皇大權事項」,原本就不必以法律定之,何必使總督的命令具法律效力。三一法另一項差異是,廢除台灣總督府評議會之設置,其原是取代殖民地立法會議,用以防止總督專政;但事實上已變成無該項功能的屬僚會議,故予以廢除。三一法中較具意義的修改可能是,第五條規定律令不得違反在台灣施行的日本法律及勅令,凸顯出日本的法律與勅令優位於台灣的律令,確立台灣法令之從屬於日本法令。最後,三一法亦附有效期限,只不過由三年改為五年,這似乎意味著三一法,仍是日本政治勢力就台灣統治制度爭執不下後,以維持現狀暫時妥協。三一法嗣後經過二次延長,故自一九○六年施行至一九二一年年底為止。

　　總之,在一九○○年代初期,台灣地域原本可能經由「台灣基本法」的施行,使台灣更明確地在日本帝國領域內擁有獨特的法律體制,[18]但為力主統合的內地延長主義一派所阻。當時台灣的基本法,除如上所述法令法實質延續既有制度外,有關行政、軍事、司法等方面的勅令及律令之內容,雖細部容有修改,但整體而言與六三法施行時代並無大異。

---

[18]　台灣施行異於日本內地的獨特法制是一回事,此法制的內容是否較有利於台灣人是另一回事。例如兒玉所企求的獨特性,是可以在台灣實施三權合一的總督制,1920 年代台灣議會設置請願運動者所企求的獨特性,則是台灣居民可以決定應施行於台灣地域之法律的內容。

四、維持特別法域但強調內地延長的法三號
　　（1922-1945）

　　日本領導階層中主張台灣特別統治制度者，逐漸消聲匿跡。三一法於一九〇六年四月間公布，同年七月高倡「特別統治主義」的兒玉去世，八月另一位主導者後藤離台就任南滿鐵道總裁。此後前述的憲法改正案及台灣統治法，即很少再被提起。[19]至一九一〇年代後期，為應付全球性的民族自決思潮，日本政府亟思加強同化殖民地人民。原敬等所主張的內地延長主義，配合政黨勢力的興起，已成為日本政界主流。使得仍具有相當濃厚特別統治主義色彩的三一法，面臨被修改的命運。

　　一九二一年為配合內地延長主義而制定的台灣法令法，以法律第三號公布，並規定自一九二二年一月一日起施行，世稱「法三號」，其條文內容亦請參見表一。原敬長期以來主張的「勅令中心主義」，終於為法三號所重視。原本在六三法、三一法皆被擺在後面之有關「施行勅令」的條文，被移置法三號第一條第一項，以顯示其重要性。且在第一條第二項，規定得以勅令為台灣特殊情事設特例，而排除被施行於台灣之日本法律中在台灣為不適當者，此稱「特例勅令」。不過，維持「施行勅令」制度，等於表示日本內地法律並不當然在台灣生效，除非有勅令指定其施行。台灣因此仍是日本帝國領域中的「特別法域」。且最具「特別統治」意涵的總督律令制定權，仍被保留，只附加行使的限制要件，亦即並無應適用的日本法律或雖有但難以依特例勅令辦理，且因台灣特殊情形有必要時，才得以律令規定在台

19　　參見春山明哲，頁104。

灣的立法事項。（第二條）尤要者，法三號不附有效期限，屬永久性法律。其代表著台灣法令法，於歷經各項法案的試行及政治勢力的角力後，最後歸結得到的成品。（請參閱表一）

正因法三號本身兼容並蓄，可適應各種統治上需要，當一九三〇年代中期以後，日本軍部勢力抬頭，強力推行皇民化政策時，乃至中日戰爭爆發後屬行軍事及經濟上嚴格統制時，都未曾因之修改法三號。故其自一九二二年，一直施行至一九四五年日治結束為止。

法三號做為台灣法令法仍不足以涵蓋整個台灣基本法的內涵，另一項基本法之來源是「台灣總督府條例」。以勅令制定的台灣總督府條例，較須以法律制定的台灣法令法，更迅速地因應新的對台統治政策。一九一九年八月勅令第三九三號即大幅修改台灣有關行政、軍事方面的基本性法規範，廢除自一八九六年勅令第八十八號以來的總督武官專任制，及總督的在台陸海軍統率權，使總督可由文人擔任，且僅對不含軍務的一般政務（含司法行政監督）有統理權。另設置台灣軍司令部，總督認為有保持安寧秩序之必要時，得請求台灣軍司令官使用兵力。此外，一九二〇年又以勅令設置「台灣總督府評議會」，但此與六三法施行時代具有殖民地立法會議性質的評議會不同，僅僅是總督認為有必要時得召開的諮詢會議，會員係由總督任命且可由台灣人出任。[20]這些皆表示欲使台灣回歸與日本內地同一法制，但又不願立刻徹底採取日本法制，即所謂漸進的內地延長。

總督府條例的這項修改仍預留回復舊制的空間。其並非規定總督文官專任制，故雖然自一九一九年任用田總督以後，台灣總督一職

20　參見《日本統治下五十年の台灣》，頁 163-165。

確由文官擔任，計有九位文官總督，但自一九三六年任用小林總督以後，又全係武官總督。尤其總督府條例第四條有「總督為陸軍武官時，得兼任台灣軍司令官。」之伏筆，最後一任台灣武官總督安藤，出身陸軍大將故亦兼任台灣軍司令官，事實上回復一九一九年改革前之總督係擁有兵權的武官。[21]

有關司法裁判權之基本法－－「台灣總督府法院條例」（律令），亦感受到內地延長主義的氣氛，而於一九一九年有所修改。主要者即是廢止臨時法院制度及復歸三審制，使與內地制度相似，加強判官之身分保障，減少其與內地判官之差別待遇。[22]

參、台灣地域的法源種類及內容

一、法律

（一）以敕令施行於台灣之法律

於六三法及三一法施行期間（ 1896 ～ 1921 ），以敕令施行於台灣的日本法律，計有八十四件（種）。[23]在此期間，由於原本針對日本內地制定的法律，無法以「特例敕令」方式制定因應台灣特殊情事的特別法，故將日本法律的全部或一部施行於台灣者，較後述法三號施行期為少。被施行於台灣的法律，大多為涉及國防、財稅、通信、外交等，有將整個內外地做為單一法域之需要者。例如會計法、戒

---

[21] 參見黃昭堂，《台灣總督府》（黃英哲譯，台北：自由時代，1989 年），頁 112-114，165。

[22] 參見《日本統治下五十年の台灣》，頁 125。

[23] 參見同上，頁 70-73。

嚴令、法例、關稅定率法、國籍法、特許法、著作權法、郵便法、電信法、軍機保護法、砂糖消費稅法、海底電信線保護萬國聯合條約罰則、郵便貯金法、貨幣法、石油消費稅法、關稅法、戰時利得稅法之一部、產業組合法之一部、軍事工業動員法、無線電信法、要塞地帶法、陸軍刑法及其施行法、海軍刑法及其施行法。[24]

　　這類日本內地法律，因勅令的媒介而將其施行地域擴及外地。施行勅令的內容為「將某年某號法律施行於台灣」，若為一部施行，則載明不施行的除外部分。至於施行日期，有時勅令本身會明訂自公布之日或特定之日開始施行，否則應依在台灣地域的一般性規則，於勅令到達各廳之翌日起算七日後開始施行。一旦某項法律因施行勅令的指定而在台灣施行，則就該法律所規範之事項，台灣地域與內地係屬於同一法域，無後述「共通法」之適用。[25]

　　法三號施行後（ 1922 ～ 1945 ），以勅令施行於台灣之法律大增，計一九五件（種）之多。這些被指定施行於台灣的法律，依指定施行的形式，可大致分為兩類。其一是多數情形，即經由下述三項勅令的媒介：(1)「有關民事之法律施行於台灣之件」（一九二二年〔大正十一年〕勅令第四○六號及其後諸修正本件之勅令）。例如民法、商法、民事訴訟法、民事訴訟用印紙法、商事非訟事件印紙法、民法施行法、人事訴訟手續法、非訟事件手續法、競賣法、不動產登記法、商法施行法、破產法、和議法等。(2)「行政諸法台灣施行令」（一

---

[24]　參見《外地法制誌，第二卷》，頁 45-46 ， 63-65 。所有日治時期以勅令施行於台灣之法律的名稱與勅令發布日期及文號，請詳閱《日本統治下五十年の台灣》，頁 91-105 。

[25]　參見《外地法制誌，第二卷》，頁 46-48 。

九二二年〔大正十一年〕勅令第五二一號及其後諸修正本令之勅令〕，例如：質屋取締法之一部分、海港檢疫法、印紙稅法、水難救護法、重要物產同業組合法、治安警察法、鐵道營業法、保險業法、行政執行法、擔保附社債信託法、工場抵當法、紙幣類似證券取締法、輸出入植物取締法、漁業法、水產會法、傳染病預防法之一部分、家畜傳染病預防法、有價證券割賦販賣業法等，總計達六十七種法律，範圍涵蓋各項國家行政作用。(3)「海事諸法台灣施行令」（一九三一年〔昭和六年〕勅令第二七三號及其後諸修正本令之勅令），例如：船舶法、船員法、船舶安全法、造船事業法之一部分、小形船舶乘組員手帳法等。從前有關民事、該當行政諸法之事項、海事等之眾多律令，也因此另以律令廢止之。例如以一九二二年律令第六號廢止「台灣民事令」等律令。[26]

其二是依其他個別勅令的指定而施行於台灣之法律，其數量亦不少。例如供託法、司法代書人法、刑事訴訟法、治安維持法、關於暴力行為等處罰之法律、公證人法、銀行法、刑事補償法、手形法、小切手法、不正競爭防止法、國家總動員法、商法中改正法律施行法、船員保險法、有限會社法、郵便年金法、戰時刑事特別法、司法保護事業法、裁判所構成法戰時特例、戰時民事特別法、戰時行政特例法、信託法、戰時緊急措置法等。可見並非凡關於民事、行政法、海事的法律必然藉由前揭三項主要勅令之指定而施行，且日本有關刑事、司法、戰時法之法律，亦頗多施行於台灣。

由於有「特例勅令」制度，施行於台灣之法律的內容，不完全

26 　參見《日本統治下五十年の台灣》，頁 80-81 ， 90-91 。又「行政諸法台灣施行令」原名稱為「關於施行質屋取締法外十六件之件」。

與在內地者相同。雖然日本法律施行於台灣後，就其所涉事項，台灣與內地已屬同一法域，該法律若有修改或廢止，即刻直接在台灣生效；但同法域裡仍可能因有「特別法」之故，致兩地法律內容不一致。在台灣的特別法如何制定呢？方法之一即法三號所創設的「特例勒令」。依法三號之規定，得以勒令設特例之事項有(1)官廳或公署的職權。例如規定某項日本法律中所稱大審院者，在台灣係指高等法院上告部，或法律內所定各省大臣之職務，在台灣由台灣總督行使之等等，以配合台灣特有官廳制度。(2)法律上期間。例如在日本內地或台灣以外的外地（例如朝鮮）發票之支票，其提示期間不依日本票據法而另規定較長之期間。(3)其他因應台灣特殊情事有設特例之必要者。其範圍非常廣泛，例如僅涉及台灣人之親屬繼承事項不依日本民法而依台灣習慣、台灣的檢察官擁有日本刑事訴訟法上預審判事始能享有的強制處分權（日本的檢察官無此項權力）、台灣不實施日本行政訴訟制度等，皆因此成為台灣之特例。最重要的特例勒令，應屬「有關施行於台灣之法律的特例之件」（一九二二年〔大正十一年〕勒令第四○七號及其後諸修正本件之勒令），其設有關於民法、商法、小切手法、有限會社法、破產法、民事訴訟法、非訟事件手續法、不動產登記法、公證人法、刑事訴訟法、刑事補償法、治安維持法等之特例。此外前述「行政諸法台灣施行令」及「海事諸法台灣施行令」，除第一條係列舉被指定施行於台灣之法律，自第二條以下皆是規定這些法律有何特例（即施行勒令與特例勒令同屬一件），尤以前者有多達六十一條的特例性規定。[27]這些由行政機關頒行之勒令所規定的特例，在

27　所有基於法三號所制定之特例勒令的內容，請參見《台灣の委任立法制度》，附錄，頁 29-53。特例勒令不必於法律施行之際發布，實例上曾有日

台灣的效力竟優先於帝國議會所制定的法律，惟法理上此業經帝國議會於法三號中概括同意（授權）。

　　另一種制定在台灣之特別法的方式，是不經由法三號的特例勅令，而直接依施行於台灣之日本法律本身之規定。例如依日本一九二一年國有財產法第三十三條：「本法施行於朝鮮、台灣或樺太（庫頁島南半部）而有必要時，得以勅令為特別規定」，故「國有財產法施行於台灣之件」（勅令）設有不少特例規定，取代原條文而施行於台灣。計有八種施行於台灣的日本法律，基於本身條文的授權而以勅令為專門適用於台灣的特別規定。[28]

（二）不經勅令即施行於台灣之法律

　　並非所有日本法律皆須經勅令之指定始可施行於台灣，下述法律當然施行於台灣。[29]

(1)「內外地適用法」：即從法律有關適用地域之規定判斷，其當然施行於台灣。例如一九三六年米穀自治管理法第一條明白揭示：「本法以統制內地、朝鮮及台灣過剩米穀，於內地、朝鮮及台灣實行米穀之自治管理為目的」；又一九四一年國防保安法之附則規定：「本法施行於內地、朝鮮、台灣及樺太」。故這些法律不須經施行勅令之指定即施行於台灣。

(2)「外地適用法」：即特別以施行於外地（本文僅論涉及台灣

本法律被施行於台灣一段時間之後，才以勅令新設特例者。參見《外地法制誌，第二卷》，頁81-82。

28　詳見《台灣の委任立法制度》，附錄，頁53-61。

29　以下(1)至(4)之敘述及所有這類法律之名稱，請參見《外地法制誌，第二卷》，頁179-182，201-211；《台灣の委任立法制度》，頁105-108。

者）為目的所制定之法律。在台灣雖有效力足以取代法律的律令制度，但有時仍由日本帝國議會，特別為台灣制定法律加以規範，例如一八九七年的台灣銀行法。又一九三六年的台灣拓殖株式會社法，由於其與已施行於台灣的民法、商法之規定有許多違背之處，故不以律令而由法律制定之；相對的，在民法施行前的一九一九年即成立的台灣電力株式會社，即僅以律令定之。這些特別為台灣而制定的法律，當然施行於台灣。前述的六三法、三一法、法三號，亦屬此類法律。

(3)「內外地關係法」：即規範內外地相互間關係的法律。日本帝國內諸外地係與內地法令系統相異的地域，各外地之法令體系亦互異。就立法事項（即須以法律規定之事項），在台灣可依委任立法由律令、在朝鮮可依委任立法由「制令」規範之，但在樺太並無類似的委任立法制度，至於關東州及南洋群島，則因其非日本憲法施行地域，不必依憲法第五條之規定處理立法事項，故僅以勅令規範之。此外，在台灣及樺太可依施行勅令與特例勅令大量施行日本法律（在樺太尤甚），但在朝鮮則無特例勅令制度，許多日本重要法律如民法刑法皆未施行於朝鮮。為處理因內外地之法域不同所產生的不協調而制定的法律，當然施行於外地之一的台灣。例如性質上類似各地域法律衝突法、藉以解決涉及他地域民刑事項之法律適用問題的「共通法」，又如司法事務共助法、關於內地、朝鮮、台灣或樺太與南洋群島間船舶及貨物出入之法律等。

(4)具有屬人性質的法律：其與屬地法不同，在性質上不應限制其施行地域，或追隨人、或追隨物、或追隨事務，將其效力延伸至外地。例如追隨人的恩給法等、追隨會計事務的國債整理基金特別會計法等、追隨事業的大日本航空株式會社法等，皆因此施行於台灣，不待施行勅令之指定。

二、勅令

　　勅令是命令的一種。戰前日本的國家法規範，依制定的形式得區分爲法律與命令。法律指經帝國議會協贊、依天皇的裁可所制定的規範；命令則指依天皇的親裁、或依受天皇委任的行政機關所制定的法規範。勅令即稱依天皇大權或法律的委任、經勅裁所發布的命令。30

　　勅令原則上適用於內地及外地。勅令的效力及於國家統治權所涵蓋之地域，包含屬於外地之一的台灣在內，此與法律之施行原則上限於內地，恰好相反。但是勅令本身明定施行地域，或其事務性質上當然效力不及於外地者，則屬例外。

　　爲大權命令的日本勅令大多效力及於台灣。屬於大權命令之勅令包括：(1)官制令，例如台灣總督府條例。與台灣官廳之組織及權限有關的勅令，多達一八〇件。(2)官吏令，即關於官吏之任用、官等、俸給、旅費、地位、懲戒等規則的勅令，尤其是關於外地勤務官吏的加俸、外地官吏的特別任用制。(3)軍制令，即關於陸海軍編制等勅令，性質上當然亦行之於外地。(4)榮典令，即關於位階、勳章、記章、褒章等規定的勅令，具屬人性質，當然行之於外地。(5)恩赦令，即基

30　長尾景德、大田修吉，《台灣行政法大意》（台北，昭和9年），頁11。

於憲法上恩赦大權所發布之勅令，爲內外地共通之規定。(6)公式令，關於法令等之公布的公式令，不適用於那些已施行於台灣的法律及勅令，尤其是台灣特有的律令、府令、廳令存在著與日本內地不同的公布式。(7)祭祀令，即關於神宮、神社之祭祀的勅令，亦適用於外地。(8)學制令，從小學校令、中學校令、實業學校令、專門學校令、大學令之規定，可看出其將施行地域限於日本內地，故上舉勅令不適用於屬外地的台灣。另有特別以施行於台灣而發布之勅令，例如台灣教育令、關於台北帝國大學之件等。[31]

　　依明治憲法所發布之緊急勅令是否適用於台灣，學說上有不同看法。緊急勅令係爲保持公共安全或避免其他災難，出於緊急必要，於帝國議會閉會時，由天皇發布可代替法律的命令。由於緊急勅令的內容是關於立法事項之規定，其性質爲法律的代替，故有主張緊急勅令應與法律同樣處理，須經施行勅令的指定始適用於外地。但亦有主張其既然是勅令的一種，則原則上應普遍地在內外地皆具有效力。[32]惟是否有實例發生？官方見解如何？尚有待探究。

　　做爲「執行命令」或「委任命令」的日本勅令，其效力是否及於台灣，端視與之相關的日本法律是否施行於台灣。爲執行法律或基於法律的委任而依大權所發布的命令，性質上乃附屬於法律的勅令，具補充法律內容之功能。故倘若某日本法律本身未施行於台灣，則做爲其執行命令或委任命令的勅令亦不施行於台灣。若某日本法律已施行於台灣，不問係經施行勅令或係當然施行者，做爲其執行命令或委

---

[31]　參見《日本統治下五十年の台灣》，頁110-112。

[32]　參見山崎丹照，《外地統治機構の研究》（東京，昭和18年），頁323-324。

任命令的勅令，應隨即施行於台灣。惟依該等勅令內容，有限定僅於內地生效者（例如未顧及台灣特有之官廳制度），此時須另設僅適用於外地的執行命令或委任命令。例如日本的防空法適用於內外地，但做爲其施行令的「防空法施行令」，僅在內地具有效力，故另設做爲外地施行令的「防空法台灣施行令」（勅令）。有關日本會計法、國有財產法、關稅法、關稅定率法、國家總動員法等的執行命令或委任命令，亦大多出於此種內外地依各別不同勅令之方式。[33]

本文屢次提及的施行勅令及特例勅令，應屬基於法律（六三法、三一法、法三號）的委任而所發布的勅令。[34]其效力依勅令之一般原則及於台灣。就其內容已詳見各處，茲不再贅言。

三、律令

在台灣的立法事項，於六三法及三一法施行期間，以依律令爲規範者居多。於本時期共計制定二〇三件律令，其數目約爲同時期施行於台灣之日本法律的兩倍牛。因此在台灣地域內的立法事項，除前述已爲法律所規範者（例如國防及外交事項）外，悉由具有與法律同一效力的命令——律令所規範，主要包括民事、刑事、司法、警察、土地、租稅、衛生、產業等事項。[35]

惟律令之內容，固可能爲日本內地法律所無，但亦可能與日本相關法律相差無幾。律令內容可分爲兩大類。一爲台灣獨特的規定，

---

[33]　參見同上，頁 324-325 ；《日本統治下五十年の台灣》，頁 110 。

[34]　參見長尾景德、大田修吉，頁 46-48 。

[35]　參見《日本統治下五十年の台灣》，頁 71-72 。日治五十年全部律令的名稱及效力存續期間，可詳見《台灣の委任立法制度》，附錄，頁 7-22 。

例如製茶稅則、台灣阿片令、契稅規則、保甲條例、匪徒刑罰令、台灣鹽田規則等等。第二類則是仿效日本內地法律之內容，例如相當於日本裁判所構成法的台灣總督府法院條例，相當於日本監獄法的台灣監獄則，相當於日本新聞紙法的台灣新聞紙條例等。其中尤以明文準據某日本法律但附加若干因應台灣情事之特別規定的律令，與日本法律之內容關係最為密切。[36]例如一八九六年（明治二十九年）律令第四號規定：「於台灣之犯罪，依用帝國刑法處斷；但其條項中難以適用於台灣住民者，依特別之規定。」因為這項「依用」，使得日本刑法典上規定，成為該律令之內容（構成部分），而於台灣被付之實施；但被依用的法律本身並未施行於台灣，台灣與內地仍屬各別法域，被依用法律之改廢不直接在台灣發生效力。此所以一八九九年（明治三十二年）律令第二一號規定：「依律令之規定而施行於台灣之法律如有改正者，應依其改正之法律」，且實務上當被依用之法律遭廢止，通常會再以律令依用新制定的日本法律。[37]究竟各個法律領域相關律令的內容屬於上述那一類？具體的規定又如何？因篇幅有限，不再詳論。[38]

　　法三號施行後，律令被制定的件數減少。自一九二二年至日治結束，所制定之律令僅六十七件，與同時期被施行於台灣之日本法律的件數，呈現約一比三之勢。這當然是因為爾後律令之制定，須符合

36　參見《外地法制誌，第二卷》，頁 46，49-50。

37　參見山崎丹照，頁 252-254。

38　關於民刑事項之律令內容，可參閱拙著，〈台灣日治時期殖民地立法之程序與內容〉，《台大法學論叢》，24 卷 1 期（民國 83 年 12 月），頁 22-28。所有律令的內容，可參閱條約局編，《律令總覽（「外地法制誌」第三部の二）》（東京，昭和 35 年）。

法三號第二條新增的限制要件始可。例如：製糖業在台灣爲特許事業，爲求其發達有加強監督之必要，此符合「台灣特殊情形有必要」，且須規範者涉及立法事項，日本內地卻「無應適用之法律」，故有台灣糖業令（一九三九年律令第六號）之制定。又台灣的地方制度與內地的府縣制、市制、町村制有顯著差異，係屬「依前條（關於特例勅令）之規定處理有困難」，故亦以律令制定台灣的州、廳、市、庄制。[39]宜注意的是，本時期大多數的律令，係在最後三位武官總督高倡「皇民化」之期間（1935～1945）所制定者。[40]究竟這些律令的內容與日本內地相關法令有多大的差異，爲何捨施行日本法律而取制定律令？是否因武官總督或戰爭需要，致從寬解釋法三號對於制定律令之限制要件？凡此皆有待進一步研究。

　　法三號施行後，原已發布的律令仍有效（參見法三號附則第二項）。故對既存律令之內容欲改正時，須再以律令爲之。例如以一九二四年律令第三號，改正依一九○六年律令第三號所制定的台灣度量衡規則。[41]且在日本法律被施行於台灣後，與其相牴觸的律令，仍需再以律令廢止之。例如依勅令將日本民商法施行於台灣的同時，以一九二二年律令第六號廢止既有的台灣民事令（律令）。[42]

　　律令之規定不得違反已施行於台灣的日本法律或勅令。這項規則在六三法施行期間尚有爭議，但三一法及法三號均已明文規定矣。

39.　參見《日本統治下五十年の台灣》，頁71；《外地法制誌，第二卷》，頁74-75。

40.　參見《台灣の委任立法制度》，附錄，頁4。

41.　參見《外地法制誌》，第二卷，75頁。

42.　參見《律令總覽》，頁150。

然而須待法三號生效且大量日本法律及勅令施行於台灣後，律令可採用之法規範內容才因之受到較多的限制。例如前曾述及的「台灣拓植株式會社法」，因有若干牴觸日本民法、商法之規定，故須以法律而非以律令規定之。不過由於仍有足以制定台灣特殊性法律的「特例勅令」制度，使得「日本法律及勅令優先」的定則，仍未能阻斷台灣律令立法上繼續採取不同於日本內地之規定。亦即當律令案之內容牴觸已施行於台灣之日本法律時，於立法技術上可依特例勅令排除相牴觸部分法律規定之在台施行。例如一九四一年律令第八號台灣住宅營團令若干規定與已施行台灣的民法、非訟事件手續法相牴觸，故制定該律令的同時，以勅令公布「有關台灣住宅營團民法及非訟事件手續法之特例」，用此項「特別法」排除與律令內容相牴觸之日本法律規定。[43]

　　總之，日治時期台灣法制就涉及立法事項者，究竟以日本法律或台灣特有的律令加以規範，很難依事項別，尋找出普遍性的規則，只能逐項查閱依勅令被施行於台灣的法律（含特例勅令）以及曾制定過的律令。此或可藉助於戰後日本外務省所編的「內地、台灣法令（件名）對照表」。[44]

四、閣令及省令

　　閣令指稱內閣總理大臣於法律及勅令的範圍內，基於其職權或

---

[43]　學者曾批評此舉與法三號創設特例勅令以儘量延長內地法之立法意旨不符。詳見中村哲，《植民地統治法の基本問題》（東京，昭和 18 年），頁 150-151。

[44]　《台灣の委任立法制度》，附錄，頁 65-166。

特別委任，為施行法律及勅令或維持安寧秩序，就其所主管之事務所發布之命令。省令則稱各省大臣依其職權或特別委任，就主管之事務所發布之命令。[45]由於日本內閣總理大臣及各省大臣做為行政官廳的權限，原則上不及於外地，故其所發布之閣令及省令亦原則上不及包括台灣在內的外地。

　　但例外的，依法規之效力，內閣總理大臣及各省大臣的權限直接延伸至外地時，閣令及省令即在外地生效。例如施行於內外地的要塞地帶法本身已明白規定陸軍大臣為主管官廳，且又無任何關於外地的特別規定，故陸軍大臣於外地亦有直接的權限，其基於該法以一九四〇年陸軍省令所發布之要塞地帶法施行規則，當然於台灣（外地）生效。特許法施行規則（大正十年農商務省令），有同樣情形。又基於具有屬人性質之法律所發布的閣令或省令，亦施行於外地。例如基於恩給關係法律之閣令、基於台灣特別會計法之大藏省令。[46]

五、府令

　　府令指稱台灣總督依其職權或特別委任所發布之命令。府令在台灣地域內之效力，相當於閣令或省令之在於日本內地。且府令與閣令或省令同樣可附加罰則，然其所附之「一年以下的懲役、禁錮或拘留或二百圓以下罰金或科料」，較閣令或省令為重。[47]此外，日本法律內有委任行政機關發布勅令者，於該法律被指定施行於台灣之後，

45　長尾景德、大田修吉，頁 28 ，30 。

46　參見山崎丹照，頁 327-328 。另參見本文前述「不經勅令即施行於台灣之法律」當中之「(4)具有屬人性質的法律」。

47　參見山崎丹照，頁 363 。

常以府令取代條文中勅令之地位。例如依行政諸法台灣施行令在台施行的日本法律，原委任於勅令為規範者，一律改由台灣總督府令為之（參照行政諸法台灣施行令第二條）。再者，律令若規定：「關於‧‧‧由總督定之」，亦表示依府令定之。

六、州令及廳令

州令及廳令指稱州知事或廳長，就州廳行政事務，依其職權或特別委任，對管轄區域內一般或其中一部所發布之命令。其相當於日本內地的府縣令。但州令所附之罰則（二月以下的懲役或禁錮、拘留、七十圓以下的罰金或科料），比內地府縣令高；廳令之罰則（拘留或科料）則比府縣令低。[48]

七、訓令

訓令指稱總督對於下級官署為指揮其行使權限而發布之職務上命令。或稱「通牒」、「通達」。有關人事或其他屬於機密事項時亦有謂為「內訓」者。[49]

八、日令

日令之為法源僅存在於日治之軍政時期（1895 年 8 月 6 日～1896 年 3 月 31 日）。日令即指軍事命令，於軍政時期由台灣總督發布。依日令發布者，主要有台灣人民軍事犯處分令、台灣總督府法院職制、台灣住民刑罰令、台灣住民治罪令、台灣住民民事訴訟令、台

---

[48] 同上，頁 363。

[49] 長尾景德、大田修吉，頁 58。

灣監獄令等。[50]

九、習慣、法理與判例？

　　習慣是否爲法源之一？亦即是否可直接以既存的習慣規範做爲法律適用的根據？依日治時期台灣法制而言,似乎答案是否定的,或者可說習慣只是「間接法源」。當時就僅涉及台灣人的民商事項(一九二三年之後僅親屬繼承事項),之所以依習慣處理,是因爲於日令、律令、特例勅令當中分別規定「依地方慣例及法理」(台灣住民民事訴訟令第二條)、「依舊慣」(台灣民事令第三條)、「依習慣」(有關施行於台灣之法律的特例第五條),故據以適用於個案者係日令、律令、特例勅令,而非習慣或法理。但透過這些制定法的規定,習慣成爲法律判斷的基準,故若謂其爲間接法源,似尚可接受。至於習慣規範的具體內容爲何,則有賴法律適用者於個案的認定,例如法院的判例。[51]同樣的,法理亦至多只能跟習慣同視爲間接法源,其具體內容有待司法者於個案中認定。

　　這又涉及到判例是否爲法源的問題。基本上日治時台灣法體系是採行歐陸法而非英美,縱令最上級法院於判例中就法律所表示之見解對下級法院具有拘束力(參照台灣總督府法院條例第八條之五),法院於判案時所引據者仍是法令,而非判例。故法院之判例雖是了解當時法令內涵的重要參考資料,但嚴格講尚非屬法源。[52]

50　日令一覽表,參見台灣總督府官房審議室,《律令制度ノ沿革》(台北,昭和 15 年),頁 7-12。

51　不同見解,參見台灣省文獻委員會,《台灣省通志稿卷三政事志司法篇》(台北,民國 44 年),第一冊,頁 151,261。

52　日治時期的法院判例,可參閱《覆審法院判例全集》、《高等法院判例全

肆、台灣行政機關之組織與權限

一、台灣中央行政官廳：總督府

　　台灣總督府於軍政時期，完全以軍事官衙的組織型態出現。凡台灣地域內一切統治事務，不問是否與軍事有關，皆由台灣總督總攬。總督府內除參謀部及副官部之外，置陸軍、海軍、民政等三局，由參謀長輔佐總督、監督各局業務。但台灣總督府無論如何須服從做為日本帝國最高權威的中央政府。按日本國法上區分國務及統帥（軍令）二系統，兼具國務機關及軍令機關的台灣總督府，因此須依事務性質，分別接受屬內閣的台灣事務局及屬軍令系統的大本營之指揮。[53]

　　進入民政之後，台灣總督府仍是日本帝國內一個非常特殊的地方行政官廳。日本一般地方官廳（例如府縣），就其各項行政事務，須秉承中央內閣各省大臣各就其主管事務所為之指揮與命令。但是台灣總督府可概括地統轄台灣地域內一切政務，其權限相當於各省之大臣。總督府可說是在台灣地域內的一個「小內閣」。日本中央政府內亦有專責機關監督台灣總督府，其分別是拓殖務省（1896）、內閣台灣事務局（1897）、內務省（1898）、內閣總理大臣（設有拓殖局，1910）、內務省（1913）、內閣總理大臣（下設拓殖局，1917）、拓務省（1929）、內務省（1942）。但是除了一九四二年以後的內務省之外，皆只督促台灣總督府與中央政府之根本方針不相違背、注意台灣財政與國庫間之關係、承轉有關勅裁文件等概括性監督而已。一直到上述一九四二年為達成「內外地行政一元化」之目的，始

　　集》各年度。

53　參見《日本統治下五十年の台灣》，頁143-145。

強化中央政府對台灣總督的監督權,即內務大臣有權對台灣總督為監督上必要的指示,其必須服從,且就一九四二年勅令第七二九號上所列舉之事項,內閣總理大臣及各省大臣對於台灣總督有個別的行政監督權,並得據此為足以拘束總督的指示。換言之,一九四二年之前,在台灣的諸項政務,除非像軍事、外交等性質上需由中央政府一元營運者,直接屬於各省大臣之權限,或依法令特別規定歸各省大臣管理者(例如關於貨幣、銀行、擔保附社債信託、關稅及粗製樟腦、樟腦油專賣之政務,屬大藏大臣管理;關於郵便、電信事務,屬遞信大臣監督),否則身為「地方官」的台灣總督可相當自主地不受中央干預,逕為行政裁決。[54]

總督於台灣「小內閣」裡集權的程度,甚至勝過總理大臣之於日本中央內閣裡。依日本中央政制,行政權之行使,係由各省大臣以行政官廳的資格,就其主管事務「輔弼」天皇,內閣總理大臣雖有保持行政各部之統一的任務,但並非各省的上級官廳,至多僅認有必要時可中止行政各部的處分或命令,以待天皇勅裁。[55]然依台灣總督府官制,所有行政權力均歸屬總督一人。總督府內設置有民政長官(1898～1919)或總務長官(1919～1945),輔佐總督總理府務,並監督所轄行政各局(課)之事務(總務長官時代尚管轄總督官房),可見其僅是類似幕僚長的輔佐機關。至於擔任相當於各省大臣職務

54　參見同上,頁148-172,177;長尾景德、大田修吉,頁54-55;黃靜嘉,《日據時期之台灣殖民地法制與殖民統治》(台北,民國49年),頁156。

55　參見井ケ田良治、山中永之佑、石川一三夫,《日本近代法史》(京都,1982年),頁89。

的局（課）長，更非行政官廳，而只是總督的輔佐機關，並無獨立的權限。另有附屬於台灣總督府，但係與總督府本府依個別不同的官制而設置之「所屬官署」，例如交通局、專賣局、稅關、監獄、醫院、大學、研究所、以及臨時性機關如撫墾署或臨時土地調查局等等，亦直屬總督管理，受其指揮監督。雖然曾在一八九六至一九〇六年之間及一九二一年之後，分別設有台灣總督府評議會，做為台灣總督的諮問機關，但前者純係屬僚會議，後者很少召開，均聊備一格而已。同時，台灣總督對所部官吏具有「統督權」，即(1)進退權，奏任文官的進退由其上奏於日本中央，判任官以下則可專行之；(2)恩賞權，所部文官的敘位敘勳，皆由其上奏；(3)懲戒權，懲戒所部文官，凡關係勅任官或涉及奏任官之免官者，須經上奏，其他則皆可專行之。[56]以上制度確立了台灣總督在行政權行使上的獨斷地位。

　　為台灣中央行政官廳的總督府曾兼具軍令機關之性質，亦為日本中央內閣所未見。日本中央政制採德意志式的軍令、軍政二元主義，參謀本部長，係獨立於內閣之外，直隸於天皇，依其親裁決定軍事行動之機構，而內閣僅為國務機關，非軍令機關。[57]自一八九六年四月施行民政後，台灣總督府已回復為國務機關，但為因應日治初期的軍事鎮壓，乃於官制上賦予總督若干軍政權以及軍令權。亦即(1)總督於委任範圍內統率陸海軍。(2)總督於有關軍政及陸海軍軍人軍屬之人事事務，承陸軍大臣或海軍大臣；有關防禦作戰及動員計畫，承參謀總長、海軍軍令部長；有關陸軍軍隊教育，承監軍，分別處理之。(3)

56　參見《日本統治下五十年の台灣》，頁 178-180，184-185；黃靜嘉，頁161 之註一；長尾景德、大田修吉，頁 58-59。

57　參見井ケ田良治等，頁 39。

總督掌理其管轄區域內之防備事宜。(4)總督認為為了保持管轄區內之安寧秩序有必要時，得使用兵力；並立即向內閣總理大臣、陸軍大臣、海軍大臣、參謀總長及海軍令部長報告。(5)總督就其認為有必要之地域內，得令該地域守備隊長或駐在武官兼掌民政業務。直到二十餘年後的一九一九年，總督的軍事權才被解除，上述除(5)之外的權力皆被廢止。同時在台灣地域設立一個純粹是軍令機關的台灣軍司令官，當總督認為為了保持安寧秩序有必要時，只得請求台灣軍司令官出兵。但若總督為陸軍武官時，得兼任台灣軍司令官。[58]至此台灣總督府才褪去軍令機關之色彩。

在台灣地域內擁有專制權威的台灣總督，其權限並不僅止於此。關於立法事項，總督有律令制定權，關於行政事項，則有府令制定權。且總督做為在台灣的最高行政官廳，對於下級官廳（如州廳等，詳見後述），有指揮監督權。就下級官廳之執行職務，有權監視、令官吏提出報告、或檢閱其事務。總督若認為下級官廳的命令或處分，有違成規、危害公益、或侵犯權限時，得停止或取消該命令或處分。[59]

台灣地域內尚有許多異於日本內地的行政措施。台灣總督府的會計為「特別會計」，依規定每年由主管大臣（拓務大臣或內務大臣）編製，送交大藏大臣列提日本帝國議會審議。台灣人民不同於內地人民，並無代表在帝國議會參與審議。且地方稅之收入另依地方稅之

58　參見「台灣總督府官制」，明治三十年勅令第三六二號，第三、四、六、七、九條，及大正八年勅令第三九三號，第三、三之二、四條及註明第七條已刪除。見《日本統治下五十年の台灣》，頁151-152，163。

59　參見長尾景德、大田修吉，頁57-58。

會計，由總督全權自由處理。特別會計歲出一經撥充「地方稅會計國庫補助金」，即不在帝國議會監督之列，可由總督自由支配。[60]此所以一九二〇年代一些台灣知識分子欲藉由「台灣議會」的設置，讓台灣人民所選出的代表審議台灣特別會計。此外，在台灣服務的日本內地人官吏，可受領一定的加俸，於退職恩給加計外地在勤。[61]其實在台官吏從事行政行為時，已較其在內地的同僚受到保護，因為在台灣受到行政處分的人民只能提起訴願，而不能為行政訴訟。這些皆凸顯出台灣確是日本帝國內的一個特別法域。

二、台灣地方行政官廳

自一八九五至一九二〇年，台灣地方行政機構，一直是以官治及中央集權為主。當時日本內地的地方行政，採行府縣、郡（一九二三年後廢止）、市町村三級制。府縣與郡為地方公共團體法人（惟郡之自治體性格較弱），但為其執行機關之府縣知事及郡長，係在該行政區域內的國家行政官廳，屬於國家的官吏，故受國家監督的範圍廣泛；而由具備一定限制資格之人民所選出議員組成的議會，則權力範圍狹窄，致住民自治之要素稀薄、官治的性格濃厚。市町村亦為地方公共團體法人，可處理若干自治事項，且依限制選舉選出無給職的議員組成議會，町村會再選出町村長，市會則推薦候選者由內務大臣選任其一為市長。但市町村的自治行政仍受國家官廳強力監督，市受府縣知事及內務大臣監督，町村受郡長監督。[62]總之，當時日本內地雖

60　參見黃靜嘉，頁182。

61　參見同上，頁160。

62　例如內務大臣有權解散市町村會、強制干涉其預算、市長的任命、町村長

有以市町村爲基礎的地方自治制，但其內容充滿集權、官治的性格。
台灣做爲新領地，台灣人民做爲新附人民，連上述極有限的地方自治
制度，都成爲奢望。軍政時期，於台灣設置台北、台灣、台南三縣及
澎湖島廳，此屬國家之行政區域劃分，由國家官廳統轄之，地方官廳
須全然聽從中央官廳（總督府）之指揮監督。改行民政之後，仍延續
這種中央集權的地方行政體系。不論是初期的「大縣廳主義」-- 或
三縣三廳或三縣四廳，或一九〇一年以後的「小廳主義」-- 二十廳
或十二廳。這些縣廳皆不是自治下的法人，而是官治下的國家官廳。
且如前所述，台灣總督對縣知事或廳長的命令或處分，得停止或取消
之。而縣或廳底下所設置之弁務署、支廳等等，無非是國家行政輔助
執行機關，自應服從其上級官廳之指揮。藉此行政體系，台灣的國家
官廳權威，可自中央的總督府貫徹至地方各處。[63]

　　一九二〇年在內地延長主義底下，台灣的地方制度開始有所轉
變。依明治憲法之規定，行政各部之官制屬天皇大權，而市町村郡州
的立法及行政制度則依法律定之（參照第十條及一〇五條）。故日本
政府於一九二〇年，參考日本內地制度，以勅令改正「台灣總督府地
方官官制」，及以律令（具法律之效力）第三、五、六號公布州制、
市制、街庄制，重整台灣的地方制度。[64]先就依勅令所規定之官治行
政組織而言。(1)以（五）州（三）廳爲第一級地方行政組織。州知事

　　的選舉認可。府縣知事或郡長，亦可對市町村長、助役等市町村吏員施以
　　懲戒處分。參見俵靜夫，《地方自治法》（東京：有斐閣，昭和40年），
　　頁17-18。亦參見井ケ田良治等，頁104-109。
[63]　參見《日本統治下五十年の台灣》，頁186-189。
[64]　參見長尾景德、大田修吉，頁13；黃靜嘉，頁168。

或廳長受台灣總督的指揮監督，除交通、專賣、稅關等屬於前述總督府附屬官署之權限者外，管理部內行政事務。其所管事務及職權大體上與內地的府縣知事相當。亦可發布前述之州令、廳令。其為維持管區內靜謐而要求兵力時，須向總督具狀請求；但有非常急變之情形時可直接向該地陸海軍司令官請求使用兵力。知事或廳長指揮監督其所屬官吏，關於奏任官之功過須向總督具狀報告，判任官之進退則可自行決定。其亦有權取消或停止郡守、市尹或警察署長之處分。(2)在州以郡與市，在廳（澎湖廳除外）以郡，做為第二級地方行政組織。郡守及市尹為此級組織之首長，承知事或廳長之指揮，執行法令，掌理部內行政事務，指揮監督所屬官吏。惟郡守與市尹之職權範圍略有不同，郡守就警察及衛生事務可指揮監督配置於郡之警察官，市尹則無警察權，另置個別的警察署專責市之警察衛生事務。郡守或市尹就屬其指揮監督的判任官之進退，須向知事或廳長具狀報告，郡守對街庄長之處分亦得取消或停止。(3)在郡之下設街、庄，做為第三級地方行政組織。澎湖廳不置郡但設置街與庄。此級組織之首長稱為街長、庄長，承上官之指揮監督，掌理管區內一般行政事務。[65]

　　再就依律令所規定之地方公共團體而言。州、市、街庄雖已為律令承認為「公共團體」，但身為該團體之代表及執行機關的州知事、市尹、街庄長皆為官派，所設立之州、市、街庄「協議會」，只是諮詢機關，且係以州知事、市尹、街庄長為議長，由各該協議會之上級官廳所遴派者為「協議員」。[66]故雖已成立地方公共團體，不像一九二〇年以前全然屬於國家行政官廳的一部分，但實質上仍是官治行

65　參見《日本統治下五十年の台灣》，頁 219-221。

66　參見黃靜嘉，頁 168。

政，而非自治行政。若與日本內地相比較，其地方自治性格甚至遠不如內地在十九世紀末所實施者。

　　一九三五年以後，台灣地方行政組織的自治性格已有提升，但仍遜於日本內地。一九三五年關於州制、市制、街庄制的律令已明定州、市、街庄各為法人，分別受官府之監督，處理於法令範圍內其公共事務及依法律、勅令、或律令屬於州、市、街庄的事務。其法人代表及執行機關州知事、市尹（一九四○年以後改稱市長）、街庄長，雖權限與日本內地的府縣知事、市町村長相當，但依舊為官派，仍然有上下指揮監督關係（見前述），不像內地町村長係由町村會選任、市長係經市會之推薦。此外，州、市設置州會、市會為決議機關，議決歲入歲出及其他依法令規定之件；但街庄僅設置協議會，為街庄長之諮詢機關。州會、市會、街庄協議會之成員，雖皆從住民選出，但選舉方式與內地不同。其只一半由民選，另一半由官府遴選。同時須繳納一定稅額者始有選舉權與被選舉權（日本內地自一九二六年已廢此種限制選舉制改採普通選舉制）。且州會議員之民選部分，係由市會議員及街庄議員間接選舉（內地的府縣制自一八九九年改直接選舉），市會及街庄協議會之民選部分議員才由直接選舉產生。州會市會做為決議機關之權力其實有限，州知事認為州會或州參事會（由州知事、內務部長及名譽職會員組成）之決議或選舉，「逾越權限或違反法令、會議規則」，可依其意見或依總督之指揮，明示理由，要求再議或再選舉，但認有特別事由時可逕取消該決議或選舉，於再議或再選舉後仍有原指摘之情事，亦可取消之；州知事認為州會及州參事會之決議「明顯有害公益或關於州之收支為不適當」，亦得依上述程序取消之（台灣州制第二十九、三十條）。市尹對市會或市參事會（由

市尹、助役及名譽職會員組成）之決議或選舉，具有同樣的取消權（
台灣市制第三十一、三十二條）。這種「官尊民卑」的精神，亦表現
在州知事得定期日命令州會停會一事上。（台灣州制第三十三條）由
於州或市皆置於上級行政官廳的嚴密監督底下，已喪失地方自治之實
質。例如台灣總督認為州之預算不適當時得削減之，州知事認為市之
預算不適當亦得請求總督指揮，予以削減（台灣州制第七十八條、台
灣市制第八十六條）。又總督得下令解散州會、市會及街庄協議會（
台灣州制第七十九條、台灣市制第八十七條、台灣街庄制第七十九條
）。[67]

　　一九三七年以律令公布廳制，使廳成為地方公共團體，但其尚
未被賦予法人資格（台灣廳制第一條）。廳與一九二〇年當時的州、
市、街庄極為類似，其團體的代表及執行機關為官派的廳長，僅設置由
總督遴選之協議員組成做為諮問機關的廳協議會。[68]至於郡，則一直
是國家行政官廳的一環，並非地方公共團體，亦無所謂郡會可言。[69]

　　綜上所述，可得出表二。[70]

---

[67]　參見同上，頁 169-171；《日本統治下五十年の台灣》，頁 191；《律令
　　總覽》，頁 6-14，24-34，37-46。日本內地於 1929 年的地方制度改正中
　　，已強化地方自治團體的權限，但這些措施並未出現在台灣 1935 年的地方
　　制度改革中。參閱俵靜夫，頁 20。

[68]　有關台灣廳制，參閱《律令總覽》，頁 15-21。

[69]　參見長尾景德、大田修吉，頁 82。於台灣州制第四十九條及台灣廳制第三
　　十三條，皆規定郡官舍的建築費及修繕費與郡役所費，均由「國費」支付
　　，其餘的才由州或廳負擔。

[70]　若欲與當時朝鮮殖民地的地方行政官廳體制比較，請參閱 Edward I-te Chen
　　（陳以德）."Japanese Colonialism in Korea and Formosa: A Comparison of the
　　Systems of Political Control," *Journal of Asiatic Studies,* vol.30, pp.141-144.

表二：台灣地方行政官廳體制（ 1937 ~ 1945 ）

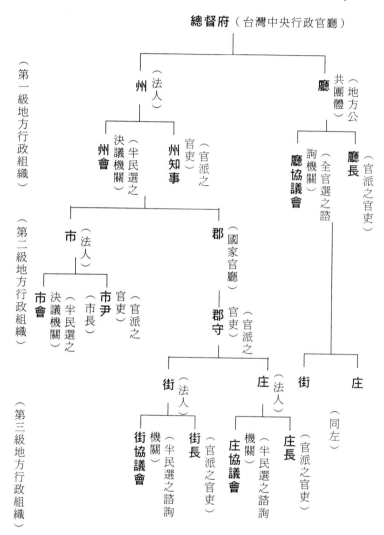

　　於台灣地域內的地方事務，警察機關擔當非常重要的角色，此亦異於日本內地。民政初期大縣廳主義時代，縣廳內已設有警察部（課），至小廳主義時代，不但各廳設警務課，輔佐廳長掌理警察事務，且支廳長以警部（警察官）充之，其屬員亦爲警吏。在總督府則賦予警視總長以指揮各廳長之權。於是自中央（總督府）串連至地方基層的警察系統，在當時台灣民政體系中擁有獨大、優越的地位。以一九〇三年爲例，警察人數超過其他文官總數二倍以上，街庄的分布及人員配備遠不如警察派出所。因此由警部擔任的支廳長及派出所的警吏，實際上承擔了日本內地郡長及町村長的任務，總督府欲在地方推行的政務，幾乎都是透過警察去實現。這是與日本內地的警察制度不一樣的。其實台灣警察之異於內地警察，更在於其可控制做爲其補助組織的保甲制度，及依「台灣保安規則」取締治安上認爲係「不良分子」的在台日本人及外國人，依「台灣浮浪者取締規則」對居無定所無職業的台灣人，予以戒告、令其定居就業、或強制其從事勞動。[71]

　　此所以一九二〇年施行地方制度改革時，台灣總督宣稱「此項改革之主要之點，在使普通行政事務劃歸普通文官負責，而使警察恢復其應有之職責。」但由於警察已爲既成的權威，其所控制之嚴密的保甲制度仍持續，尤其是自一九二〇年代後期有關思想控制，及一九三〇年代後期至終戰爲止的經濟管制，莫不委由警察負責。因此，除了一九二〇年代外，警察在地方基層行政上的地位與權威，並未被削弱。[72]

　　總之，做爲台灣中央行政官廳的總督府，本身在日本帝國憲政

---

[71]　參見黃靜嘉，頁 159-162 ，178-179 。

[72]　參見同上，頁 172-173 。

體制內即是個異數，總督非日本中央內閣的一員，卻在台灣地域擁有許多屬於國務大臣之職權，甚至曾包括軍令權在內。且台灣地方行政制度，與日本內地相較，亦別樹一格，輕自治而重官治與集權。

伍、台灣司法機關之組織與權限

一、獨立於日本內地之外的台灣司法體系

台灣司法體系的法律根據，不同於日本內地司法體系。日本明治憲法第五十七條規定：「司法權由裁判所以天皇之名依法律行使之，裁判所之構成以法律定之」。日本因此於一八九〇年公布並施行「裁判所構成法」，做為建立司法體系的依據。但這項日本法律始終未因勅令之指定而施行於台灣。存在於台灣地域的「台灣總督府法院」，除了於軍政時期係依日令（「台灣總督府法院職制」）之規定而成立外，自進入民政後，一直是以「台灣總督府法院條例」（以下簡稱「法院條例」）之律令為建構之依據。按台灣總督府法院被解釋為係明治憲法第六十條所謂的「裁別裁判所」，既然憲法明定須「特別以法律定之」，則出以具有法律效力的律令。因此，日本內地有關裁判所的法律幾乎皆未被勅令指定施行於台灣，唯一例外是「裁判所構成法戰時特例」（昭和十七年法律第六十二號，昭和十八年法律第一〇五號修正），依一九四三（昭和十八）年勅令第八十七號施行於台灣（含特例規定）。故至少從法源言，台灣與日本內地為不同的兩套司法體系。

兩地司法機關及人員之名稱亦相異。在台灣捨「裁判所」之名而稱「法院」。這雖是由於日治之初適逢軍政，不願以「裁判所」稱

呼當時的軍事法庭，故創設「法院」一詞，[73]但一直被沿襲至日治結束。至一八九六年制定法院條例時，又以「判官」、「檢察官」，稱日本法上的「判事」、「檢事」。

更具意義的是，台灣總督府法院對於台灣的民刑事案件，具有終審裁判權，不受日本內地裁判所的干涉。台灣總督府於一八九八年，原擬仿效英國的殖民地法制，提案希望使日本大審院（最高法院）對台灣總督府法院之上告（為法律審查之第三審上訴）及再審具有裁判權，但日本中央的司法大臣竟借力使力，主張將台灣司法體系一併歸司法省管理，結果台灣總督府於一八九九年撤回原案。確定地使台灣總督府法院，對於在台灣地域內所發生之民刑事訴訟案件，具有完整的司法裁判權，不受日本裁判所之干預，[74]且台灣總督府各級法院就個案為裁判時，須受到台灣最終審法院（覆審法院或高等法院上告部）所持法律見解之拘束，一套以台灣最終審法院為頂端的自主司法體系，於焉建立。[75]

正由於台灣總督府法院與日本裁判所不相隸屬，日本一九〇〇年法律第八十三號規定：關於民刑事訴訟書類之送達，調查證據，傳喚狀之執行，兩者應互相協助。一九一一年又為了謀求日本、台灣、朝鮮三地法院之互助，制定司法事務共助法。一九一八年的「共通法」第十一條也因此須規定在日本內地、朝鮮、台灣、關東州、及南洋

---

[73]　參見台灣省文獻委員會，《日據初期司法制度檔案》（台中，民國 71 年），頁 48，52。

[74]　詳見拙著，〈台灣日治時期的司法改革（上）〉，《台大法學論叢》，24 卷 2 期（民國 84 年 6 月），頁 8。

[75]　參照一九一九年台灣總督府法院條例第八條之五。並比較日本裁判所構成法第四十八條之規定。

群島任一地域內的訴訟行為，原則上在其他地域內亦有效。事實上自一八九九年之後，日本帝國議會內即一再有關於「司法共通」的議案，要求將台灣的司法事務統一於日本內地司法體系內，但即令到日治末期的一九四三年，台灣總督府依舊反對「內台司法統一」。[76]

二、台灣的司法人員

台灣總督府法院判官、檢察官之任用資格，雖略有不同但大致上與日本裁判所的判事、檢事相當。一八九六年的法院條例第四條，即已要求總督府法院之判官，須具備日本裁判所構成法所定判事資格，但至一八九八年該條例改正為止，對地方法院判官暫時不做此項要求。一八九九年勅令第三百號亦規定法院檢察官，須自具有判事檢事資格者任用之。但法院條例第七條又允許地方法院檢察官之職務，可便宜上由警部長或警部代理，此為日本內地所無。以上所稱判官及檢察官須具備日本裁判所法上判事檢事之資格，係指其必須通過司法官國家考試，再經派任為試補司法官受訓一年半。惟日本裁判所構成法對於任職大審院、控訴院之判事，亦定有特別要件（例如曾任職判事若干年）；台灣的法院條例則無類此規定，故理論上於台灣成為覆審法院或高等法院判官者，不受該裁判所構成法規定之拘束。

儘管台、日兩地判官、檢察官任用資格相似，但所享有的特別身分保障卻不相同。日本的判事，除非受刑法之宣告或懲戒之處分，或者因身體或精神衰弱致不能執行職務，經控訴院或大審院之總會為退職決議，否則不得違反其意願而為轉官、轉所、停職、免職、或減俸，俾使其判事身分受到特別的保障。但在台灣的判官，自一八九八

---

[76]　參見拙著，〈台灣日治時期的司法改革（上）〉，頁8-9。

年才僅有二種特別保障，即不得任意免官、轉官而已，甚至總督在一九一九年之前，仍對其有休職權（休職期間僅付四分之一薪水）。至於日本的檢事，至少也有不得任意免職之保障；但在台檢察官則完全付之闕如，僅有一般文官的身分保障。[77]

　　與身分保障制度相關的是，司法人員能否獨立行使其職權、不受行政機關干涉的問題。戰前日本司法裁判權的依法獨立行使，常來自於為行政機關的司法大臣，藉所謂「司法行政監督權」（含人事權）加以箝制。在台灣，亦由台灣總督府內法務部（課）主管司法行政監督事務，其對司法權獨立具有同等的威脅性。不過日本自一八九一年大津事件，大審院長兒島惟謙成功地抗拒內閣的干預後，已確立審判獨立的傳統。相反的，台灣於一八九七年高等法院長高野孟矩，為審理總督府高官涉嫌貪污案，竟遭日本內閣停職、繼以免官，司法尊嚴遭踐踏。嗣後總督府雖給予判官前述二項特別身分保障，但仍然曾以「內訓」提示判官如何行使司法權，強調司法官廳與行政官「相倚相扶」。直到一九一九年司法改革，總督休職權廢止，受內地審判獨立傳統影響的年輕法官漸多，才朝向審判獨立發展。例如一九二三年「治警事件」的第一審法官，就敢依法做出無罪判決，公然違反總督意旨。另一方面，在台檢察官之行使司法上職權，則一直受到上級檢察機關乃至行政機關（總督）的指揮監督。不過檢察官仍相當忠於法律的規定，例如戰爭時期的台灣檢察官長，仍以欠缺法律根據為由，反對在台陸軍當局擬將約二千名有影響力台灣人拘留於集中營之計

77　參見同上，頁 16-19 。又關於判官之懲戒程序，並非如日本內地之由法院自治，而由依總督任命之懲戒委員書面審理之，且不得控訴。見黃靜嘉，頁 150 。

畫。[78]

三、台灣的審級制度

一九一九年以前台、日間審級制度差異頗大。一八九五年日本取得台灣時,日本內地已因裁判所構成法之施行,將民刑案件之審判權歸屬於採行四級三審制的通常裁判所。其設有大審院、控訴院、地方裁判所、區裁判所。一般較輕微之民刑案由區裁判所擔任第一審,地方裁判所為第二審(控訴審);其他較重大民刑案則以地方裁判所擔任第一審,控訴院為第二審;但所有案件均以大審院為第三審、上告審及終審,惟危害皇室罪及內亂罪等特別以大審院為第一審及終審。[79]然而在台灣地域,軍政時期法院採一審終結。一八九六年施行民政後,雖設置地方法院、覆審法院、及高等法院,分別管轄第一審、控訴審、上告審,但隨即引進日本內地於一八九○年已廢除之「臨時法院」制度,由該法院審理之「政治性犯罪」案件,原則上為一審終結。至一八九八年又廢除高等法院使得台灣的法院體系包含二級二審(無上告審)的普通法院,以及一審終結的臨時法院(見表三Ⅰ)。[80]此外,日本內地另設有行政裁判所,但台灣因未施行行政訴訟制度亦無此類法院。

台灣法院制度經一九一九年的改革,已較接近日本內地矣。台灣總督府於一九一九年再次設立高等法院。並於其院內設置兩部(即「庭」之意),即由五位判官合議審判的「上告部」及由三位判官合

78　參見拙著,〈台灣日治時期的司法改革(上)〉,頁14-15,18-23。
79　參見裁判所構成法第十四、十六、二十六、二十七、三十七、五十條。
80　內容詳見拙著,〈台灣日治時期的司法改革(上)〉,頁4-6。

議審判的「覆審部」。原有覆審法院則廢除。高等法院上告部，管轄因不服覆審部裁判而提起之上告及抗告案件，並為最終審，另外管轄由於臨時法院之廢止而移屬之「政治性犯罪」及日本刑法上的危害皇室與內亂等罪，且均以一審終結。顯然高等法院上告部已相當於日本的大審院。職司控訴審的高等法院覆審部，則相當於日本的控訴院。而原本即擔任第一審工作的地方法院，亦規定凡依日本裁判所構成法應屬於區裁判所管轄之案件，仍僅由獨任判官裁判之，但應屬於地方裁判所管轄者，則改由三位判官合議裁判。至此，台灣的法院制度，形式上雖仍二級法院，但實質上已回復一八九六至九八年的三級三審制。[81]

　　尤其是一九二七年，地方法院正式設置「單獨部」及「合議部」。亦即將上述原由地方法院獨任判官裁判之案件，劃歸單獨部管轄，由一位判官為第一審裁判，不服其裁判者可向合議部提起控訴（第二審上訴），再有不服可向高等法院上告部提起上告；而上述原由地方法院三位判官合議裁判之案件，則劃歸合議部管轄，由三位判官合議為第一審裁判，不服其裁判者可向高等法院覆審部提起控訴、再有不服可向高等法院上告部提起上告。（見表三Ⅱ）換言之，臺灣之地方法院單獨部，相當於日本的區裁判所；地方法院合議部則相當於地方裁判所。台灣法院的「二級（四部）三審」制，事實上與日本裁判所的「四級三審」，並無不同。[82]

---

[81]　內容詳見同上，頁 9-11。

[82]　參見同上，頁 11-12。不服地方法院合議部第二審裁判而欲上告者，須向高等法院上告部為之，上引拙文誤為向覆審部提起上告，應予以更正。參照一九二七年法院條例第四條第二項之改正條文。

表三：日治時期臺灣地域法院制度（1898～1943）

Ⅰ、一八九八至一九一九：二級二審制

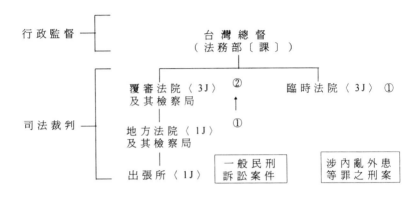

Ⅱ、一九一九至一九四三：二級（四部）三審制

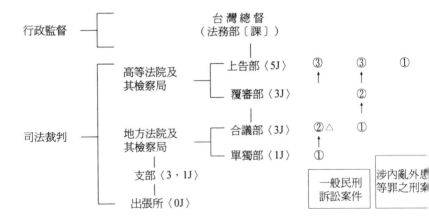

說明：〈ⅹJ〉表示由 ⅹ 位判官做成裁判，①②③分別表示第一審、第二審及第三審，△：自一九二七年施行。

　　自一九四三年二月至日治結束，由於以勅令指定「裁判所構成法戰時特例」在台施行，台灣法院與日本裁判所同步改採二審制，亦即禁止控訴只准逕行上告。且依該項特例，區裁判所事件的上告審為控訴院，故轉換至台灣法院體系後，地方法院或其支部之單獨部所為第一審判決，只得上告至高等法院覆審部。[83]

四、行政機關介入司法裁判

　　在台灣地域內，行政權竟透過兩項法律制度直接介入司法裁判工作。其一為犯罪即決制度。早在一八九六年台灣總督府即以律令第七號發布「該當拘留或科料之刑之犯罪即決例」，其要點為：(1)由警察署長及分署長或其代理官吏，以及憲兵隊長分隊長及下士於其轄區內，即決該當十日以內之拘留或一元九十五錢以下科料之刑之罪；(2)於聽取被告人陳述並調查證據後，即為宣判；(3)對即決宣判得向地方法院請求為正式的裁判。此處之「該當拘留或科料之刑之犯罪」除依各個行政法規外，大多依各縣廳的違警罪法規（如台北縣違警例），故其可謂係仿效日本內地違警罪即決例之制度而來。[84]但是，一九〇四年律令第四號發布的「犯罪即決例」，已大幅擴大行政機關即決刑事犯罪之範圍，成為台灣地域的特有制度。其要點為：(1)有即決權者為地方行政首長的廳長，但此令又規定支廳長（由警部擔任）及廳警

83　參見《台灣の委任立法制度》，附錄，頁 50；小田中聰樹，〈戰時刑事手續の特質──その形成と展開──〉，載於東京大學社會科學研究所編，《戰時日本の法體制》（東京，1979 年），頁 353。

84　參見向山寬夫，《日本統治下における台灣民族運動史》（東京，中央經濟研究所，昭和 62 年），頁 136；《律令總覽》，頁 175。明治四十一年府令五十九號、大正七年府令四十三號，皆曾公布「台灣違警例」。

部得代理廳長的即決權，故事實上係由支廳長及廳警部以廳長名義行使即決權；(2)可即決之犯罪包括①該當拘留或科料之刑之罪，②應科處主刑三月以下重禁錮之賭博罪，③應科處主刑三月以下重禁錮或百元以下罰金之違反行政諸規則之罪；(3)不用正式裁判程序，得聽取被告人陳述調查證據後，即為宣判；(4)不服即決之宣判者，得請求法院為正式裁判。據此，台灣的行政機關擁有相當大的司法審判權，廳長對於依即決程序宣告為重禁錮者，可即發交監獄執行。雖表面上受即決宣告者可向法院請求救濟，但其實例極少。[85]

　　這項嚴重侵犯司法權的犯罪即決例制度，持續地被強化。一九〇九年的改正，除配合新刑法之實施將「重禁錮」改為「懲役」外，就可即決之犯罪增加「應科處拘役或科料之刑之刑法第二〇八條之罪（暴行未至傷害，筆者註）」。一九二〇年再配合地方制度之改革，將擁有即決權者由「廳長」改為「郡守、支廳長或警察署長（按市尹無警察權，筆者註）」，而可代理行使者改為「州警視、州警部或廳警部」。至一九二七年，又把可代理行使即決權者擴及「州警部補或廳警部補」，雖然同時限制其僅能即決該當拘留或科料之刑之罪。[86]造成台灣一位中級行政（警察）官員，竟能夠僅憑單方的訊問及調查，即課人民以刑事制裁。法院就此部分的司法裁判權幾乎被架空。

　　台灣的行政權亦藉由民事爭訟調停制度插手民事裁判事務。按一九〇三年時台灣總督府曾有鑒於澎湖廳、恆春廳、及台東廳均與法院所在地距離遙遠，而考慮將小額訴訟及非訟事件委由地方行政長官的廳長掌理，且為減少訟源，擬鼓勵台灣原有慣行之民事爭訟調停，

85　其條文見《律令總覽》，頁175-176。
86　歷次改正之條文，見《律令總覽》，頁176-177。

並賦予執行力。關於由行政官廳處理民事訴訟，已明顯違反行政與司法分立原則，故遭擱置，[87]然鼓勵調停的部分則被採納。一九〇四年律令第三號因此發布「廳長處理民事爭訟調停之件」，規定上述三廳之廳長得處理民事爭訟調停、公證登記及其他非訟事件，及前兩項之執行。經調停成立的爭訟，不得以之再向法院提起訴訟。嗣於一九一二年，再將廳長處理民事爭訟調停之制度正式擴及全台，而將公證登記及其他非訟事件移歸各地方法院。[88]此時推展廳長調停制度之目的，已非當初之因應較偏遠地區交通阻隔之需要，而是著重於「減少訟源」。且在此係以行政機關為調停機關，與日本內地以裁判所為調停機關的民事調停制度有異。照說「調停」不同於「裁判」，前者須爭議雙方自願達成和解，後者則僅依裁判者之意解決紛爭。但是在台灣主持調停之地方廳內行政官員，經常利用官威逼迫爭執雙方到場協商並接受其解決方案，使得進入程序之民事爭訟大多調停成立，不得再向法院起訴。實質上等於地方行政官代替法院行使司法審判權，人民之訴訟權亦遭限制。[89]

陸、台、日「一國兩制」的歷史省思

一、台灣與日本曾存在的「一國兩制」

　　由於在種族、文化上原本即有差異，復以血腥鎮壓與武裝反抗開啟新的統治，即刻將台灣編入日本統一的法政秩序內顯有困難。

---

[87]　參見《日據初期司法制度檔案》，頁 787-791。

[88]　其條文，見《律令總覽》，頁 161-162。

[89]　參見向山寬夫，頁 136；《台灣省通志稿卷三政事志司法篇》，第二冊，頁 205-215。

日本政府於是先以異於內地的統治方式治理台灣,其表現於法律制度上者,即是將台灣地域當成一個特別法域,使台灣與日本內地雖同處一國之領域內,但分處不同的法制底下,臺灣有自己獨特的法源內容、行政制度、及司法體系。簡言之,當時的臺灣與日本實屬「一國兩制」,臺灣為一國兩制下的一個特別法域。

內地延長主義即欲突破除一國兩制之現狀。至日治後期,於法源上內地延長主義頗有斬獲,台、日屬於同一法域之事項,由於日本法律大量的依勅令施行於臺灣,而逐漸增多。於行政制度上,為臺灣中央行政官廳的總督府,雖被取消軍令權,但是其在臺灣地域內仍實質上行使各省國務大臣之職權,亦可制定具有與帝國議會之法律同等效力的律令。故僅可在臺灣地方行政官廳,看到較多內地延長主義的影響,但臺灣地方制度上的官治為主、集權主義等,亦與內地不同。至於司法上,終日治五十年之間,內外地司法不能共通。臺灣的司法體系,雖然內涵上頗似日本內地制度,但究竟是一個獨立自足的封閉體系,與日本裁判所系統並無聯繫。可見內地延長主義,固然是強調「統一」之帝國中央政府的目標,但台灣當地政府及台灣實際的政治、經社條件,總會抗拒「統一」而支持「兩制」的存在。

對於今日大多數的台灣人民,在中國本位的歷史教育下,日治時期早已是一段被遺忘的歷史,日治時期台灣曾經有的「一國兩制」,更是被摒棄於歷史記憶之外,甚至當外來強權為併吞台灣而祭出「一國兩制」的亡魂時,猶不自知。

二、今日與臺灣相關之「一國兩制」概念

臺灣現行的法律體制即存在一個「泡沫的一國兩制」。依目前

仍有效施行於臺灣的中華民國法律體制,中華民國領土為包括外蒙古在內的中國大陸及台灣(台澎金馬),故台灣(台澎金馬)只是這個國家中的一個地區,稱「台灣地區」,其餘以中國內地為主的領土,稱「大陸地區」。正因為一國之內兩地區法律不同,才需要制定地位類似日治時期「共通法」的「台灣地區與大陸地區人民關係條例」。但事實上施行於大陸地區的法律是不是中華民國的法律呢?不是,乃是中華人民共和國之法律,故實質上為「兩國兩制」,只不過因中華民國法上認為有一個事實已不存在的「大陸地區」,使得台灣只是一國中之一部份,其實施著與他部份不同的法制,成為一個「泡沫國家」中的特別法域。此種泡沫式的「一國兩制」其實只是為了那個虛幻的「泡沫母國」而存在,卻使台灣人民的國家認同模糊,努力方向迷惘。

　　另一個威脅台灣人民幸福之「一國兩制」的概念,乃中華人民共和國為了併吞它事實上不曾一刻統治過的台灣而提出的。中華人民共和國的「一國兩制」,是指在一個以社會主義為主體的單一制國家內,暫時局部保留一時無法過渡的資本主義制度。目前其擬以之兼併香港澳門,而下一個對象則將是實施著資本主義法律制度的台灣。[90]中共「一國兩制」統治政策,目前在法律上的實踐,即是於其憲法中設第三十一條:「國家在必要時得設立特別行政區。在特別行政區內實行的制定....以法律定之」,並制定「香港特別行政區基本法」,做為香港地方行政區域在立法、行政、司法運作上的基本法律規範。其性質類似日本治台初期所擬制定的增修憲法第七十六條及「台灣統

---

[90]　參見王泰銓,《香港基本法》(台北:三民,民國84年),頁10-11。以下有關中共一國兩制之討論,亦多參考該書。

治法」。假如中國政府確實以香港之例做爲對台灣的示範動作，則台灣人民似乎應該從自己被日本統治的經驗中，去思考中國版的「一國兩制」能否接受？尤其當「內地延長主義」實際上代表著社會主義制度的延長，台灣人民如何自處？一旦台灣與中國成爲「一國」，還能有多久的「兩制」？

三、既需「兩制」何必「一國」？

　　台灣在過去數百年裡受國際地緣政治的影響，總身不由己的被納入某一國之內。將近四百年前，來自歐洲的荷蘭共和國爲了取得與中國（明朝）貿易的基地，而將原本優游於東亞大陸與太平洋之間、居住著與人無爭的原住民的美麗島嶼—台灣，納入其國家領域。從此，台灣由於地緣之故，被動地捲入東亞霸權爭奪戰當中。一六六二年，縱橫台灣海峽之由華人組成的鄭氏王朝，爲了待機攻取中國大陸而自荷蘭手中獲得此戰略要地。一六八三年，中國（清朝）政權於解除存在於台灣之鄭氏武裝反對勢力後，原無意經營此海中小島，但爲了屏障其東南數省免受海上勢力侵擾，始在次年將台灣納入版圖。十九世紀末，新興的日本帝國自清朝中國取得台灣的主權，並藉著台灣的地理位置積極向中國華南及東南亞擴展勢力。一九四五年世界大戰結束，習於陸戰的中國，於接替日本成爲東亞強權的同時，將台灣納入其領域，以防範海權國家再藉該島威脅中國。不料，一九五〇年韓戰爆發以後，做爲太平洋海上霸權的美國，爲了利用台灣作爲圍堵共產黨中國的「馬前卒」，庇蔭美國及其盟邦日本在此區域的利益，乃強力支持自中國內戰敗北逃至台灣的蔣氏國民黨政府。國民黨政府亦因此得以繼續宣稱台灣僅是那個包括中國大陸在內的泡沫式中華民國

的一部分，以驅使台灣本地人爲其「反攻大陸」（若台灣爲獨立國，則非「反攻大陸」而係「侵略中國」）。而中華人民共和國，起初爲了消滅殘存於台灣的蔣氏武裝反對勢力，如今則擬以台灣作爲下個世紀中國爭霸世界的前哨站，亦不斷的宣稱台灣爲該國的一部分。

可見，昔之日本、今之中國雖然皆承認其與台灣確實存在差異故有「兩制」的必要，但爲了把台灣當做遂行己國利益的工具，仍意圖霸道地加以併吞爲「一國」，再處心積慮地「內地延長」。台灣島上的人民因此一會兒是「日本人」，一會兒是「中國人」。而所謂「中國人」，究竟是哪「一國」的「人」？「中華民國人」或「中華人民共和國人」？亦令人困惑。雖然世界上的人們都知道這個美麗的島嶼叫「台灣」，但島嶼上的統治者卻總是要在「台灣」的後面加上「地域」或「地區」，從來不願加上「國」這個字。

從台灣人民的觀點，在需要「兩制」的現實底下應否合爲「一國」，必須由台灣人民基於自身整體利益的考量而爲決定。雖因存在種種差異性而須「兩制」，但仍不排除屬「一國」的可能性。一九二〇年代及三〇年前半期，許多台灣人知識份子希望藉由「台灣議會」的設置追求台灣殖民地自治，雖其要求的制度內涵與日本政府所施行者不同，但仍是立基於「一國兩制」的維持上，並未要求台灣與日本各爲「一國」。這是那一代台灣人，本於當時情勢的判斷所爲的選擇。那麼，我們這一代台灣人，又應該做什麼樣的選擇呢？回顧台灣百年來法律史，日治時期的「一國兩制」，使台灣的立法、行政、司法皆具備相當的獨立性，已爲建立一個獨立國家的法律體系奠定基礎，就如同戰後許多脫離殖民地統治的獨立國家一樣。且一九四九年以後，台灣事實上以中華民國爲國號，單獨做爲一個主權獨立的國家而存

在，亦已經歷四十七年。在客觀條件上，已足以將台灣的「一制」提升為「一國」法律體系。且為了解除鄰近國家擔心台灣若落入其敵對國家手中可能導致的安全顧慮，應促成彼等承認台灣為一個永久中立國，俾使諸強權都不必再汲汲於運用「兩制」的方法將台灣納入其「一國」之中，台灣得以回復數百年前在亞太地區的和平中立。未來一代的台灣人，當然也可以基於其利益衡量，再次就「兩制」選擇是否合併為「一國」。在此所反對的是，那種以「台灣是某國神聖不可分領土」為由，全然漠視土地上人民之意願，「指腹為婚」式的合併要求。

今天的台灣人民，是否已認真的思考過以台灣做為一個國家，建立屬於自己的獨立法律體系呢？對於不合理的「一國兩制」，我們當然可以說不！

柒、結論

日本領台之初，即致力於在日本憲政體制底下，建構一套足以實現殖民統治政策的台灣法制。雖一部規範在台灣各項權力作用的台灣基本法終未頒行，但規範台灣立法事項的六三法仍然創設了台灣特有的總督律令制定權，配合以勅令賦予台灣總督政、軍大權，及依律令設立的台灣總督府法院，台灣已成為日本帝國內的一個特別法域，以遂行殖民地的特別統治。其後代表「離心」的特別統治主義，與代表「向心」的內地延長主義，仍繼續對台灣基本法制的走向進行角力。雖曾有藉修憲以排除憲法之適用於台灣並制定台灣基本法之議，亦有全面的以中央勅令代替台灣當局律令的主張。一九二〇年代以後，內地延長主義的聲浪固然為主流，但台灣總督仍擁有律令制定權，只

不過在行使上增設限制要件；且尤要者，台灣爲特別法域依舊不變。換言之，日治五十年中，台灣與日本雖同爲一國，但分屬兩個不同的法制。

　　台灣法制之與日本內地不同，首先表現在立法形式及內容上的相異。日本內地的法律，須經施行勅令的指定始在台灣生效。在日治前期，施行於台灣的日本法律數量不多，至日治後期雖已數量大增，但透過特例勅令的制定，在台生效的內容可能已經爲配合台灣特有情事而做修改。日本中央政府的勅令，則大多效力及於台灣。至於最易於顯現台灣獨特性的律令，在日治前期係台灣主要的法源種類，到了後期雖已較前期爲少但仍相當活躍，尤其是二次大戰期間。日本中央的閣令及省令，很少有效力及於台灣者，在台灣是由府令擔當閣令及省令的角色與功能。台灣的法源尙有州令、廳令、訓令、日令，以及可謂爲間接法源的習慣、法理與判例。

　　台灣總督府雖是日本帝國內一個地方行政官廳，但它不同於日本內地府縣之須就各個事項受中央各相關省大臣的指揮監督，而可概括地統轄台灣地域內的一切政務（在台灣其權限相當於各省之大臣），甚至包含軍事權。不過，總督府仍須受日本中央內閣的監督，並執行帝國的殖民統治政策。在台灣，總督府即是中央行政機關，直接指揮監督州廳等地方行政機關。在台灣的地方制度比日本內地更具有集權、官治的性質。於一九二〇年以後，才略具地方公共團體的雛形。迨一九三五年以後，州、市、街、庄雖各爲法人，但其首長係官派。州會市會固爲決議機關，街庄協議會則非。且州會市會街庄協議會的成員，只一半是民選，並採限制選舉制。另外，廳仍僅地方公共團體而已。凡此皆與日本內地不同。

　　台灣地域擁有一個獨立於日本內地之外的司法體系。台灣總督府法院對於台灣的民刑事案件,具有終審裁判權。由於台灣法院與日本裁判所不相隸屬,兩者乃有司法協助及訴訟行為相互承認的必要。台、日兩地判官、檢察官的任用資格相似,但在台司法官的身份保障,卻較遜於在日本的司法官。至於台灣法院審級制度,在一九一九年之前,雖因大致上採二審制而與日本不同,但此後已實質上與日本的三審制無異。台灣司法制度內涵中與日本最大的差別,即是台灣的行政機關透過犯罪即決制及民事爭訟調停制,竟某程度介入司法裁判工作。

　　上述台、日兩地立法、行政、司法上的差異,充分說明當時「一國兩制」的性格。終日本治台之世,雖帝國中央政府以「統一」為目標,但台灣當地政府及實際的政經社條件總是抗拒「統一」而尋求「兩制」。今天台灣在中華民國法律體制裡,仍僅是一個有別於「大陸地區」的「台灣地區」,而在法律形式上出現泡沫式的「一國兩制」。但相對更重要的是,島外的強權—中國,竟擬以「一國兩制」的方案併吞台灣。假如過去日本的一國兩制,帶給台灣人民的只是不頂愉快的經驗,社會主義中國的一國兩制,就能夠為台灣人民帶來幸福嗎?今之中國既然跟昔之日本同樣承認其與台灣有「兩制」的必要,為什麼不能讓彼此的關係成為「兩國」呢?台灣人民應有選擇究竟要建立一個獨立的國家,或者成為「兩制」底下的一個「地區」。

附記:原發表於一九九五年十一月四日,並經收錄於台灣法學會編,《台灣法制一百年論文集》(台北:自刊,1996年),頁129-177。

日本殖民統治下台灣的法律改革

壹、引言

　　日本殖民統治的五十年，是台灣社會繼受近代西方法的關鍵年代。一八九五年以後，日本政府隨著其在台灣統治權的逐漸穩固，而將日本繼受自歐陸的法律制度依次施行於台灣社會，使原屬傳統中國法律文化圈內的台灣社會受到重大的衝擊，開始嘗試接受西方式的法律制度，這項努力一直延續到一百年後的今天，仍在進行。因此，欲解析今日台灣社會繼受西方法的情形，必須先知悉台灣社會於日治五十年中，究竟已繼受多少西方式法律。

　　本文即旨在討論究竟日本治台五十年中，臺灣社會在何等範圍內已接受近代西方式法律，以取代原本傳統中國式法律？為探索此項問題，應檢討當時臺灣殖民地立法上，有多少近代西方法已為國家實定法所擇取。而這些在立法上已被採行的西式法律，必須通過近代司法機關的執行，才能逐漸滲透入社會，為一般人們所接受，因此必須進而討論殖民地司法制度及其運作。接著就可分刑事司法及民事司法

，觀察臺灣社會對於西方式法律的接受程度。最後則對這項由日本主導的法律改革加以評價，並闡釋其對爾後臺灣法律發展的影響。

貳、歷史背景

於討論日本如何在臺灣施行西方式法律之前，吾人應先了解臺灣社會於十九世紀末在大清帝國統治下所形成的法律文化及社會秩序，因爲近代西方法必須在這個基礎上開始在臺灣發展。同時對於做爲臺灣新統治者的日本帝國，於領台之前在本土已進行二十幾年的西方化法制工作，亦應有所認識，到底統治者不可能超越其既有的西化經驗而在臺灣實施西方法。

滿清官府的法律，事實上並未爲臺灣移民社會所尊重。在清帝國統治台灣的二一二年中，於絕大多數的時間裏，官府皆是基於「爲防臺而治臺」的統治政策，制定施行於臺灣之法律，例如禁止或限制漢人移民臺灣、入山墾荒等等。且傳統中國官府法律原係以統治者利益爲最終追求目標，故臺灣移民社會的需要並未被充分考量。復以清帝在臺官吏大多腐敗無能，官府禁令殆成具文。[1]其結果人民蔑視官

---

[1] 參見戴炎輝，《清代台灣之鄉治》(台北：聯經，1979 年)，頁 273-287。晚近有作者根據淡新檔案中若干案例，推論出清朝在台法律及衙門成功地擔當著整合不同族群、連結政府與社會、促進傳統社會制度之形成等功能。見 M. Allee, *Law and Local Society in Late Imperial China-Northern Taiwan in the Nineteenth Century*,(Stanford, Ca.： Stanford University Press, 1994)，p.259。惟筆者認為該書所引證之數案例，只是淡新檔案中的少數案例，並不具「代表性」。依筆者閱讀淡新檔案之經驗，多數的案件係以和息或不了了之結案，縣官以堂諭決案者並不多。此外，僅以已進入衙門審問之紛爭為依據，能否了解當時民間社會就紛爭解決之基本態度，仍不無疑問。

府之法，社會秩序動盪不安，盜匪橫行；分類械鬥層出不窮，漢人移民尚未在臺灣發展出共同的一體感；且基於對官府的不滿而發動民變，竟成爲臺灣政治文化的傳統。另一方面來自中國大陸福建、廣東兩地的這些漢人移民，亦自家鄉移來其固有的習慣以規範土地關係及解決社會紛爭。唯臺灣的經濟型態與社會領導階層結構，仍有異於中國內地的大多數地域。[2]

在十九世紀末，亞非兩地人民已無可避免地必須接受西方人的法律觀念，而大清帝國對臺灣的弱勢統治，實令人難以期待其能在臺灣有效施行新的且外來的西方式法律。歷史的偶然使得領導臺灣社會進行法制西方化之工作，落入當時剛崛起的日本帝國手中。

雖然日本在十九世紀末已完成西方式法典，但西方法對日本人而言仍屬外來的陌生法律。一八七〇年代初期，日本明治政府一方面爲培育西方式資本主義制度，且更重要的，爲廢除西方列強的領事裁判權，決定制定西方式法典，故此項改革乃出於國家政策上之需要，而非由於社會自然發展的結果。[3]日本係以漸進方式西方化其法律，其從準備採用西方法到一八九〇年大致上完成西方式成文法典，歷時約二十年。在具體決定何項西方法應納入日本法典，明治政府係以統治集團的利益爲最高方針。[4]例如雖然公布西方式刑法及刑事訴訟法

---

[2]　清治末期的台灣，已略具商品農業經濟雛型，種植如甘蔗、茶等作物，異於中國內地自給自足式的農業生產。又台灣社會由於是由新移民開建而成，傳統中國士紳階層之勢力，在台灣社會裏不如其於中國內地社會那般強大。

[3]　參見 Noda, *Introduction to Japanese Law*, (trans. A. Angelo, Tokyo:University of Tokyo Press, 1976), pp. 42, 62 。

[4]　參見福島正夫，〈法の繼受と社會＝經濟の近代化(一)〉，《比較法學》，

典以裝飾門面,卻同時制定不少以傳統高壓政治爲基調的刑事特別法。不過基於固有的對上位者權威之服從,[5]日本人民仍對官府法律(國家實定法)大多能遵從,而不問其合理性的基礎。然而各種西方式法典之被制定,並不意味著其在日本社會已如同在西方社會一般地運行,且日本明治政府領導人本身事實上仍深受傳統中國法律思想所影響。

參、殖民地立法上的繼受西方法

在臺灣殖民地立法制度上,總督具有相當大的立法權。一八九五年日本帝國占領臺灣時,尚未確定應由何機關擁有對臺灣之立法權力,以及應在臺灣施行何種內容之法律。但臺灣人激烈的武裝抗日,使日本國會不得不在一八九六年通過「六三法」,把國會對臺灣的立法權力,委任給駐地的總督。亦即臺灣總督經中央行政機關之核准所發布之「律令」,在臺灣具有與日本國會所制定之法律同等效力。因此引發了六三法是否違反明治憲法之爭論,此項疑義在法理上固有許多不同的解釋方式,但其實際上的爭執點在於究應由日本中央議會或臺灣總督府擁有對臺灣的立法權,故本質上係政治問題,近代西方法學理論多少只被利用爲政爭的合理性工具而已。六三法只延續十年,一九〇六年日本國會制定「三一法」,但其仍維繫六三法的基本架構。直到一九二一年,當日本議會力量抬頭時,新制定的「法三號」,才在法律上削弱臺灣總督的立法權力。

---

4 卷 1 期(1969 年 2 月),頁 21。

5 　參見 Noda , pp. 13,15。

　　但在法三號生效後，臺灣總督的立法權仍頗具影響力。按日本中央行政機關，原本依六三法或三一法即可發布勅令指定某日本國會所制定之法律施行於臺灣，但實際上此類「施行勅令」數目不多，今法三號僅特別將規範施行勅令的規定移至第一條以表重視之意，且在同條創設了「特例勅令」，授權中央行政機關，於指定某日本內地之法律施行於臺灣時，得就該項法律制定僅施行於臺灣之特別規定。而總督僅得於內地沒有相當的法律或難以用發布特例勅令之方式施行於臺灣，且有反映臺灣特殊情況之必要時，才可制定律令規範在臺灣的法律事項。雖然名義上改由中央行政機關擁有更多殖民地立法權，但因爲依中央政府之閣議，是否直接在臺灣施行某一日本內地法律，須由臺灣總督申報或經照會臺灣總督。[6]依臺灣總督府內部檔案顯示，擬指定何日本法律施行於臺灣、擬制定何「特例勅令」，多由總督府說明理由報請中央正式發布勅令，其程序與總督府之將其「律令案」呈報中央核准並無兩樣。[7]

　　總之，在程序上臺灣殖民地之立法係由日本中央政府先確立整個殖民地統治政策之大方向，再透過其總督任命權及行政監督權，令臺灣總督依據此項政策具體的擬定殖民地的立法內容。

　　依上述立法程序決定出什麼樣的實質內容呢？就此可大致分爲「殖民地特別法爲主」(1895-1922)及「日本內地法爲主」(1923-1945)兩個時期。經過前三年的實驗階段，自一八九八年兒玉-後藤政府正

6　　參見台灣總督府官房審議室，《律令制度ノ沿革》(台北，1940年)，頁332-333。

7　　例如參見台灣省文獻委員會收藏，《台灣總督府公文類纂》(尚未出版)，永久保存第一四〇卷，第六門，司法，第四、五、六件。

式確立臺灣的法律制度應屬殖民地法制之一。於是相對於在內地的日本法，在臺灣施行許多「殖民地特別法」。[8]殖民地特別法之內容大多沿襲傳統中國法、西方殖民地法律、或日本固有但已廢除之制度。在刑事上，一如多數西方帝國主義者之積極規制殖民地刑事司法，日本自統治初期即「依用」日本帝國刑法，[9]而將西方式刑法典首度引進臺灣社會，但如同日本明治改革，許多具高壓統治性質的刑事特別法亦同時被採行。就臺灣人之民事關係，亦依從多數西方殖民帝國之原則上採放任主義，除土地關係外大多仍依臺灣舊習慣規範之。[10]臺灣社會自此正式開始接觸西方式程序法，唯嗣後臺灣總督府又制定若干特別法，以削減西式訴訟程序中若干關於人權保障的規定。[11]不過無論如何，這些殖民地特別法，皆已被納入整個日本歐陸式法律體制中，業已或多或少繼受西方式法律制度。

在日治後期，由於日本內地法律的大量施行於台灣，使西方式法律廣佈於台灣殖民地立法中。一九一九年因全球性民族自決思潮風起雲湧及朝鮮三一獨立事件的刺激，日本文人內閣想藉實施相同制度之方式使殖民地人民逐漸融入日本帝國，以謀根本消弭其自決或獨立的念頭，故高倡「內地法延長主義」，擬將日本內地法律之效力儘量

---

[8]　這些特別法固然多係以律令的方式發布，但律令亦可以實質上採用日本內地法之內容，故律令不等於殖民地特別法。

[9]　明治二九年律令第四號。

[10]　例如明治三一年律令第八號「有關民事商事及刑事之律令」、第九號「有關民事商事及刑事之律令施行規則」、第十四號「台灣土地調查規則」，明治三八年律令第三號「台灣土地登記規則」、明治四一年律令第十一號「台灣民事令」。

[11]　例如明治三八年律令第十號「刑事訴訟特別手續」。

延長至殖民地,迨一九三〇年代日本軍國主義勢力日愈高漲,爲凝聚殖民地人力物力以便於動員,在「皇民化」、「一視同仁」的口號中,「內地法延長」之原則仍被延續。因此已繼受西方法的日本內地法典,得以隨著被施行於台灣。例如自一九二三年一月一日起日本民法(親屬繼承編除外)與日本民事訴訟法直接適用於臺灣,而日本刑事訴訟法亦配合其修改自一九二四年一月一日直接適用於臺灣。[12]但日本刑法並未直接適用,仍依律令方式用日本刑法,以保持以律令所制定的若干特別刑法(例如匪徒刑罰令)。尤其自一九三八年,臺灣亦跟著日本進入戰時法體制。日本內地各種戰時法,或直接適用於臺灣或透過總督府的律令施行於臺灣,以致自由、人權等西方理念,又遠離台灣社會。

　　一如明治改革經驗,日本在臺灣的法律改革,亦係以政府利益取向爲基調,例如自一八九八年至一九〇二年整個殖民地施政重心在剷除反日武裝力量,爲此,臺灣總督府恢復傳統中國的保甲,制定漠視西方罪刑法定主義的匪徒刑罰令,削弱對匪徒罪嫌疑人在刑事程序上之保障等。[13]民事上對土地權利關係的釐清亦是爲了在臺灣發展日本帝國之資本主義。[14]事實上以政府利益爲取向並不全然等於以日本人利益爲取向,總督府仍以「保安規則」、「新聞紙規則」等鎮壓在臺日人。[15]

12　大正十一年勅令第四〇六號、四〇七號,大正十二年勅令第五二六號。

13　明治三一年律令第二一號「保甲條例」、律令第二三號(關於臨時法院所審理之匪徒罪廢除上訴及再審程序)、緊急律令第二十四號「匪徒刑罰令」。

14　參見向山寬夫,《日本統治下における台灣民族運動史》(東京:中央經濟研究所,1987年),頁 327-328。

15　明治三三年律令第三號「台灣新聞紙條例」、律令第二一號「台灣保安規

　　面對日本帝國這種以政府利益爲終極目標的法律改革，第一代
受西式教育的臺灣人知識分子起而爭取殖民地的立法權力。在一九二
〇年代初期受近代西方思想影響的臺灣漢人知識分子(泉、漳、客)將
自己定位爲「被日本殖民統治的臺灣人」，且在法律上臺灣漢人移民
亦被歸類爲「本島人」，於是「本島人意識」或「臺灣人意識」逐漸
形成，就如同多數亞非殖民地一樣，多數臺灣人知識分子基於「臺灣
是臺灣人的臺灣」這種國民主義(nationalism)思想，追求殖民地的自
治，推動臺灣議會設置請願運動，爭取「全體臺灣人」在日本帝國主
權下的自治立法權。[16]另一方面，基於西方自由主義思想，一部分臺
灣人知識分子亦不排斥單純以大日本的構成一分子的身分，爭取「個
別臺灣人」的參政權(立法權)。

　　當時臺灣社會多數的知識分子原則上傾向於支持近代西方法制
，但是對於應以制定成文法典或以法院的判例法來引進西方法尚有
異見。尤有甚者，雖然眾人咸認臺灣舊習慣中「違反公序良俗」者應
廢除，但是以新的(西方的)價值觀爲基準何種舊有價值觀構成「違反
公序良俗」，仍屬見仁見智的問題(例如妾制度)。[17]由於臺灣人知識
分子對反對運動路線的分歧，以及日本大正民主時代的結束，臺灣人
爭取殖民地立法權力的運動終歸失敗，但不容否認，西方思潮已因此
某程度滲透入臺灣人社會。

則」。

16　其一般性介紹，請參閱周婉窈，《日據時代的台灣議會設置請願運動》(台
　　北：自立報社，1989 年)。

17　例如鄭松筠偏好採用習慣法(判例法)，而林呈祿認爲可以法典「超前立法」
　　。同樣的，前者對妾制度尚抱有溫情主義，後者則主張一概廢止。

肆、殖民地的近代司法

　　若無西方式司法機關的執行，則前述立法上已制定的西方式法律，亦不過具文而已，不能影響台灣社會。臺灣總督府於一八九六年五月首次在臺灣建立西方式普通法院，採三級三審制，並由法務部負責司法行政監督。一八九八年兒玉政府改造殖民地法院為二級二審，直至一九一九年的司法改革才又恢復三審制，一九二七年以後則實質上已與日本內地同採四級三審制。且在臺灣的司法制度一直以「殖民地特別體制」的形式存在，不適用日本的裁判所構成法。故在台案件的最終審，不在東京的大審院，而在台灣的覆審法院或高等法院，使台灣各級法院組成一個自足的獨立體系。

　　西方式司法的特徵在於司法權係獨立於行政權之外，而司法能否獨立又涉及司法人員之身分保障。自一八九八年起在臺灣的法官才有不得任意免職、轉官之保障，但仍沒有日本內地法官擁有的不得任意轉所、停職、減俸之保障，且臺灣總督對法官有休職權。自一九一九年起總督休職權被廢除，但在臺灣的法官仍僅有不得任意免職、轉官此二項身分保障。惟在台任職法官者，基於日本既有的獨立審判傳統，面對此不利的制度，仍有一部分法官堅持司法獨立，例如一九二三年臺灣議會事件(俗稱治警事件)的地方法院日本人法官，即宣判涉嫌之臺灣人異議分子無罪。至於在臺灣的檢察官始終無內地檢察官之不得任意免職之保障，事實上在一九四〇年代，檢察官對政治犯之起訴與否仍應受總督指揮。

　　雖有西式法院制度及相當獨立的司法權系統，仍需有普及的法院建築及合格的司法人員來運作。日本人絕不吝嗇於興建代表國家權威的法院，不但建築壯麗且分布全臺。早期為節省經費有時允許警部

代行檢察官職務,但在後期已無此現象。自一九一九年後臺灣的法官、檢察官人數一直上升,但其與人口之比率仍低於日本內地。

　　直接與人民接觸的法律專業人員(法官、檢察官、律師)的能力與操守,更是決定這套西式法院制度能否為台灣社會接受之重要因素。在日本時代,臺灣人並非不能接受法學教育,法律上亦允許其參加司法官或律師考試,但整個殖民教育及任官升遷上的事實上不平等待遇,使為數不少的臺灣法律人,僅出身帝國大學法科者,才較有機會成為法官,尤其無任何一位臺灣人可以在臺灣擔任檢察官,相對的臺灣法律人較多從事律師工作。既然絕大多數法官檢察官係日本人,源於語言障礙所造成之真實發見上困難殆不可免,但是由於日本人用心的調查及整理臺灣舊習慣以做為辦案的基礎,其審判品質並不低。尤其,日本時代司法人員幾乎皆清廉不貪污,足以維繫其司法公信力。在律師方面,在早期雖然沒有臺灣人律師,但臺灣人並不排斥使用日籍律師,自一九二〇年代以後臺灣人律師逐漸增多,臺灣人更易於使用為傳統中國所無的西式律師制度。

　　由於西式法院乃不告不理,若人民不利用法院解決民事紛爭或刑事案件竟不由法院審判,則法院即使有再好的制度與人員,亦不能透過西方式法律之適用而改變社會中人們的法律觀念。日本在臺灣殖民地有二項特別制度,相當程度的遮斷人民使用西式法院的機會。在民事上,地方行政機關擁有名為調解實為審判之民事調停權,為調停之行政官員事實上多依「情理」而非西方式民法裁決;在刑事上,警察官對於一定的輕犯罪擁有審判權,此稱為犯罪即決制度。[18]就臺灣

---

[18]　參見台灣省文獻委員會,《台灣省通志稿卷三政事志司法篇,第二冊》(台中,1960年),頁205-212,340-342。

人民事紛爭的解決，在早期行政調停較常被利用，但是自一九二〇年代以後使用西式法院已成爲主流。而在法院中所適用者，即爲日本繼受自歐陸的民商法典。此外，自一九二〇年代初至一九三〇年代中期，臺灣人的民事訴訟案件的大增的可能原因之一，是臺灣人發動民事訴訟(當原告)而得勝訴的比率增約10%，這亦反映了臺灣人漸能了解西方式法院及其所適用的民商事法律。另一方面，刑事案件則始終以由犯罪即決官署審判者占多數，除了在一九二〇年代即決案件較爲減少外，在日本統治前期及晚期，平均若有一件刑案經由法院程序訴追，則已有六件刑案係由犯罪即決官署(警察官)裁決。犯罪即決制度的氾濫實不利於西方式刑事訴訟程序之推展。

伍、刑事司法與變遷中的社會

在刑事司法上，日本殖民地統治者的第一要務爲建立近代法上國家權威，由國家獨享刑罰權。對於日本人想建立的近代國家統治秩序，原不太爲官府權威所支配的臺灣社會自然有所反抗。自一八九五年至一九〇二年間，許多臺灣的地方豪強以武裝反抗表達對新來政府的不滿，其多少仍屬清代民變的延長；日本政權對其亦以軍事鎮壓爲主，司法制裁爲輔，但大多數政治犯案件其實係由普通法院而非臨時法院審理。一九〇七年至一九一六年仍有零星的武裝抗日事件，但反抗者仍多囿於改朝換代的封建觀念，而非出自近代的國民主義；此時日本統治當局大多以臨時法院嚴厲的處罰反抗日本國家權威者。自一九一四年之同化會設立至一九三七年之所有臺灣人異議團體瓦解爲止，臺灣人有史以來第一次以合法的手段反抗政府。在一九二〇年代大多數受西式教育的臺灣人異議分子已承認建立近代國家權威的必

要性,但擬在法律體制內,以非武力的方法,追求殖民地自治。日本
當局相對的改以各式各樣的刑事法律對付之,其包括專門規範政治犯
者(如治安維持法、治安警察法、出版規則),以及原爲規範普通人之
一般犯罪者(如妨害公務、搶奪、違警罪)。舉一九二〇年代後期農民
運動爲例,其實只約 25%係以前者爲依據加以檢舉。並且在本時期
對政治犯之處罰相對的較輕於前面兩時期,甚至就政治犯的人數而言
,臺灣較日本內地或朝鮮爲少。[19]一九三七年至一九四五年間,事實
上在臺灣島內已幾乎不見公開反對日本政府者,但殖民地警察仍羅織
若干政治犯案件。

　　日本統治當局對一般犯罪的壓制,係於一九〇二年國家統治秩
序已鞏固之後,始將其列爲施政重心,以謀建立社會秩序。在一九〇
三年至一九〇九年之間,臺灣總督府設計出一套由法院制度、犯罪即
決制度及浮浪者取締制度構成之「犯罪控制體系」。殖民地警察在地
方保甲長協助下擔任犯罪偵查的第一線,所涉嫌之犯罪若屬違警罪、
刑度較輕之賭博或暴行罪、以及刑度較輕之行政規則違反等,可送至
即決官署,由警察官逕爲審判。若屬一般刑事法犯或刑度較重的特別
法犯者,則應送由屬於法院制度的檢察官續行偵查,凡經檢察官起訴

---

[19]　按戰前日本係以治安維持法懲罰政治性犯罪,若將涉嫌觸犯該法者視爲政
　　　治犯,則在 1931 至 1940 此期間內,於日本內地涉嫌觸犯該法者有 50,617
　　　人,於台灣則只有 856 人。若考慮到當時日本內地與台灣的人口比例爲
　　　13.3:1,而將 856 乘以 13.3,亦僅得出 11,385,比日本內地之約五萬人少
　　　許多。筆者認爲此現象應歸因於日本在台警察政治及威嚇統治的成功。參
　　　閱 Richard H. Mitchell, *Thought Control in Prewar Japan,* (Ithaca:Cornell
　　　University Press, 1976), p.142 table 1 ;台灣總督府警務局,《台灣總督府警
　　　察沿革誌,第二編:領臺以後の治安狀況(下卷)》(台北,1942 年),頁 287
　　　。

者，再由法官爲審判。至於並未涉嫌犯罪但爲地方行政長官(實際上由警察機關)認定係無業遊民有害公安之虞者，在經總督之核可後，即送浮浪者收容所強制勞動一至三年。這套犯罪控制體系，一直沿用至日本統治之結束，縱令在第二次世界大戰期間，亦未曾宣告戒嚴改由軍事機關處理刑案。

　　日本統治下臺灣社會的犯罪狀況，因之有異於清代臺灣。在國家公權力的強力介入下，以欠缺人權保障爲代價，清代臺灣社會的三大禍源：盜匪、械鬥、民變已逐漸被控制或消弭。以強盜爲例，日本政府於統治初期鎮壓政治性「土匪」之同時，亦消滅了真正的土匪，自一九一六年開始匪徒刑罰令已不再適用，且一直至一九三〇年代，每年強盜罪案件皆很少。但是就輕微的犯罪，例如竊盜，其實在日本統治時並沒有明顯減少，而且各種行政刑罰多如牛毛，故整個臺灣人的犯罪率，在日治後期係較前期爲高，呈現出「大罪不犯小罪不斷」的犯罪狀況。

　　在此犯罪狀況改變的過程中，西方式的刑事法律，已逐漸爲臺灣人所知悉。

　　１．按罪刑法定原則係由近代西方爲保障個人不受國家(政府)恣意侵害所發展而成，爲傳統中華帝國之以法爲統治工具者所無。日本統治當局在早期並不理會此西方法原則(例如匪徒刑罰令之刑罰溯及既往)，但是逐漸的其在形式上已遵守此項原則，雖然爲了「法有明文」，總督府預先頒行各式各樣的處罰規定，且喜好用不確定法律概念，漠視構成要件之明確性。

　　２．西方法認爲人(審判官)既不能探求絕對的事實真象，必須透過「正當程序」確保一個最接近真實的正義，人民有權拒絕不經正當

程序的逮捕拘禁審判;傳統中國法律思想則認為一個有能力的官吏可以依其經驗與技巧探求出絕對的真實(是以誤判要受罰),因此法典上雖有規定審問程序,但其並不用於確保個案正義,被告無從知悉且主張其所受之判決因有程序規定之違反而應予以推翻。在日本時代,臺灣總督府法院相當的遵守西方式正當程序,其判例確立人民在程序上不受軍事審判,非經起訴之事實不得審判。但是當事人對等原則在臺灣並不存在,在臺灣的檢察官擁有其在內地所不能享有的強制處分權。此外,法院之認為非法取得的證據並不絕對被排除,實無異於鼓勵警察以拷問方式取得被告口供。

3．近代西方法強調處罰平等性,反之,傳統中國法則因犯罪者社會階級之不同而有不同的處罰,日本統治下臺灣的刑事司法雖然在早期有因種族別而生的差別待遇,但是在日治中期及後期,處罰平等性已被貫徹,此多少使臺灣人較甘心於接受日本政府繁多的處罰性規定。

4．相對於近代西方法律思潮,傳統中國法律思想較強調嚴刑重罰。日本統治當局在早期亦對政治犯採嚴罰政策,但是自一九二〇年代已寬緩其刑罰。而就一般犯罪,早期尚有不人道的笞刑,但其在一九二一年以後已被廢除,同時在一九二〇年代由法院處理的刑案(屬刑度較重的案件)中,大多數係科處罰金或罰鍰,且早自一九一〇年開始,被宣告的自由刑中有一半以上其刑度不超過六個月,亦很少宣告最嚴重的死刑。事實上,日本政府所強調的是「必罰」而非「重罰」,犯罪即決制度之處理輕微犯罪就似「流刺網」,一網打盡所有犯罪者但少部分無辜者亦落網受罰,然而處理較重大之犯罪之法院,並未「必起訴」、「必判刑」,自一九一〇年不起訴率即超過 50%

，在一九三〇年甚至接近 80%，其定罪十分慎重。

　　5．傳統中國並無用以監禁已決犯的監獄，自然亦無感化教誨在監人犯及鼓勵其更生的措施，自日治初期，西式的監獄制度即被引進入臺灣，嗣後出獄人更生保護機構又相繼設立。

　　惟日本統治者仍不忘有利於統治者的傳統中華帝國刑事法，例如在保甲制度下個人須為他人行為負刑事責任，以及檢察審判合一的犯罪即決制度。

　　日本統治下臺灣人普遍具有遵法精神，殆為各方所共認，何以在清代視法令如無睹的臺灣人在短短五十年之間有如此大的變化？臺灣人之遵法不容否認，起初係由於其無力反抗日本的國家權威，但同時也由於臺灣人逐漸發現日本所帶來的近代化政府及法律體制對他們有好處，例如過去欠缺由官方有效解決紛爭的途徑，如今則有一個相當可信賴的司法制度，且治安良好底下人民可營生賺錢。是以臺灣人只知遵守及接受國家實定法，不論其是否以統治者利益為最終之考量，而無從繼受近代西方刑事法的基本精神：保障個人人權免受國家恣意侵犯。

陸、民事司法的西方化

　　至一九二二年年底為止，日本帝國主義並未將其西方式民商法典施行於僅涉及台灣人及中國人的民商事項，但此絕不意味著日本政府即全然未改變地依用台灣人舊有習慣。首先台灣「舊慣」必須被納入日本繼受自歐陸之以「權利」為中心的國家法體制中。就今日所稱之「民事」糾紛，例如借錢不還、欠租拒繳、土地歸屬不明、及婚姻繼承上各項問題，依舊時(即清治時期)習慣，一方當事人或者請求官

府發動職權,以刑罰之威脅促使他方履行財物上責任;或者請求地方頭人或家族耆老進行了解、做成仲裁。但這些裁決的內容,並不受原請求者主張之拘束(例如欠債之事實爲真,但因欠債人家貧等因素故只需付半數或以他物代付)。[20]亦相當欠缺依該裁決,強制執行對造財產以受清償的機制。而依西方法上「權利」觀念,有權利者可自主地決定是否要求債務人履行其全部或一部債務、是否允許其爲代物清償,法院應尊重債權人之決定,且可依其請求對債務人財產爲強制執行以滿足債權。[21]因此依舊慣內容所得享受之利益(例如租金之返還),若經「權利化」,則於日本國家法體制內可以得到更大的實質保障。不過依近代西方式國家法體制,民間習慣之內容,須經國家機關的承認,才能稱「習慣法」而成爲國家法的一部分,進而享有上述「權利化」的好處。而國家機關有可能以某習慣之內容「違反公序良俗」爲由,不承認其爲習慣法。在台灣殖民地,台灣人習慣之內容及其是否違反公序良俗,幾乎皆由與台灣人文化背景相異的日本人法官,運用源自歐陸的法學概念,認定及評價這些華裔台灣人的習慣,故其所承認的「台灣舊慣」,很可能跟清治時期存在的台灣習慣有著某程度的差異。[22]況且,台灣總督府曾制頒一些法律(例如關於土地方面),直接排除一部分舊慣的內容,或增添某些新規定使原有舊慣上法律關係產生質變。

[20] 參見台灣省文獻委員會,《台灣省通志稿卷三政事志司法篇,第一冊》(台中,1955年),頁99。

[21] 參見 John Owen Haley, *Authority without Power*(New York:Oxford University Press,1991), pp. 20-21。

[22] 同說,參見台灣省文獻委員會,前引註20,頁262。

　　自一九二三年一月一日起，日本民商法典直接適用於台灣人(但台灣人親屬繼承事項例外地不適用於日本民法而依台灣習慣法)。這使得歐陸式民事財產法，全面施行於台灣社會，而關於財產法事項的台灣習慣法已不再爲國家法律所承認。

　　上述轉化過程可以用有關不動產之法律關係的演變做爲例證。首先日本當局將舊習慣上不動產關係權利化，例如就業主對不動產所能享有之利益稱爲業主權，亦依相似方式創造地基權、佃權、永佃權、典權、胎權、役權等。再依其明治改革經驗，就存有大小租關係之土地（全台約有一半的田園土地存在此項關係），以小租戶即係業主權人爲原則，進行土地調查事業，一九〇四年以律令廢止大租權，使小租戶的業主權不再於私法上負有納租義務，而實質上等於西方法上所有權。[23]在一九〇〇年，以律令對於原本並無期間限制的地基權、永佃權、役權課以最長一百年之限制。[24]一九〇五年的台灣土地登記規則，更是大幅改變舊慣內容，其將得拍賣債務人供擔保財產以就賣得價金優先受償的權利，賦予原本依舊慣並無此項利益的典權人與胎權人，使典權與胎權實質上等於西方法上的擔保物權(即質權、抵押權)；同時規定業主權、膜耕權、典權、胎權之得喪變更非經登記不生效力。[25]最後，自一九二三年一月一日起，一律適用日本民法上關於不動產之規定。且所有舊習慣上既存之權利，皆須轉化爲日本民法上相對稱的權利，例如凡業主權改依所有權、地基權改依地上權、典

23　明治三六年律令第九號「大租權確定ニ關スル件」，明治三七年律令第六
　　號「大租權整理ニ關スル件」。
24　參見明治三三年律令第二號「土地貸借ノ期間ニ關スル件」。
25　參見明治三八年律令第三號「台灣土地登記規則」。

權改依質權、胎權改依抵當權處理等等。[26]不動產物權之得喪變更，亦改依日本民法之登記對抗主義。

對臺灣舊有契約法，日本當局亦注入新的西方法律概念。台灣社會於清治時期即對契約事項，存有相當精密的習慣規範，但在契約內容的強制履行上終究較欠缺官府實力的支持。[27]按這些舊慣上之契約法則在內容上與西方法相去並不遠，日人所引進的西方「權利」觀念，透過有效的法院運作，足以補充原本舊慣上較薄弱之契約義務強制履行性。是以西方式契約法很容易被臺灣社會所接受。

由近代西方資本主義體制發展出的公司法、票據法、破產法，在日治後期也正式進入臺灣人社會。在日治前期臺灣人較難以依法組織近代法上公司，故大致上沿用舊有的合股組織型態。[28]但自一九二三年日本商法典適用於臺灣之後，臺灣人已可自由地依法設立股份有限公司等，自一九四〇年起亦與日本內地同樣開始可組織有限公司。在臺灣舊慣中雖有類似近代西方法上票據之「匯票」、「憑單」、「見單」等，但其大多不能僅依交付或背書而移轉權利。[29]自從日本商

26　參見大正十一年勅令第四〇七號「台灣二施行スル法律ノ特例二關スル件」，第六條。

27　參見 Rosser H. Brockman, "Commercial Contract Law in Late Nineteenth-century Taiwan," in *Essays on China's Legal Tradition,* ed. J. Cohen, R. Edwards, F. Chen (Princeton, N.J.：Princeton University Press, 1980) pp.127-130。

28　由於律令規定僅涉及台灣人之商事事項依舊慣而不依日本商法，故商事企業組織成員皆為台灣人時，無法組成日本商法上各種公司，但只要其中加入一位日本人，即可組成公司矣。事實上台灣人透過吸收一位日本人股東的方式，依日本商法組成公司，於當時頗為常見。

29　參見臨時台灣舊慣調查會，《台灣私法》(東京，1911 年)，第三卷下，頁

法典適用於臺灣，臺灣人社會亦逐漸普遍使用日本法上之「手形」(即西方法上票據)做為支付工具。另外，臺灣人雖可以適用西方法上破產程序，但其仍多習於使用傳統中與之相類似的「倒號」。[30]

　　就臺灣人的親屬繼承事項，日本當局固然沒有在成文法典上改採西方法，但是日本殖民地法院仍透過判例，某程度西方化臺灣人之身分法，例如禁止女婢[31]及買賣婚，[32]承認妻之裁判離婚請求權，[33]妾之任意離異權等等。[34]另一方面，雖然日本法院常用日本法上名稱來重新解釋臺灣有關身分事項之習慣法，但是並未因此將臺灣舊慣上原本即具封建性的身分法導往更封建的方向。例如日本法院將臺灣舊慣上的「尊長權」與「家長權」加以結合，使成為日本法所稱之「戶主權」，[35]但是臺灣人之戶主權仍未包含日本人戶主所擁有之「長子

305-375。

[30]　關於倒號，參見同上，頁431-450。

[31]　參見大正六年控第五五七號判決，載於台灣總督府覆審法院編纂，《覆審法院判例全集》(台北：盛文社，1920年)，頁261。

[32]　參見大正九年控民第四七三號判決，載於萬年宜重編，《民法對照台灣人事公業慣習研究》(台北：台法月報發行所，1931年)，頁42。

[33]　參見大正九年控民第五五七號判決等數判例，載於萬年宜重編，同上註，頁50-51。

[34]　參見大正八年控民第八五三號判決、大正十一年控民第七七四號判決，載於萬年宜重編，同上註，頁63-64。

[35]　例如關於逐出家門之尊長權，參見《台灣私法》第二卷下，頁220-221；明治四四年控第二○二號判決，載於《覆審法院判例全集》，頁242。關於在台灣之「家長」即「戶主」，參見大正九年上民第九二號判決，載於《高等法院判例全集，大正九年》(台北：台灣總督府高等法院，1921年)，頁116。

單獨繼承權」。[36]又，關於諸子之是否已分家，日本法院原依臺灣舊慣強調依別居分財之有無而斷，[37]後期則要求須有戶主之同意，唯此項要件事實上也不違背臺灣舊慣。[38]

柒、評價與遺留

不論日本帝國主義者的動機為何，其確實在臺灣進行一項法律改革，使臺灣社會首次接觸近代西方法，對於這項改革站在臺灣人民的立場應如何予以評價呢？日本政府基本上是一個有能力的改革者，由於同受傳統中國法律文化之影響，日本帝國主義者較易於了解臺灣舊慣，且可依其既有的明治改革經驗在臺灣推動法律西方化。同時日本人亦在臺灣島上建立一個強有力的近代國家權威。除了一九〇二年以前及一九四一年太平洋戰爭以後，日本政府在約四十年的安定歲月裏，逐漸將西方式法律滲透入台灣社會。唯戰前日本僅能做到「依法統治」(rule by law)，亦即法律不能規範立法權力及國家政策之決定，[39]但西方民主國家亦未必會將其在本土的「法之統治」(rule of law)

---

[36] 參見姊齒松平，《本島人ノミニ關スル親族法竝相續法ノ大要》(台北：台法月報發行所，1938 年)，頁 43-44。

[37] 參見明治四二年控第三七一號判決，大正四年控第五七七號判決，載於《覆審法院判例全集》，頁 232，242。

[38] 參見昭和十一年上民第二五判決，載於《高等法院判例集，昭和十、十一、十二年》(台北：台法月報發行所，1939 年)；頁 144-149；關於台灣舊慣，見《台灣私法》，第二卷下，頁 201-205。

[39] Dan Fenno Henderson, "Law and Political Modernization in Japan," in *Political Development in Modern Japan,* ed. R. Ward(Princeton, N.J. Princeton University Press, 1968), pp. 415-416。

移至殖民地。或有責備日本不立即在臺灣實施西方式法典者，[40]但日本內地係經過近三十年的過渡期間，始於一八九八年全面施行西方法典，日治初期的臺灣已具備施行此法典之必要條件嗎？按應否及如何以西方法取代臺灣舊慣，原本沒有絕對的答案，即使一九二○年代的臺灣法律人亦對此有不同意見。其實真正應對日本帝國主義者加以非難的是，其就像以往臺灣的外來政權一樣只追求統治者利益，西方法或施行或不施行，皆以日本帝國利益爲最終考慮點，臺灣人無從置喙一詞。另一方面，在臺灣此項法律改革之所以能奏效亦由於臺灣社會具有足以相配合的條件。以漢人移民爲主的臺灣社會，較少傳統政治勢力階層且有相當發達的商業活動，利益取向且充滿活力的臺灣人只是欠缺一個有力政府去領導他們邁向近代化(西方化)，日本帝國正好填補上此空缺，但是臺灣人不必因此而感謝日本帝國主義者，因爲其從中取得更大的利益，臺灣人只得到這項改革的反射利益，臺灣人好比是受脅迫而購買日本製的產品，固然享有若干利益卻付出超值的代價。

　　日本統治時期的此項法律改革亦影響及戰後的臺灣。由於歷史的偶然，亦即戰後被帶入臺灣的中華民國法典本身原大多係仿效戰前日本法典，使得原已在臺灣社會有效實施之日本的西方化法典實質上持續施行。但是戰後新來的國民政府卻是有意的延續日本帝國留下的威權統治架構，一九四五年的臺灣行政長官公署幾乎是臺灣總督府的翻版，[41]就曾受日本統治的臺灣人(以下稱「原台灣人」)而言，其在

40　例如戴炎輝，〈日本統治時期的台灣法制〉，《近代中國》，第 19 期(1980年 10 月)，頁 82。

41　相對照「台灣總督府條例」及「台灣行政長官公署組織條例」即可知。

由日本帝國主導的法律改革中所遭受之最大的痛苦,亦即臺灣人就改革過程中沒有參與權,竟然在他們的「同胞」手中再度重現,就像一九二〇年代及三〇年代臺灣人知識分子追求具自主性的法律改革一樣,在一九四七年他們亦要求臺灣在中華民國主權底下成為一個自治體,但是不同於日本統治者的依法壓制,新統治者的答覆是機關槍的掃射。原臺灣人在日本時代前期受到日本的血腥鎮壓後,好不容易才敢用非武力方式爭取改革,但是國民政府在「二二八」事件後的殘暴屠殺,再度喚醒早已存在他們內心深處的政治恐懼感。在一九四九年之後,國民政府雖然幾乎只有效控制臺灣一省,卻仍宣稱代表中國卅五省,原臺灣人因此只能在全「國」有三十五分之一的代表,而不能修改為中國大陸制定卻事實上只施行於臺灣的中華民國法制,但深受日本威權統治影響的原臺灣人對此項不合理一直敢怒不敢言。直至四十多年後的一九八〇年代後期,臺灣社會才走出日本帝國主義者留下的陰影。一九九二年臺灣的第一次國會(立法院)全面改選,事實上是七十年前「臺灣議會」理念的實現。臺灣人民,包括原住民、原臺灣人、與一九四五年後自中國大陸移居台灣之俗稱「外省人」,才因此取回為自己的台灣社會而立法的權力。在司法方面,日本留下可觀的設備,但只留下少數的司法人員。按戰後國民政府在未至臺灣之前,已指派中國大陸司法人員擔任臺灣各級法院之首長。原臺灣人曾任法官者本已不多,原臺灣人律師又很少被任命為國民政府司法官,以「外省人」為主之統治階層復對原臺灣人心存戒心,故戰後整個臺灣的司法,幾乎全由來自中國大陸之司法人員所支配,面對與日治時期類似的法典,具有不同文化背景的執法人員,即產生不同的適用法律方式。在刑事司法上,日本當局對政治犯之由早期的軍事鎮壓到一九

二〇年代改以法律壓制之過程，竟由新來的國民政府再重覆一次；而就一般犯罪，由於原臺灣人大致上已習於日本的犯罪控制體系，故對於國民政府的違警罰法、檢肅流氓條例等侵犯人權的法律，並不太感痛癢。至於日本時代一般人民的遵法精神，似已因國民政府的執法不當而不復存在。在民事司法方面，由於西方式財產法自一九二三年已在臺灣有效施行，其甚至比中華民國民法典之公布(即一九二九年)還早，故中華民國的財產法可順利的在臺灣社會施行，尤其日本政府留下完整的土地登記制度更有助於中華民國物權法的實施。就身分法而言，中華民國法典原比日本戰前民法典更西方法化，但卻很少能在中國大陸實施，其在臺灣則可利用既有的法院及戶籍登記等相關設施推行之。

捌、結語

綜言之，日本時代由於殖民統治政策上的需要，大多數日本的西方式法律逐步地施行於臺灣，由於有效率且公正的司法，西方法得以漸漸滲透入臺灣社會，特別是在民商法方面。但是臺灣人自日本人主導的法律改革只能學到西方式法律條文或制度，尚未能熟知近代西方法的根本精髓。

附記：本文係筆者博士論文（University of Washington，1992；其中文版即將問世）的中文大要。原稿曾於 1993 年 1 月 8 日宣讀於哈佛大學燕京圖書館，返國後再於 1993 年 4 月 25 日，在林本源中華文化基金會所辦第八十七回台灣研究研討會中主講此議題（載於《台灣風物》43 卷 2 期）。

同年即將之發表於《律師通訊》，第 164 期（民國 82 年 5 月），頁 56-63 。至 1996 年，筆者受邀參加美國聖路易華聖頓大學（ Washington University ）於該年 3 月 21-23 日所舉辦的「台灣社會之法律」研討會，乃將原演講稿附加註釋及十幾個圖表，以「日本殖民統治下台灣的法律西方化」為題提出報告，並承蒙該校教授 William C. Jones 英譯全文供與會者參考。本書即收錄 1996 年這次的報告內容，但刪去所附圖表。

台灣日治時期憲法史初探

目　次

壹、前言

　　「日本統治下的台灣有憲法問題嗎？」或許是不少人對本文標題的第一個反應。讓我們先回顧一下歷史吧！一八九五年，於日本尚未在台北城正式宣布「始政」之前，來自「憲法之祖國」英國的日本政府法律顧問 W. Kirkwood，在〈關於台灣制度、天皇大權及帝國議會之意見書〉中，開宗明義即陳明欲處理「由承受台灣的割讓，所生趣味豐富且至難的憲法問題」。[1]此文爲日本眾多有關台灣之憲法論爭的嚆矢。四十餘年後，在台灣的法學界，任職台北帝大文政學部政學科憲法講座的中村哲，則提出一篇總結歷來相關見解的〈顯現於殖民政策史的憲法問題—於臺灣統治史上的六三問題—〉。[2]第一代台灣法律人也未在此項議題上缺席，林呈祿兼具背景說明與法學論理的〈六三問題之沿革〉、〈六三問題之運命〉兩篇文章，[3]開啓整個一九二〇年代台灣人知識分子有關憲法論述的先河。但是一九三一年，當《台灣新民報》刊出其所舉辦之「人權擁護座談會」記錄時，在某台灣人辯護士講到：「我想先決問題是憲法有施行到台灣沒有」這句話以下，赫然出現一大片以「開天窗」（空白）方式存在的版面。

---

[1]　參見 W. Kirkwood，〈台灣制度天皇ノ大權及帝國議會ニ關スル意見書〉，載於伊藤博文編，《台灣資料》（東京，昭和 11 年），頁 78。

[2]　參見中村哲，《殖民地統治法の基本問題》（東京，昭和 18 年），頁 23-132。

[3]　參見記者（即林呈祿），〈六三問題之沿革〉，《台灣青年》，1 卷 5 號（大正 9 年），漢文部，頁 6-16，2 卷 1 號（大正 10 年），漢文部，頁 23-33；林呈祿（慈舟），〈六三問題之運命〉，1 卷 5 號（大正 9 年），漢文部，頁 16-29，其另以日文發表爲〈六三問題の歸著點〉，同卷號，和文部，頁 24-41。

[4]似乎這項話題,在當時民主氣氛漸趨淡薄的台灣,已被統治當局認為係「不妥言論」應予以封殺。可見日治時期的台灣,不但存在著憲法問題,且問題複雜。

本文擬探討的是,做為台灣「舊憲法」的明治憲法及當時的憲政思想,究竟是以什麼樣的面貌出現,進而影響日治下的台灣社會?為呈現本項問題所涉及的各種法學理論,以做為嗣後探究其他法經驗事實時的基礎知識,在本文貳的部分,將先介紹當時實定法規範上的台灣憲政體制,及其引發的憲法爭議,並詳列日本法學界對此所提出的各式各樣法律解釋或學說主張,與日本政府所正式採取的官方見解。惟這些憲法論爭畢竟是發生於日本「母國」,和台灣社會有著「地理上」的距離。基於台灣法律史的觀點,我們更關心:實際在地統治的台灣總督府跟台灣本地的法學界,對於與台灣相關之憲法問題的看法,以及帝國憲法在台灣施政過程中實際扮演的角色。這是本文參的部分想要處理的。在參考資料上,則須借重當時幾乎可說是台灣「唯一」的法律專業期刊,亦即《台法月報》(1909-1943),[5] 及其他零散於各處的法學論著與時事記載。最後在本文肆的部分,擬討論於上述學界與政界的大環境底下所形成的台灣人憲法文化。我們固然從台灣人知識分子的憲法思想及憲政要求著手,但同時必須注意一般民眾與知識分子間可能有的落差,以探求整個台灣社會,而非幾個精英

4　《台灣新民報》,第 359 號(昭和 6 年),頁 4 。

5　台法月報的前四期原稱「法院月報」。日治初期的《台灣慣習記事》亦刊載許多法學論著,但其終究非法律專業期刊。1935 年台灣辯護士協會曾發行《法政公論》,但似乎只發行一年即終止。因此只有官方支持的《台法月報》屬於長期發行的法律專業期刊。

分子的憲法概念。也因此在參考資料方面，原本應該廣泛蒐求當時報章雜誌、文藝作品等，以資佐證；然筆者限於時間及能力，於本文僅以代表多數台灣人異議份子觀點的《台灣青年》、《台灣》（以下一概簡稱《台青》）、及《台灣民報》、《台灣新民報》（以下一概簡稱《民報》）等系列刊物（合計 1920 ～ 1931 ）所載為限，理解當時社會上存在的各種現象和特定事實。[6]不足之處，除了儘可能的參閱現今有關日治時期的歷史論著外，尚有待他日補充。

　　了解台灣社會在日本統治下所形成之憲法文化的內涵，應是今日探尋及改革台灣憲法文化的第一步。向來台灣學界若談到「憲法史」或「憲政史」，無不溯及中國自「清末民初」至一九四九年的立憲過程。站在今日台灣人民的立場，誠然這段憲政發展歷程應該要談，且應不忌諱地談，但是卻不應只談這段歷史。詳言之，近代中國憲政發展史，的確影響戰後一直統治台灣的國民黨政權及其後繼者，以及今日台灣人民當中具有近代中國（大陸）經驗的外省族群。然而，占台灣人民多數的閩南、客家、原住民等族群幾乎未曾參與這段歷史發展（除最後的一九四五至四九年之外）。雖然戰後這三個原本政治上弱勢的族群，已受前揭外來的歷史記憶和歷史經驗所支配，惟其既有之已形塑於日治時期的憲法文化，可能雖微弱但仍不絕如縷地透過社會文化的傳遞(例如家庭內的經驗傳遞)，延續至戰後的台灣憲法文化當中，而值得今天強調台灣各族群平等、共榮的我們，重新加以檢視

6　官營且發行時間悠久的《台灣日日新報》，可能也是了解當時台灣人憲法文化的重要素材，然由於數量龐大，且目前較易入手的重刊本字跡不清，故撰寫本文時並未使用。另外尚有如《台灣時報》等當時的報章雜誌可供參考，凡此皆有待未來的努力。本文所使用的部分《民報》上資料，有賴台大法研所陳昭如同學在盛夏中代為蒐集，特此誌謝。

與定位。拙文不過是一位非專攻憲法學的法律史學者，所拋出來的「磚」，但願能引出更多憲法學者的「玉」，共同為建構「台灣憲法史」而努力。並藉以向台灣戰後憲法史上享有泰山北斗地位的李鴻禧老師，敬表六秩華誕祝賀之意。

貳、台灣統治體制在日本內地的憲法爭議

一、憲法與殖民地統治

　　為配合憲法史的討論，本文將憲法（Constitutional Law）的概念定義為：有關統治機構之組織及其權限的根本大法。按憲法概念本具有多義性。所謂「立憲意義之憲法」，強調必須係本於立憲主義（Constitutionism）的政治理想，以限制國家權力、保障人民權利為目的者，始可稱為「憲法」。此固然有助於自由主義立憲政治的推展，但是立憲主義終究是西方自近代以後的產物，若採納為定義上之要件，勢必將許多存在於前近代、東方社會、社會主義體制中規範政治權力運作的基本性法律，排除於「憲法」概念之外，導致憲法史學的討論空間遭極度壓縮。[7]為擴大研究對象的涵蓋面，以下將採取所謂「固有意義之憲法」的定義方式，亦即凡涉及政治權力之運作、高層次機關之組織結構，或國民與國家之關係的根本性法規範，皆認定為「憲法」；且其表現形式不限於以「憲法」為名之單一法典，可能分別由數個具實質憲法內容之法律所構成。[8]

　　憲法所規範的統治機構，固然大多為「國家」統治機構，但亦

---

[7]　參見許志雄，《憲法之基礎理論》（台北，1993年），頁10，19-20。
[8]　參見同上註，頁9，12。

有屬於「殖民地」統治機構者。往昔殖民母國經常以其法律規定殖民
地統治機構之組織及權限，例如規定殖民地的立法制度，乃至宣示殖
民地立法的大方針，這些法律在當時即被稱爲「殖民地憲法」。[9]故
面對殖民地法制時，就憲法之概念，宜區別「母國憲法」與「殖民地
憲法」兩者。

　　台灣在日治時期（ 1895 ～ 1945 ）的「母國憲法」，即學界常
稱爲明治憲法的「大日本帝國憲法」（以下簡稱「帝國憲法」）。按
台灣在日本統治五十年間，自始至終皆屬帝國內的殖民地，台灣島上
的人民，既未曾以自主國之姿獲得完全的自治，亦未被一視同仁地吸
納入殖民母國的政治體制中，使得「殖民統治」關係一直持續著。[10]
關於台灣在日治時期憲法問題之考察，因此不能不先從殖民母國的明
治憲法開始著手。按日本在領台之前的一八八九年即已制定完成的明
治憲法，並未明文規定其效力是否及於如台灣般制憲以後始取得的「
新附領土」，故此問題須讓諸「憲法解釋」，而解釋方法的多樣與相
異，恰足以滋生憲法爭議。雖在一九〇〇年代，台灣總督府擬提議增
修明治憲法，以明定：「憲法條項除以台灣統治法設有特別的規定之
外，適用於台灣」，但最終不了了之。[11]

　　實定法上做爲「殖民地憲法」核心部分的「有關應施行於台灣

9　　參見 A. Girault 著，若林榮次郎譯，《殖民及殖民法制原論》（東京，大
　　　正 7 年），頁 338 ；泉哲，《殖民地統治論》（東京，大正 13 年），頁
　　　219 。

10　有關「殖民統治」關係之認定，參見 H. Kohn ，"Reflections on Colonialism"
　　　in *The Idea of Colonialism* ，ed. R. Strausz-Hupe & H. Hazard
　　　(New York, 1958), p.4 。

11　參見拙著，〈日治時期台灣特別法域之形成與內涵—台、日的「一國兩制
　　　」〉，本書，頁 112 。

之法令的法律」，係當時憲法爭議的重要源頭。日本領台之初，原擬針對整個台灣統治體制，以「台灣統治法」爲名，制定包含總督及其職權、行政、司法、財政及法律的施行等等事項的殖民地憲法，中村哲即稱此爲「台灣憲法」。[12]惟日本政府恐怕此舉將沾染過重「殖民地統治」的負面色彩，遂予以放棄。取而代之者爲①一八九六年所制定之關於台灣殖民地立法權的「有關應施行於台灣之法令的法律」（以法律第六三號公布，故世稱爲「六三法」），與②同年所制定之賦予台灣總督擁有台灣地域行政權與軍事權的「台灣總督府條例」（勅令），以及③同年規定由隸屬總督的台灣總督府法院掌理民刑案件之裁判的「台灣總督府法院條例」（律令）。此三項成文法令構成了關於台灣統治體制的基本法。[13]其中最具關鍵地位者，厥爲規範台灣殖民地立法制度的六三法。日本帝國議會在這項法律中，廣泛、無限制地授權台灣總督得制定在台灣地域內具有與帝國議會法律同等效力的命令，稱爲「律令」，只要求程序上須事先發台灣總督府評議會之議決及天皇的勅裁，於臨時緊急時，甚至得先發布緊急律令再事後取得勅裁。因而引發「本法賦予台灣總督如斯的律令制定權是否違背明治憲法」的重大爭議（其立論詳見後述），世人稱此爲「六三問題」。

　　事實上六三法本身的效力僅延續十年，但引發爭議的總督律令制定權存續近五十年。帝國議會分別於一九〇六年以法律第三一號（

12　參見中村哲，頁 62-65。

13　此三項法令的內涵，請參見拙著，〈日治時期台灣特別法域之形成與內涵〉，本書，頁 110。台灣總督府在 1900 年代前期曾企圖讓類似「台灣統治法」的單一殖民地憲法典復活，但未成功。見同上註，頁 112。

稱「三一法」)、一九二一年以法律第三號(稱「法三號」),修改「有關應施行於台灣之法令的法律」(以下統稱為「台灣法令法」)。惟三一法內容與六三法大同小異。法三號僅對總督律令制定權之行使,增設限制要件,亦即須無應適用的日本法律、或雖有之但難以依特例勅令辦理,且因台灣特殊情形有必要時,才可發動律令制定權。其屬一般性廣泛委任立法的性質,仍未改變。[14]故所引發之以「六三問題」為名的憲法爭議始終存在,直到台灣法令法因日本戰敗離台而廢除為止。易言之,日治時期存續長達近五十年的,不是六三法本身,而是首次出現於該法的六三問題。

二、日本憲法學界的論爭

(一)母國憲法是否施行於台灣殖民地

欲說明總督律令制定權是否違憲之前,須先探討究竟日本帝國的明治憲法是否施行於做為新附領土的台灣?倘若帝國憲法不施行於台灣,則涉及台灣立法權之行使的總督律令制定權,自始不生違憲問題,蓋無「憲」可違也。[15]按母國的憲法並不必然須施行於殖民地。Kirkwood 早在一八九五年,即已指陳:明治憲法第五條所規定之天皇須經帝國議會的「協贊」以行使其立法權(這使得天皇的立法權在立憲政體下受到相當限制),僅限於該憲法所欲施行的制憲當時領

---

[14] 六三法、三一法、法三號之內容及其異同,詳見拙著,同上註,頁106-115。法三號上律令制定權,仍為一般的委任立法,參見鈴木信太郎,〈律令制定權の範圍に付て〉,《台法月報》,35卷2期(昭和16年),頁37。

[15] 參見林呈祿(慈舟),〈六三問題之運命〉,頁19;春山明哲,〈近代日本の殖民地統治と原敬〉,載於同作者與若林正丈編,《日本殖民地主義の政治的展開》(東京,昭和55年),頁13。

土及人民；既然台灣殖民地並不屬於該憲法的施行地域，天皇自可不受憲法限制地直接依其大權，規範在台灣的「立法事項」（指憲法中規定應以法律加以規範之事項，故又稱「法律事項」）。[16]況且，當時西方諸殖民帝國，通常也不將母國憲法施行於所屬的殖民地。[17]如前所述，明治憲法本身並未明定領土範圍或憲法施行地域，故日本憲法學者，對於此部憲法之效力是否及於、或說是否施行於台灣？有主張帝國憲法「當然施行」於台灣者（稱「積極說」），亦有認爲「不當然施行」者，就此又可分爲：全然不施行（「消極說」）與僅部分施行（「折衷說」）等兩種見解。

1.當然施行說

極力擁護「天皇制家族國家」的穗積八束，[18]主張帝國憲法當然施行於台灣。其認爲「（日本）憲法並未限定其施行地域，故應解釋爲其當然施行於帝國的領土，而不施行於帝國領土以外之地。成爲帝國領土之一部分者，雖有新舊之別，但不妨礙憲法之當然施行。若憲法不欲施行於帝國之一部分或欲施行於帝國領土外之土地，必須在憲法中追加明定斯旨之條文。」因此台灣既然是屬於帝國一部分的新領土，帝國憲法之效力當然及於此地。至於如遼東租借地（關東州），雖爲國權所及，但尚非屬日本領土，故帝國憲法效力不當然及之。[19]

16　Kirkwood 於正反意見並陳後，表示其個人贊成這項見解，但仍提醒日本政府，此一見解可能會在不友善的帝國議會引起攻擊政府的議論沸騰。參見 Kirkwood，頁 86，97-99，104-105。

17　參見同上註，頁 84-85；中村哲，頁 8-12，21。

18　參見筒井若水等，《日本憲法史》（東京，1981 年），頁 157-158。

19　穗積八束，《憲法提要，上卷》（東京，明治 44 年），頁 328-331。

　　向來強調憲法解釋應出以「學術的」態度、不宜加入政策考量的佐佐木惣一，[20]也認為帝國憲法當然施行於台灣。其立論為：「國家法律之施行，不外是做為法的主體之國家的統治權行使，故國家統治權所施行的地方，若無特別規定，當然施行國家的法律。」雖然法律亦得不施行於統治權所及之一定地區，而有「法域」之觀念，但是「若無以特別規定設有法域，則法律當然施行於統治權所及之地；從而於我國（日本）統治權業已運行之地，當然施行帝國憲法。」故帝國憲法當然施行於成為日本新領土的台灣，甚至包括非帝國領土但已為統治權所及的關東州。[21]

　　清水澄教授則先詳盡地批判「不當然施行說」的論點。清水澄認為主張帝國憲法不當然施行於台灣等新領土者，大致上有三項理由。其一為憲法係基於制憲當時領土的社會實情而制定，故對於與內地社會文化程度有異、對本國感情與固有臣民不同的新領土人民，應無憲法之適用云云。然「依論者之說，當新領土之社會實情與本國類似、文化程度亦無顯著差異時，憲法效力當然及之。其結果造成憲法之能否施行於新領土，並非決之於憲法自身，而係依照新領土之社會實情決定。此不僅違反法的性質，且社會實情之不同乃是程度的問題，非性質上的差異，比較上有不易明瞭之處。」其二，否定論者以為憲法係以制定當時之領土為預想對象所做成的規定，不在預先設想之列的新領土，因此非當然適用。惟「已載明領土非一成不變的世界歷史，及各國爭相圖謀國家發展的世界大勢，皆為憲法制定者所知悉，此由設有宣戰講和的規定即可得知；故所稱之在未預想有新領土的情況

20　但是做為一位政治思想家時，佐佐木是一位立憲主義者。參見筒井若水，頁 214。

21　佐佐木惣一，《日本憲法要論》（東京，昭和 7 年），頁 156-157。

下制憲，不免爲偏見。」其三，或有謂倘若憲法當然適用於新領土，則他日取得非洲或南洋未開地時，對於無智蒙昧的土人，亦同於內地人，不得不承認其有憲法上權利之保障，如此已違反憲法制定的趣旨云云。但此實爲過慮，按「法律施行區域不必然與憲法施行區域同一，不妨對領土的一部分，施行特別的法律，或將憲法保障的法律事項，委任於特別機關的命令。故對於社會實情有顯著差異的新領土，施行依法律委任的特別法令，即無何等妨礙。」[22]

接著，清水澄根據下述兩項理由，主張當然施行說。其謂：「於未限定施行區域的我國（日本）法上，不問領土的新舊，當然在一切領土上有憲法的適用。且於我國的實際運作，關於朝鮮台灣等新領土的統治，係以法律將憲法上立法事項委任於總督的命令，即是以對新領土有憲法之適用做爲前提。」非日本領土的關東州租借地及南洋廳委任統治地，才屬於不當然施行帝國憲法的地域。[23]

市村光惠教授在早期著作中，曾支持清水澄上揭論點，但後來轉爲採取憲法不施行於新領土的「消極說」。[24]

2.不當然施行說

⑴全然不施行

本於追求做爲委託人的日本政府之最佳利益，Kirkwood 法律顧問認爲宜解釋爲帝國憲法完全不施行於台灣，並指出明治憲法的序文及發布當時的勅語，足以做爲這項憲法解釋的依據。亦即，由勅語中

22　清水澄，《逐條帝國憲法講義》（東京，昭和 15 年），頁 62-64。
23　同上註，頁 64-65。
24　參見春山明哲，頁 14。

「國家的隆昌及臣民的慶福，……對現在的臣民及其子孫，宣布此不磨大典。」可知憲法擬適用之土地及人民，係限於大八洲各島、北海道、小笠原群島、及沖繩群島及其上住民。勅語又謂「朕我回想臣民即祖宗之忠良臣民的子孫，……」故天皇之所以欲其臣民因憲法的發布而權利受保障，乃由於彼等爲日本的忠良臣民及其子孫，並不包含憲法發布後因征服或依讓與取得之土地上的外人。此由憲法序文中「念朕所親愛的臣民，即朕祖宗所惠撫慈養的臣民，願增進其康福發達其懿德良能，……」亦可明瞭。[25]

　　棄積極說改採消極說的市村光惠教授，爲帝國憲法之不施行於台灣，舖陳相當多解釋理由。其首先跟隨 Kirkwood 的立論方式，認爲①憲法告文中有「增進八洲民生慶福」，所謂「八洲」的真意，係指憲法發布當時的帝國領土，故應解釋爲憲法的目的僅在施行於舊日本之上，不及於新領土之上。且②發布憲法之勅語中「朕我回想臣民即祖宗之忠良臣民的子孫」及「念朕所親愛的臣民，即朕祖宗所惠撫慈養的臣民」，已表示憲法僅恩賜於固有的日本人，而未及於新附之民。[26]

　　市村光惠接著一反過去與清水澄相同的見解，表示：③「國家法律並非當然施行於新領土上，……之所以有『欲將法律的全部或一部施行於某領土須以勅令規定之』的規定（筆者註，此項條文出現於台灣法令法中），即因爲法律不當然施行於新領土。……爲支配舊本國人民而發的法律及命令不當然施行於新領土之原則，對於憲法同樣有其適用。憲法是以施行於舊來領土上爲目的，爲統治新附領土上風俗人情文化等與本國臣民相異的人民，不能依憲法之規定實無庸多辯

---

[25]　參見 Kirkwood，頁 81-83。

[26]　參見市村光惠，《改訂帝國憲法論》（東京，昭和 2 年），頁 237-239。

。既然就我台灣及朝鮮兩地人民與我本來日本人，有種種相異之點，統治彼等之不能依憲法所定之形式已明矣。」[27]

市村光惠再提兩項理由，強化其新論點。即④「未賦予參政權之人民所形成的團體，僅不過是國家的支配目的物，非構成國家此共同團體的一部分。台灣人與朝鮮人皆無參政權，帝國對這些人只不過是當做統治客體處理。台灣或朝鮮為兩個統治的客體，係帝國之屬地，非帝國構成部分，只不過是帝國的支配客體，故大日本帝國憲法不施行於其上。」最後一點理由為⑤「憲法的施行決之於天皇大權，若憲法不僅僅對舊日本而發，擬將其施行區域擴張，必須以勅令言明此旨。既然於今仍無對台灣朝鮮發布此種勅令，則憲法並不施行於該地。」[28]

在戰前日本力倡國家主權說、天皇機關說的美濃部達吉，[29]亦熱烈參與這項憲法論爭。美濃部達吉的舊說，主張帝國憲法未施行於新領土台灣，且進一步指出天皇「固然於憲法施行之區域內，非遵據憲法不得行使統治權，但於憲法未施行之區域內，可再發動原本無限制的權力，得不受憲法限制地依其自己的決定，以任何立法遂行統治。」因此認為對於台灣，可不依憲法而發動天皇的統治權。[30]這也是稍早 Kirkwood 主張台灣統治制度不必適用明治憲法時，所持的理由之一。不過，美濃部達吉後來修正前述看法，提出其自稱為「折衷說」之見解。

27　同上註，頁 239-240。
28　同上註，頁 240-243。
29　參見筒井若水，頁 212。
30　參見中村哲，頁 102-104。

(2)部分施行

　　美濃部達吉依舊反對如清水澄所歸結的積極說兩大理由。美濃部曰：「法律的施行區域，皆依照國家之規定，憲法亦不例外；故領土之一部分施行憲法、他部分不施行憲法，毫不違反憲法之性質。」而且「法係伴隨社會而存在，社會狀態有異，則法從而不得不相異。」至於實定法上六三法之制定，對於是否施行憲法不具特別的意義。亦即於憲法未施行的情況下，「天皇得以任何方式爲統治」，得採用親裁、委任於總督、經議會協贊等方式；六三法的制定，只不過是偶然的採取最後一種方式而已。[31]

　　有所改變的是，美濃部達吉認爲確實有一部分憲法條項，依其性質應適用於台灣殖民地。此項「折衷說」，因此或可稱爲「部分施行說」。其立論基礎係始自所謂「屬地法」和「屬人法」的區別。依美濃部的說法「法規有屬地性質的法規、及屬人性質的法規之區別。稱屬地法者，有一定的施行區域且僅在該區域內具有效力。……依法規之性質僅支配具有一定身分之人，則謂爲屬人法。關於屬人法，不發生施行區域的問題。」憲法上之規定，究竟爲屬地法或屬人法的性質？須依各個條項而定，非可就其全體企求一致的答案。按憲法條項中，凡具有「國家統一之性質，亦即只須國家統治權所及，不問位居何處，皆有依從同一規定必要」之規定，例如「大日本帝國由萬世一系的天皇統治之」、「天皇神聖不可侵犯」、「天皇做爲國家元首總

---

[31] 美濃部達吉，〈律令ト憲法トノ關係ヲ論ス〉，轉引自春山明哲，頁14-15。此外，有賀長雄及菊地駒二木皆對於根據六三法的制定而主張憲法已施行於台灣的論點，表示質疑。尤其指出六三法第五條之規定日本法律非經勅令指定不施行於台灣，恰足以否定明治憲法效力之當然及於台灣。參見中村哲，頁96-98。

攬統治權」等規定，在性質上必須追隨國家自體，不得限定其施行區域。有關帝國憲法、國務大臣、樞密顧問之規定，依同理亦不受施行區域之限制。就全部憲法條文以觀，「⑴第一章所定天皇之各種大權當中，第六條第七條及第十條以下至第十六條之大權，性質上不應限於某一施行區域；惟第五條的立法權、第八條的緊急命令權、及第九條的命令權，原則上為屬地的大權，因為立法、緊急命令、或普通命令本身係以有屬地效力為原則。……⑵第二章所定臣民之權利義務當中，僅第十八條臣民的要件、第十九條服公職之能力、及第二十條關於兵役義務等規定，係伴隨日本臣民的身分，而有屬人法的性質，其他的規定，……性質上可視為屬地法。⑶第三章及第四章之規定，皆無屬地的性質。⑷第五章關於司法之規定，應視為屬地法，……，司法組織當然有一定的管轄區域。⑸第六章之規定，應區別為有關國民納稅義務之規定、及有關國家會計之規定，有關國民納稅義務者於性質上屬地，……，其他有關國家會計者應附隨於國家而不限制其施行區域。」[32]

　　憲法條項性質上為屬地法者，在台灣地域即被排除適用，但相對的其他部分則可施行於台灣。美濃部指陳：「屬地法係著眼於某地域內之社會而為制定，藉以規範該社會，不得一併用於規範該地域以外的社會；故不必然追隨國家統治權或追隨日本臣民之身分，而使其效力當然及於新領土。領土的變更，只是統治權變更，社會並未變更。」故「憲法中的屬地規定，依同一理由，應解釋為效力不當然及於新領土。新領土是否應與舊領土置於同一憲法的支配底下，乃是國家

---

[32]　美濃部達吉，《逐條憲法精義》（東京，昭和 2 年），頁 36-38。

的政策問題。」美濃部達吉亦承認：由於憲法條項中性質上被歸類爲屬地法者，效力未及於台灣朝鮮等殖民地，使得此等殖民地與日本內地在憲法上有下述三項相異之處：①明治憲法關於立法權行使原則（即須經議會協贊），未實施於殖民地立法；②未實施法治主義原則，立法權與行政權不予區別，憲法第二章有關臣民權利義務之規定亦未施行；③司法及行政組織與內地相異。不過，明治憲法中有關天皇、攝政、國務大臣、樞密顧問及帝國議會之組織權限等規定，其性質上不受施行區域之限制，故不論是在內地或在殖民地，通常皆有其適用。[33]

　　本於「君權主義、官僚政治主義」而大力批判美濃部達吉的上杉慎吉，[34]對這項憲法議題的見解，竟與美濃部的折衷說相去不遠。上杉謂：「憲法隨統治權的擴張而施行於新領土，是當然的原則；（此與美濃部見解有間，筆者註）但並不妨礙憲法之具有施行區域。或於憲法明白限定施行區域，或依規定之性質可推演出不施行於某特定區域，或依土地上實情應解釋爲憲法之全部或一部不施行。……依新領土的實情決定應否施行憲法，乃是實際的問題，且不能以憲法的全部一概地論斷其於新領土施行與否，應視新領土的實情如何而爲一部或全部不施行。惟倘若無何等特別原因時，有關統治權行使的憲法條項，原則上應施行於新領土。」[35]

　　在日本軍國主義盛行的年代裏職司塑造國定意識型態、醉心於

---

[33]　參見同上註，頁 39-43 ；美濃部達吉，《憲法撮要》（東京，大正 12 年），頁 194-196 。

[34]　參見筒井若水等，頁 212-213 。

[35]　上杉慎吉，《增訂帝國憲法述義》（東京，大正 12 年），頁 404-406 。

「天皇制神學的憲法思想」的筧克彥，[36]亦曾提出貌似「當然施行說」但實為「部分施行說」的說辭。筧克彥表示帝國憲法效力及於殖民地，但又認為憲法可自由決定其一般規定不適用於殖民地。其謂：「帝國憲法就其施行區域未特別設何等規定，但如此並非預想憲法不施行於為新領土的其他殖民地。視屬於新領土的殖民地之狀況如何，或依憲法之一般規定，或為變則之行動，皆由帝國憲法自身決定。帝國憲法非凝然不動的憲法，實有伸縮自在、廣狹無礙的性質。筧克彥針對「憲法的通則」可不適用於殖民地，進一步說：「帝國憲法第三十一條規定『本章（第二章臣民權利義務）所揭的條規，於戰時或國家有事變的情形，不妨礙天皇大權的施行』。新附領土的殖民地，具有據其民情到底不得依照憲法通則之情事，但同時做為立憲國的一部分，……不可任其存在於憲法之外，從而應擴張『國家有事變的情形』的意義，將此情況包含於其中。……殖民地行政係根據應變大權：於殖民地上，……關於依憲法第三十一條直接或間接除外的部分，得不受憲法一般規定的拘束，關於非除外的諸點，則仍立於憲法一般規定之下。」依其見解，在殖民地，立法事項得不依從憲法第五條所規定之須經帝國議會協贊，必要時兵事與政務得不分離，亦得不受憲法第二十四條關於保障臣民訴訟權的拘束；但殖民地官廳之受中央官廳監督、及殖民地預算之審定，皆須依憲法之規定。[37]

　　綜上可知，對於主張帝國憲法全然不施行於台灣的市村光惠而言，台灣法令法根本無違憲問題。而對於主張部分施行說的美濃部達吉、上杉慎吉與筧克彥，只要台灣法令法的內容不違反「被施行」部

---

[36]　參見筒井若水等，頁 282 ， 286 。

[37]　筧克彥，《皇國行政法》（東京，大正 9 年），頁 238-239 。

分的憲法條項，即不構成違憲。而台灣總督律令制定權，可能牴觸的明治憲法上條文，依這三位學者對憲法條項施行與否所採擇的區分標準，似乎都屬於不施行於台灣殖民地者，因而亦排除了台灣法令法的違憲性。

（二）台灣殖民地立法制度是否違反帝國憲法

　　以帝國憲法施行於台灣爲前提，關於台灣立法制度的法令即有被指爲違憲的危險。若帝國憲法隨著對台灣領土主權的獲得，而當然施行於台灣，則日本領台之初的「軍政時期」（至 1896 年 3 月 31 日止），以台灣總督所發佈之稱爲「日令」的軍事命令，規範在台灣的立法事項，理論上亦發生「日令違反憲法」的問題。[38]惟當時日本本國學者尚未展開憲法效力是否及於新領土的論爭，故日令並未成爲違憲論者的攻擊對象，成爲箭靶的是台灣總督的律令。其主因是由於帝國議會所制定的台灣法令法，廣泛地授權台灣總督在台灣地域內發布具有與法律同等效力的律令，以致論者質疑其已侵奪帝國議會在憲法上的立法職權。而根本癥結在於所謂「委任立法」－立法機關將立法權委由其他機關行使－之是否允許、或有無界限的法理論上爭議。

1.全然不允許委任立法

　　穗積八束認爲立法權根本不可依法律委由行政機關行使。其謂：「規定立法權之所在及行使的是憲法，而非法律。故非經憲法之委任，不能以憲法上之立法機關以外的機關，行使立法權，……發布可替代法律之命令，係法律自身亦不能爲之事。」穗積因此明確的指摘規定委任立法的台灣法令法係屬違憲，且稱：「非法律又非命令的所

　　參見中村哲，頁 53。

謂律令，是在台灣白晝公行的怪物」。[39]

　　上杉慎吉對於所謂委任立法亦持全面否定態度。其認為「法律與命令之分界為憲法所定，……不許就憲法已規定應以法律規定之事項，改以命令規範之」。國會的立法權已為憲法所明定，為其不能不行使的職務，而非似私權一般可自由拋棄。雖有謂憲法只云應以法律規定之，並不限制以如何方法為之，委任立法即為方法之一；但如此將使憲法之規定應以法律為之，變成無意義。故凡規定得以命令規範憲法已明定應以法律規定之事項，實為違反憲法。[40]不過如前所述，上杉似傾向於帝國憲法上關於立法權行使的部分，並不施行於台灣。果其然，台灣總督的律令制定權即屬「無憲可違」。

　　筧克彥則認為將「委任立法」法理加以擴張，係為了避免由於認定憲法的通常規定亦施行於一切新領土所導致的不方便，是一種「無視於國家的應變行為」的解釋，實不必要。[41]

　　另外，有賀長雄引用明治憲法第八條，認為委任台灣總督發布具有法律效力的命令乃違憲。其立論理由為，於帝國憲法底下，得例外地發布可代替法律之命令惟依第八條之規定，然該條明定須限於為保持公共安寧或避免災難有緊急必要時，且須由天皇發布勅令，嗣後經帝國議會追認，而台灣法令法完全未具備上述要件。[42]

2.僅允許關於特定事項的委任立法

　　主張憲法當然施行於台灣的佐佐木惣一及清水澄，皆認為法律

39　參見春山明哲，頁 13-14。

40　上杉慎吉，頁 502-505。

41　參見筧克彥，頁 241-242。

42　參見有賀長雄，《國法學上》（東京，明治 34 年），頁 560-561。

的委任必須限於就特定事項爲之，則與此相悖的台灣法令法，依其見解應屬違憲。佐佐木惣一對「法律的委任」（即本文所稱之委任立法）定義爲：「法律就帝國憲法上須以法律規定之特定事項，關於特定的點，不自爲規定而由命令做成規定。」故其明確的表示：一般性地得以命令規範立法事項，非爲法律的委任，……應認爲係違反憲法。」[43]清水澄則首先肯定委任立法的必要性，曰：「法律係用於規定恆久的、全國劃一的事項，不適於規定需時常改變、因應地方情事而異的細則，故便宜上得將此等細則委由命令定之。……且並非將被委任事項的規定權移轉至命令，因隨時得取消該委任也，故不得謂其違反憲法。」但其仍指出所謂「一般的委任」，將立法事項包括的一概委任於命令，違背憲法就立法事項由議會協贊的預期，已屬違憲矣。[44]

　　根本不認爲帝國憲法施行於台灣的市村光惠，原不必進一步論斷台灣法令法是否違憲；惟其表示倘若認爲憲法施行於台灣，則台灣法令法中的委任立法明顯違憲。其理由之一即爲：「法律的委任，僅在就特定事項將其委由命令爲規定之情形下，始屬有效」。[45]

　　美濃部達吉亦曾對廣泛無限制的委任立法爲嚴厲的批判。其曰：「法律的委任，僅謂以法律於法律所規定的範圍內就其細綱目，委由命令做成規定。法律與命令的區別是立憲國最重要的原則之一，若放棄此項區別，使行政機關有權自由發布可替代法律的命令，如此還可說非違反憲法，則天下還有什麼事可以說是違反憲法？」[46]但若依美濃部的折衷說，認爲明治憲法第五、八等條規定不適用於台灣，則

43　佐佐木惣一，頁 606-608。

44　清水澄，頁 136-137。

45　市村光惠，頁 245。

46　美濃部達吉，〈律令卜憲法卜ノ關係ヲ論ス〉，轉引自中村哲，頁 99。

台灣法令法上的總督律令制定權可能不至於違憲。

3.允許廣泛的委任立法

在帝國憲法效力及於台灣的前提下，欲以委任立法的法理，救濟台灣總督律令制定權的違憲性,必須承認委任立法並不限於針對特定事項，而是可為範圍廣泛的委任。當時在日本的學者，即有金森德次郎與宮澤俊義，承認此類廣泛委任立法的適法性。[47]

（三）上述學界論爭的意義

這些形形色色、令人眼花撩亂的「憲法解釋」，到底在背後蘊含著什麼樣的意義呢？當時有許多日本學者認為六三問題純然是法理論的爭議,例如穗積八束即指責他人將政策爭議與法理解釋混為一談，而堅持自法理論解釋應屬「違憲」。[48]但是美濃部達吉則明白指出，此同時涉及殖民地統治的「政策問題」。其實若依今日的通說見解，「憲法解釋」在本質上毋寧是一種價值判斷的「實踐」活動,[49]不能免於解釋者個人「價值」或「政策」的引導。而學者們的憲法解釋結論或憲法政策主張,事實上也都受到當時學術環境及主流價值觀相當程度的制約。

無怪乎當時認為台灣法令法違憲的日本憲法學者並不多，即令持違憲論者，亦不主張使其實質內容符合立憲主義之要求。戰前日本法學界盛行著平野義太郎所稱的「官僚法學」，經常為支配人民、提

47　參見中村哲，頁 100 ， 102 註七。當時在台灣的日本人學者亦有採此見解者，詳見後述。

48　參見穗積八束，頁 330 。亦參見春山明哲，頁 17 。

49　參見許志雄，頁 18 註二十五。

供官僚執行職務之便而進行法條解釋。[50]違憲之解釋,基本上並不符合官僚法學的期待。故上述學者中,僅穗積八束、有賀長雄明白認為台灣總督律令制定權違憲,佐佐木惣一及清水澄則依其學說似應屬違憲論(但其未明示此旨),以及市村光惠指出若依憲法施行於台之政府見解(詳見後述),則六三法等為違憲。雖然官僚法學代表人物穗積八束在此項議題上似乎與政府唱反調,但他向來即反對立憲制的權力分立原則,[51]故當然不是為了在殖民地推行立憲政治而認為台灣法令法違憲。市村光惠在一九一〇年時亦認為六三法及後續的三一法,在法理論上是違憲的,但政策上於台灣實施特別統治,則屬適宜,故「應講求除去其違憲性的方法」,亦即在憲法典中增補有關得對新領土發布特別統治之規定。[52]換言之,這些違憲論者的期望,僅是將實質已違背明治憲法的部分,在形式上加以「合法化」,俾能維護所謂的「憲法尊嚴」。

台灣殖民地人民的憲法上權利,似乎不為這些日本法學者所關心。於戰前日本高舉自由主義旗幟、與上杉慎吉及筧克彥等集體主義法學者相抗衡的美濃部達吉,就六三問題,最終仍在司法論上以「屬地性憲法條項不施行於殖民地」的「憲法解釋」,為當時實定法的違憲性解套。雖然美濃部認為依憲法法理,殖民地議會的設置(可使殖民地之行政權與立法權分立),並不構成違憲;[53]且將來若欲將帝國憲法全部施行於台灣,只須將台灣編入內地即可,不必經修憲手續。

---

[50] 參見平野義太郎,〈官僚法學〉,載於鵜飼信成等編《講座日本近代法發達史》(東京,1958年),頁23。

[51] 筒井若水等,頁158。

[52] 市村光惠,〈「サーベル」主義の台灣〉,《台法月報》,4卷5號(明治43年),頁42。

[53] 參見美濃部達吉,《逐條憲法精義》,頁430-432。

[54]但是，面對如其所述之台灣殖民地未實施立憲政治的現實，基於其再三強調此係殖民地統治「政策問題」的見地，美濃部自己在立法論上採取什麼樣的立場呢？我們發現似乎美濃部達吉對於立憲主義的堅持，只及於日本內地，而不及於殖民地。研究美濃部達吉思想史的家永三郎，將美濃部之不主張施行憲法於殖民地，解釋為「不對殖民地人民給予權利」，而指摘其學說有「帝國主義的界限。」[55]事實上市村光惠早已坦率且露骨的點破問題核心所在，即台灣人民只不過是「統治客體」罷了。或許是習法者較易於落入既有法體制的框框而不自覺，美濃部達吉僅能到達「帝國主義的」自由主義者之境界，不能夠像另一位研究殖民政策學的自由主義者矢內原忠雄一像，由尊重個人人格的自由，提升到尊重所有殖民地人民做為一個集團人格的自由，進而主張殖民地自治甚至允許其獨立。[56]

　　更根本性的缺憾是，違憲與否的憲法解釋在實定法上意義不大。戰前日本並無司法違憲審查制度，欠缺專責的釋憲機關。且如同當時的普魯士一般，違憲的法律，在實定法上仍屬有效施行。[57]甚至違憲的實務運作，亦得以「慣例」為由予以承認。[58]職是之故，違憲的主張無礙於法律之擁有合法性，至多僅能減損該法律的正當性基礎。

---

[54]　參見美濃部達吉，《憲法撮要》，頁 197-198。

[55]　參見春山明哲，頁 17。

[56]　參見M. Peattie, "Japanese Attitudes Toward Colonialism," in *The Japanese Colonial Empire, 1895-1945,* ed. R. Myers & M. Peattie(Princeton, 1984), pp.114-118；矢內原忠雄，《殖民及殖民政策》（東京，昭和8年），頁385。

[57]　有賀長雄，頁 561。

[58]　佐佐木惣一，頁 608。

也因此上述憲法學者的違憲論，僅是徒有其表、不具殺傷力的「空包彈」。更諷刺的是，這些學說見解剛好使得六三問題，成為一個具爭議性的問題，足供日本議會與政府進行各自表敍、利益交換等等政治活動。

三、日本政界的論爭與官方見解

（一）以憲法為政爭工具

1.六三問題的政治屬性

關於台灣統治方式的法律上設計，自始就是政治運作下的產物。日本甫獲得台灣之時，由藩閥勢力掌控的政府當局，就「台灣統治上必要的法律應由誰制定」的問題，面臨了明治憲法已規定凡是法律皆須經帝國議會之協贊，但依台灣當時實際情況又不宜遵守此項程序的兩難。[59]藩閥勢力不得不跟與其相對立且以議會為政治據點的政黨，進行條件交換的「合作」關係。伊藤首相以重要法案及預算案須預先告知自由黨、及自由黨員板垣退助入閣做為條件，換得自由黨支持政府所提出之台灣總督委任立法制度，不攻擊其違憲性。但另一個為對抗伊藤內閣而集結的進步黨，仍頻頻以違憲等理由批判這項政府提案，故最後雖通過此制但附加三年期限。[60]六三法成為三年屆滿即告失效的「限時法」，事實上是政治上延長戰線的做法。每三年一到，藩閥政府為了延長該項法律的效力，必須再跟政黨勢力合縱連橫一番，且六三問題在憲法理論上的爭議又再度被炒熱，使得涉及殖民地憲法的六三問題，還另以「政治問題」的面向展開。[61]

---

[59] 參見春山明哲，頁 3。

[60] 參見中村哲，頁 75-79。

[61] 參見吳密察，《台灣近代史研究》（台北，民國 79 年），頁 120。

政治因素的考量，經常決定了是否參與關於六三問題的憲法論爭及其所持立場。按總督律令制定權實質侵奪帝國議會的立法權力，故議會之成員即藉著參與六三問題的憲法論爭，表達不滿。與政府對立的派系，亦經常藉題發揮，例如台灣總督府高等法院長高野孟矩遭松方內閣的非職處分時，以憲法第五十八條賦予裁判官身分保障為抗辯；反對政府之派系立即支援其行動，並將議題擴大為憲法是否施行於台灣的前提性問題。此外，不滿在台日本人於台灣殖民地不能享受與在內地同樣權利者，例如出身台灣記者的眾議院議員小林勝民，亦在日本議會內批判六三法。[62]彼等對憲法爭議的態度，與其參與論爭的政治動機，息息相關。在帝國議會中發言的議員，較多採取帝國憲法施行於台灣的見解。[63]蓋如此才能夠站穩帝國議會對台灣法律有審議權的立場，尚可進一步攻擊六三法等的違憲性。至於是否主張台灣法令法係違憲，則可能決之於議場外的「政治交易」。[64]例如一九〇二年日本最大在野黨政友會，即以政府設立東北大學為交換條件，停止反對六三法延期案。[65]在此情況底下，學者們的各項「憲法解釋」只不過被政治人物用來包裝其政治意圖而已。

2.對台統治政策的辯論

值得注意的是，在帝國議會裏，就六三問題除引述法理論之外，還進行著對台統治政策的探討，亦即關於台灣統治基本法（台灣憲

---

[62]　參見春山明哲，頁 10。

[63]　當然亦有少數主張憲法不施行於台灣者，如野間五造，參見中村哲，頁 104，109。

[64]　參見春山明哲，頁 10。

[65]　參見吳密察，頁 136，144。

法）之立法政策的爭辯。於一八九六年審議六三法時，支持台灣特別統治體制者，提出三項理由：①武裝抗日仍熾、②台灣人的人情風俗異於日本人、③台灣與內地相隔數百里，若須依東京當局指示始可行事必貽誤政事。反對者則認為：①天皇依大權所發之命令，僅緊急勅令始具有與法律同一效力，且事後須經議會協贊，台灣總督的律令權竟勝過天皇之權，②不單是台灣人，連在台日本人，皆受總督專制統治，③為因應台灣情事，依緊急勅令即足。至一八九九年進行六三法延期案時，正反方論點依舊，支持者認為台灣現狀與三年前無大異，且治台之策宜沿襲台人習慣之傳統中國專制統治主義，反對者則強調此既係立法上「變則」，本不應長存。在一九〇二與一九〇五年的帝國議會，大致依循上述論點。於一九〇六年審議三一法時，支持者仍謂領台僅十年，台灣現狀尚未達到可與內地施行同等法律的境界。於一九一一年的三一法第一次延期案（因期限為五年）中，反對者指出三一法為六三法的延續，且五年又五年究竟要延至何時？總督委任立法制已歷十六載，實應復歸憲法的本則；支持者則稱台灣僅經濟發展上有部分進展，但全體而論與從前無甚差異。接著一九一六年又決定將三一法效力延長五年。[66]

一九二一年的法三號，是日本殖民政策改採「內地延長主義」後之產物，故以擴大施行日本法於台灣為原則，但總督律令制定權仍於稍加修正後被保留。顯示在台灣統治體制的立法政策上，依然肯定台灣人有異於日本人，故有特別統治的必要。由於法三號不附有效期限，屬於「永久法」，日本政界在帝國議會就六三問題的爭辯至此告一段落。[67]

---

[66] 歷次帝國議會審議過程，參見林呈祿，〈六三問題之沿革〉，前引註三。

[67] 參見春山明哲，頁66-70。

　　日本政界辯論六三問題的重心是：如何有效的統治台灣，而參與者的實際考量大多是所屬政治團體的利益。由於在殖民地並無選舉區，除極少數與台灣有關係的議員外，政黨與殖民地並無直接利害關係。只因帝國憲法本來賦予議會的立法權，一時的被移交台灣總督手中，而收回此項權力的有力武器即是一切「回歸憲法」，故政黨乃以帝國憲法的正統性爲憑藉，攻擊藩閥政府的殖民地統治措施，或與之爲政治交易。[68]在帝國議會裏既沒有代議士、又不能運用近代法政知識進行辯論的台灣人，於上述日本政界論爭中，則完全缺席。

（二）政府的官方見解

　　日本政府認爲明治憲法已完全施行於台灣。一八九六年代表政府在議會答詢的台灣總督府民政長官水野遵,面對六三法上總督律令制定權牴觸帝國憲法的質疑，起初答曰：「此全然與憲法無關係，憲法尚未全部施行於台灣，即憲法的效力不及於台灣」，但隨即表示其真意爲：「憲法並未全部施行。換言之，憲法中關於臣民權利義務之規定實際上未施行，但憲法上有關天皇大權者，則已施行於台灣。」可見政府方面自始避免表示採消極說，而是以部分施行的折衷說爲官方見解。[69]迨一九〇六年議會審議三一法時，內務大臣原敬於答詢時，以台灣法令法係依憲法規定經帝國議會協贊爲由，主張十餘年來憲法一直施行於台灣。至此，政府見解已趨向全部施行說。[70]

68　參見同上註，頁 20 。

69　水野遵之發言內容，見內閣記錄課，《台灣ニ施行スヘキ法令ニ關スル法律其ノ沿革竝現行律令》（東京，大正 4 年），頁 4，6 。

70　參見同上註，頁 250 ；條約局法規課，《日本統治下五十年の台灣（「外地法制誌」第三部の三）》（東京，昭和 39 年），頁 39 。

　　上述見解亦適用於日本帝國嗣後所取得之殖民地。至戰前日本帝國瓦解爲止，依政府的見解，台灣、朝鮮、樺太(南庫頁島)係屬日本領土，帝國憲法當然施行於該地域，故憲法所定的立法事項須以法律定之；至於租借地關東州及委任統治地南洋廳，因非屬日本領土，帝國憲法不當然施行，故憲法所定的立法事項，僅當做大權事項，由敕令定之即可。[71]

　　日本政府亦否認台灣法令法中的總督律令制定權係違憲。政府方面運用「委任立法」的理論，認爲應以法律規定之事項，雖由行政機關的律令定之，但此係經議會所制定之法律本身的授權，故律令之規定的效力來源，仍是議會的法律。[72]政府亦深知此說在法理論上會遭到如「委任立法僅限於就特定事項」等學說的批判，故再以實際上有需要，其適法性業經議會認可，且行之多年已成慣例等等理由爲辯解。[73]

參、台灣在地的憲法論述與實踐

一、憲法相關問題的論述

　　台灣在地統治當局和法學界如何看待以六三問題爲中心的台灣殖民地憲法問題，值得另以專節討論。按台灣總督府一方面屬於整個帝國統治體制底下的地方官廳，須遵從日本中央政府的政策決定及其監督，[74]另一方面做爲特殊的殖民地統治機關，其在台的施政擁有相

---

[71]　清宮四郎，《外地法序說》（東京，昭和 19 年），頁 77。

[72]　參見同上註。

[73]　參見條約局法規課，《日本統治下五十年の台灣》，頁 44-45。

[74]　日本中央政府內監督台灣總督府的專責機關是：拓殖務省（1896）、內閣台灣事務局（1897）、內務省（1898）、內閣總理大臣（設有拓殖局，

當大的自主權，就國防外交以外的一般性政務，經常是不受中央政府
各省大臣管轄。尤其在政治上台灣殖民地是以陸軍為支柱的藩閥的勢
力範圍，[75]台灣統治當局，可能排拒政黨勢力憑藉中央權威對其所施
加的干預。換言之，台灣總督府與日本中央政府之間，仍有某種微妙
的矛盾存在。又當時台灣的法學界，雖屬日本法學界的一部分，但仍
有若干地域特色。亦即其構成員係以擁有與台灣人直接接觸經驗、現
實上可享受殖民民族優越感的在台日本人為主，且以出身官僚者居多
，此外，尚有少數台灣人習法者。故其所呈現的觀點，可能不全然相
同於內地法學界。因此為了全盤理解台灣斯土在日治時期的法經驗事
實，固然須先認識戰前日本帝國的整體法現象，仍有必要再觀察擔當
實際統治之責的台灣總督府、以及現實存在於本地之台灣法學界的各
種法律活動。

（一）台灣總督府

1.依從中央政府的官方見解

　　台灣總督府對六三問題的基本態度，與中央政府無異。當六三
問題在帝國議會進行論爭時，台灣總督府內掌管一般民政事務的「民
政長官」或「總務長官」（以「政府委員」之身分），有時甚至總督
本人，會在帝國議會發言表達意見。第一任樺山總督時代，職位相當
於民政長官的水野遵，曾表示帝國憲法部分施行於台灣，已如前述。
[76]

1917）、拓務省（1929）、內務省（1942）。參見拙著，〈日治時期台
灣特別法域之形成與內涵〉，本書，頁131-132。
[75] 參見春山明哲，頁2，29。
[76] 有謂於樺山總督時代曾發布憲法已施行於台灣之內訓，惟筆者尚未尋見此

　　兒玉總督時代的後藤新平民政長官，於一八九九年、一九〇二年在帝國議會並未明確答覆憲法是否施行於台灣的問題，僅言中央政府已有回答其不必再重複申述；且對於六三法上總督委任立法權違憲之質疑，強調此制係帝國議會所制定的，且事實上有必要。[77]再參酌一九〇〇年代初，兒玉後藤政府之擬提案以憲法增設明文的方式，合法化台灣特殊統治體制，其似乎支持帝國憲法形式上已施行於台灣之中央政府見解。

　　迨日本政壇政黨勢力抬頭，對台統治政策轉爲內地延長主義之後，田健治郎總督及下村宏總務長官在一九二一年帝國議會審查法三號時，皆明白答稱憲法效力及於台灣且總督的委任立法權不違憲。[78]由於法三號制定後帝國議會內關於六三問題的論爭即告沈寂，在欠缺殖民地議會的情況下，總督府不必再對六三問題表示任何官方立場。

　　一九三〇年代中期以後，日本軍國主義高漲，台灣總督府既然在台推行「激進同化」的皇民化運動，則使台灣在形式上「一視同仁」的適用帝國憲法，應不違背其統治政策。

2.反對立憲政治

　　台灣總督府所企求的是，實質上排除明治憲法中屬於立憲主義部分之條項的台灣統治體制。一九〇二年兒玉總督在帝國議會的秘密會議中，坦言君臨台灣人最緊要之事即爲保有威權，而台灣人已習於

項內訓。參見三好一八，〈獨立せる台灣之司法〉，《台法月報》，13 卷 8 號（大正 8 年），頁 8。

[77] 參見內閣記錄課，《台灣ニ施行スヘキ法令ニ關スル法律其ノ沿革竝現行律令》，頁 86，128。

[78] 參見台灣總督府官房審議室，《律令制度ノ沿革》（台北，昭和 15 年），頁 126，182。

傳統中國式的立法司法行政三權合一的統治型態；故台灣之立法、及司法權的一部分，須某程度與行政權一併委由總督行使，以使代表日本政府的總督擁有威權。一九一一年內田嘉宏民政長官在帝國議會爲三一法辯護時，再重提此論調，謂台灣人長期處於傳統中國的專制政治，已習於總督之總攬司法行政立法等權力。[79]誠如美濃部達吉所言，戰前的明治憲法仍有一部分制度，表現近代立憲主義精神，包括兩院制議會、立法行政司法三權不歸屬同一機關、責任內閣制、人民自由平等之保障等。[80]但是從台灣總督府的觀點，這些具有立憲主義特色的憲法上制度，都不宜實施於台灣殖民地（法理論上如何自圓其說是另一回事）。

　　日本的「大正民主」並未替台灣的立憲政治帶來太多生機。當議員詢問向來反對藩閥政府殖民地特別統治主義的第一位平民首相原敬：「基於立憲政治本義的法制，何時可施行於台灣？」原敬答稱無法確說出時間，必須依台灣的文化、智識程度而定。[81]由原敬任命的第一位文官台灣總督田健治郎，於法三號審議時，亦辯稱廢除總督委任立法權以使台灣與內地相同一事，不宜預先訂定三年或五年之期限，而應先由提升台灣人「文化程度」著手。[82]既無法定期限，復以抽象之詞做爲實施要件，則立憲政治的實施與否，完全繫於統治當局基於自身利益所爲的恣意決定。難怪法三號制定後二十餘年，台灣總

[79]　參見內閣記錄課，《台灣ニ施行スヘキ法令ニ關スル法律其ノ沿革竝現行律令》，頁134，277。

[80]　參見美濃部達吉，《憲法撮要》，頁127-131。

[81]　參見台灣總督府官房審議室，《律令制度ノ沿革》，頁131-132。

[82]　參見同上註，頁69、74、123-124。

督府雖不斷誇稱台灣如何進步，卻始終認為「未進展到」實施立憲政治的程度。

（二）台灣法學界

1.支持總督府者占多數

　　台灣法學界的成員，頗多與官方關係密切，彼等對台灣憲政問題的觀點，自然大多傾向支持既有的統治體制，茲詳述如下。在台灣的法學刊物上首先談到六三問題者，可能是日本憲法學者市村光惠。一九一〇年市村教授曾到台灣的覆審法院發表演講，此項講詞嗣後被刊登於《台法月報》上。市村認為台灣殖民地所實行的就是所謂的「官權政治」，在官權政治底下，「立法司法行政三權，或至少立法行政兩權，係掌握於同一人之手」，這「跟君主專制政治一樣，若能適當的運用即是最善的政治」，且「官權政治在殖民地最為必要，此由歐美各國皆對殖民地採特別統治形式可知」。其因此主張三一法雖在法理論上為違憲，但在政策上則為適當，故補救之道，即是進行修憲以使對於新領土得施行特別統治。[83]這項論語非常合乎當時掌控台灣總督府的兒玉及後藤的心意，總督府之擬提案修憲，或許與市村氏的建議具有某種關係。

　　一九一〇年代初期，在台灣總督府法務部門所支持的《台法月報》上，尚有許多擁護台灣殖民地特別統治體制的論文。中野顧三郎舉英國「直轄殖民地」之行政立法均屬本國，但本國以將其委由總督行使為常態，本國議會理論上擁有立法權但極少行使，做為例證，說明委任立法在殖民地的必要性。[84]後來擔任法務部長的石井為吉，則

83　參見市村光惠，〈「サーベル」主義の台灣〉，頁103-104，114。
84　參見中野顧三郎，〈殖民地委任立法に就て〉，《台法月報》，4卷11號

以在地統治官僚的經歷,指出日本內地的人們欠缺統治與經營殖民地的知識,任何有關台灣的統治政策,皆須顧及到一個事實,那就是島上居住著三百二十餘萬國民性有異的本地人。[85]註明「在東京」的井出道次郎,主張帝國憲法不施行於台灣及朝鮮,似乎與官方見解相違,但是其因此歸結出:「倘若新領土的人民亦與母國人民同樣完全擁有如憲法上所舉臣民的權利義務之保障,則應是違反憲法制定的趣旨及統治目的。」[86]就結果而言,與官方之不欲賦予台灣人民完全的憲法上權利,並無二致。

於一九一五年年底,當帝國議會裏可能又因三一法延期案而再啓六三問題爭議之時,台灣法學界已紛紛為文奧援台灣總督府。《台法月報》上先有署名「寒燈竹屋主人」的在台日本人,以台灣風俗習慣與日本內地仍有巨大差異為由,反對「撤廢所謂六三法律」。[87]任職檢察官的三好一八,接著分三點說明帝國憲法之施行於台灣,再以五項理由主張律令不違憲。三好針對消極說的理由,指出①憲法係期待行之久遠的立國基本規範,領土可能變更早已預見,故不僅僅施行於制憲當時的領土;②君主一旦制定憲法,則爾後統治權的運用均須依從憲法所定之方式,君主不可任意的不在台灣施行憲法;③君主當

（明治43年），頁26-30。

85　參見石井為吉,〈台灣の統治に就て〉,《台法月報》,4卷12號（明治43年）,頁26-29。石井為吉於明治四十四年擔任台灣總督府法務部民刑課長,大正三年升任法務部長。見台灣總督府法務部編,《台灣司法制度沿革誌》（台北,大正6年）,附錄,頁41。

86　參見井出道次郎,〈憲法と新領土〉,《台法月報》,6卷4號（明治45年）,頁29-36。

87　參見寒燈竹屋主人,〈所謂六三問題と台灣の慣習〉,《台法月報》,9卷10號（大正4年）,頁19-22。

然擁有憲法的最高解釋權。由六三法及三一法踐履憲法所定立法程序，可知君主係解釋為在台灣施行憲法，否則君主無從準據憲法以行使在台灣的行政權司法權。同時律令也不違憲，因為①憲法上立法機關（君主及議會），仍保有於任何時候制定或改廢實施於台灣的律令或其他法令、或根本剝奪律令制定權的權利，並未拋棄其立法職務；②為使法律能隨時隨地適應社會需求，委任立法誠不可避免，憲法亦無明文禁止之；③六三法及三一法之委任立法，僅限於立法事項及限於法定的短期間內，又不妨君主及議會於任何時間直接為立法行為，故其授權範圍非一般而無限制；④有謂委任立法以委任給最近的下級機關為常態，六三法等卻未委任給位階在法律之下的勅令之制定權主體的君主，而是委任給做為再下一級行政官的總督。但此項委任之所以有必要，乃因某塊土地上之社會狀態有異，故特別委任給管轄該地的機關；⑤又有謂總督律令權將使其得以全然獨立於母國統治權之外，故屬違憲云云，但總督僅就台灣的立法事項受委任而發佈律令，並不及於天皇大權事項。[88]於同時間，在台日本人松岡正男，倡言六三法制定時之背景仍存在，議會不應廢止三一法。[89]另一位移住台灣殖民地的新田繁永，亦引據殖民法制及帝國憲法，支持以委任立法方式在台行特別統治。[90]

　　台中廳事務官佐佐木忠藏，在其與鹿兒島地方裁判所判事高橋武一郎合著、專為台灣特別法制所寫的《台灣行政法論》中，首頁即

88　參見三好一八，〈律令論〉，《台法月報》，9卷11號（大正4年），頁35-46。

89　參見松岡正男，〈所謂六三問題に就て〉，《台法月報》，9卷11號（大正4年），頁46-50。

90　參見新田繁永，〈六三問題に就て〉，《台法月報》，9卷12號（大正4年），頁34-41。

討論帝國憲法與台灣的關係。該書以政府的見解爲依據，將「憲法」列爲「台灣行政的法源」之一，且附上學者間有關積極說與消極說之立論供參考。就三一法是否違憲的問題，亦併列兩說，而明示採取不違憲說。其認爲明治憲法並未對議會行使立法權的方式有所規定，究竟要由法律自身直接規定或依委任命令間接規定，全屬立法者的自由。[91] 可能因其係以在台灣所發生的各種行政法上問題爲討論對象，故同時提及向來少爲日本內地學者所關切的日令違憲與否問題。佐佐木忠藏等認爲，由於帝國憲法自領台之時，即當然有其適用，故應解釋爲軍政時期之所以僅以日令（軍令），而未以法律或具有與法律同一效力的律令規範人民權利義務事項，係依憲法第三十一條之規定，於「戰時或國家有事變的情形」，由天皇依其大權發布命令，規範臣民權義事項，不構成違憲。按日令雖已隨著軍政終止而大多數已消滅，但仍有三項日令其效力依舊存續，故合憲之認定仍屬必要。[92]

　　法三號在一九二一年制定完成後，六三問題在日本政界已告塵埃落定，但台灣法學界於討論各項法律時，仍不免須觸及憲法問題。曾任台灣總督府法務部長的長尾景德，[93] 和另一位總督府官僚大田修吉合著的《台灣行政法大意》（初版發行於 1923 年），即開門見山的探討台灣在憲法上地位，並爲帝國憲法之施行於台灣提出辯解理由。其書指陳：有謂在台灣三權未分立、欠缺自由權之保障、更未具備國民參政之實，故帝國憲法未施行於台灣云云；但這項看法單依「政

91　參見佐佐木忠藏、高橋武一郎，《台灣行政法論》（台北，增訂版，大正 4 年），頁 1-8。

92　參見同上註，頁 13-15。

93　興南新聞社編，《台灣人士鑑》（台北，昭和 18 年），頁 303。

治論」雖多少有些道理，做爲「法理論」則未見其可。長尾等的解釋是：「憲法條章中，有些爲了具體的活用，特別地需有輔助性法律。關於這類條章，或由於做爲輔助法所制定的法令因台灣特殊情事而尙未施行，或由於在台灣已制定特別的輔助法，以致從外觀上看起來，這些憲法條章未施行於台灣。」其更舉例說明，譬如關於國民參政的憲法條章，即有賴於受憲法委任的法律，就選舉人資格、選舉方法等事項爲規定，始能實際運作；就像不能因女性被選舉法排除於選舉人之外，即謂憲法未適用於女性；也不能因選舉法排除具特殊情事的殖民地居民，即謂該憲法條章未施行於台灣。自由權的保障（非依法律不得剝奪）亦然，在台灣雖是由律令規範，但此律令非單純的命令，而是受法律之委任得以規範立法事項的命令，其依法理具有與法律同樣的意義。又如本島人無服兵役之義務，乃因憲法中規定服兵役之義務須「依法律所規定」，而受委任的兵役法尙未施行於台灣，以致對於本島人而言，這項有關兵役的憲法規定尙未有具體活動，並非該憲法規定未施行於台灣。[94] 至於法三號內總督律令制定權之是否違憲該

---

[94]　參見長尾景德、大田修吉，《台灣行政法大意》（台北，新稿，昭和 9 年），頁 1-5。舊稿係出版於大正 12 年，見〈序〉。大田修吉曾服務於總督府審議室，見〈新稿版序〉。於一九四五年日本眾議院修改眾議院議員選舉法，使該法開始在台灣及朝鮮實施，但由於日本不久即戰敗，一直沒有依此法在台灣辦理眾議員選舉。同樣是一九四五年，日本在台實行徵兵制，且新制定的「國民義勇兵役法」亦將台灣納入施行範圍之內。參見黃昭堂著，黃英哲譯，《台灣總督府》（台北，1989 年），頁 186，188-190。若依長尾景德等的「法理論」，帝國憲法上相關規定早已施行於台灣，此時由於輔助性法律的修改，使其能具體地在台運作。從歷史批判的眼光，爲什麼日本當局一定要等到治台的最後一年才願意讓這些憲法規定在台灣具有實質意義呢？不知以長尾景德等的「政治論」，就此該做什麼樣的評價。

書並未討論，僅言已設有限制要件，不同於過去的六三法及三一法。
95

　　當時台灣總督府高等法院長谷野格博士，爲紀念日本民商法自
一九二三年起施行於台灣人之間而撰寫的《台灣新民事法》，於說明
台灣民事法內涵之前，仍先引述六三問題的發展以闡明台灣的法源，
同時申論其帝國憲法施行於台灣、且委任立法非違憲的立場。96

　　一九三〇年代台灣民法學大家姉齒松平，97亦對台灣的憲法問題
表示過意見。身爲台灣總督府高等法院判官的姉齒松平，顯然也支持
日本政府的官方見解。其認爲台灣及朝鮮爲憲法施行之地域，關東州
及南洋群島則否，不過其亦提及在學說上就此有不同意見。另外，姉
齒判官對於台灣法令法內有關「施行勅令」的規定，亦即日本內地法
律經勅令指定後即可在台灣生效的制度，認爲係依法律（即台灣法令
法）之委任以（行政機關的）勅令擴張各種法律的施行範圍。98換言
之，施行勅令亦具有委任立法的性質。

　　不過另一方面，台灣法學界在日治後期已出現不具官僚身份、
以學術研究爲終生職志的憲法學者。台灣帝國大學自一九二八年設立
後即設有憲法講座，第一任授課教授井上孚磨的背景尙待查考，惟《
台法月報》上似未見其發表文章。自一九三七年起擔任憲法講座的中
村哲，則是鑽研法學和政治學單純從事教學研究工作的憲法學者。一

95　參見長尾景德、大田修吉，頁31-35。

96　參見谷野格，《台灣新民事法》（台北，大正12年），頁39-47。

97　參見拙著，〈撥雲見日的台灣法律史研究〉，本書，頁66。

98　參見姉齒松平，〈勅令を以て台灣に施行する法律に就て〉，《台法月報
　　》，30卷1號（昭和11年），頁9，11，17。本文括弧內文字係筆者
　　添加的。

九三九年曾兼代憲法講座的行政法專任講座園部敏,亦是專務學術、曾留學德法的公法學者。[99]本於對台灣法制研究上的需要,這兩位學者皆關心當時台灣的憲法問題,且提出堪稱相當直率的看法,不同於出身官僚者之極力為官方見解包裝。

中村哲將六三問題的本質指向殖民地統治政策的論爭。其詳述六三問題在日本政界及學界發展經過之後,認為所爭執者無非是:「在皆屬領土的內地及殖民地,關於統治權的根本組織應否相同?」而轉化成法律語言後,即是:「帝國憲法應否施行於新領土?」所以此絕非單純法律解釋的技術問題,實已涉及殖民政策的考量。[100]中村哲似乎企圖揭開向來將六三問題粉飾為純屬「憲法解釋」之爭的面紗,欲明白的顯現出各種解釋方法背後所關切的「政策」問題。惟中村哲個人對於台灣殖民地法制的立法政策上主張,仍傾向於贊同日本政府在台實施「日本式的同化主義」,以帝國憲法效力及於台灣為前提,使用憲法上屬例外性的規定統治台灣。[101]

園部敏則認為帝國憲法之是否施行於台灣,須從形式上及實質上分別論斷。園部敏先表示其跟多數學說一樣,支持政府當局「當然施行」的見解,但這項肯定係本於「形式的、概括的論斷」。另一方面,「憲法條規為發揮其完全的效用,需要有補助的、細則的法令;在內地的這一類法令,並不當然施行於台灣,受到因顧慮特殊情況而

---

[99] 參見陳昭如、傅家興,〈文政學部—政學科簡介〉,載於《Academia —台北帝國大學研究通訊—》,創刊號(1996年),頁16-18,23。

[100] 參見中村哲,頁4-6,13。本書大部分的內容,可能已先以「六三問題」為題發表於《政學科研究年報,第七輯》(昭和16年),再以「憲法と殖民地統治法との關係」為題,於昭和17年在台北帝大紀念講演會上宣讀。參見陳昭如、傅家興,頁71,175。

[101] 參見中村哲,頁22,130-131。

由台灣之行政機關進行立法的限制，憲法條規中尚未見(在台灣)具有完全實質效用者，委實不少。」因此台灣行政法，與內地最主要的差異在於：「所謂法治國的具體要素在台灣法制上仍弱。即第一、立憲主義的實行還不完全。於台灣欠缺立法權與行政權的分離，……一般私人的自由權利之保障薄弱，……第二、行政法規不完備。……第三，行政爭訟制度的不備。……於是台灣行政法的目標，只在於團體本位法治國的要求，及行政合目的的要求。」[102]依園部敏的批判性論述，帝國憲法僅形式上已當然施行於台灣但實質上尚未完全施行。

　　然而整個台灣法學界的憲法思潮，自一九三〇年代後期之後，已與日本內地同樣彌漫著反自由主義的「皇國憲法學」。筧克彥本人曾於一九三〇年至台北帝大擔任講師。[103]想必藉此宣揚其天皇制神學的憲法思想。一九三五年以後，任職高等法院檢察官的上內恆三郎，長篇大論地極力擁護日本之做為天皇制國家的「國體」，並加入圍剿美濃部達吉天皇機關說的行列。其認為美濃部所主張的統治權主體不是天皇而是國家、天皇只是行使國家統治權的機關等學說，已違反日本「國體」，指摘美濃部為「國體的叛逆者」。[104]其後，出身東京帝大法學部且專研宗教的增田福太郎，亦在《台法月報》高談闊論筧克彥的憲法觀。增田認為「天皇乃權威之光的中心」，憲法上的臣民權利義務，只是「將輔翼天皇的方法於今日應如何做始為適當加以規定

102　參見園部敏，《行政法概論—特に台灣行政法規を顧慮して—》（台北，昭和 18 年），頁 26-29。

103　參見陳昭如、傅家興，頁 23。

104　參見上內恆三郎，〈國體と國民の責任〉，《台法月報》，29 卷 10 號（昭和 10 年），頁 1-11。其後連續在同刊物以同主題發表論文，最後一篇係刊登於 31 卷 10 號（昭和 12 年），頁 1-9。

，……並不限制天皇的統治，……與西洋流的人民權利義務之根本意義相異。」因此臣民須以榮耀天皇的心完成自己份內工作，皇室的光榮即是國家的光榮。[105]增田福太郎亦嚴詞批判天皇機關說，[106]當談到所謂「憲法學方法論」時，則高倡「做爲皇學的憲法學」，認爲應該從「臣民」—亦即「天皇永遠的輔翼者」—的概念出發闡明憲法學的本質。[107]這些國家主義者的憲法論調，幾乎完全排斥近代西方基於個人、自由主義所發展出的立憲制度。

2.反對總督府者僅少數

　　無論如何，日治時期的台灣法學界仍存有少數與總督府唱反調的法律人。如前已述，有若干不滿總督府的在台日本人，曾參與日本政界關於六三問題的論爭，彼等即日治初期在台灣法學界攻擊台灣統制體制違憲的主力。[108]日治中期以後，則由台灣人異議分子擔當批判台灣殖民地憲政體政的角色，此點待下一節再詳論。在這時期，台灣社會裏的日本人，對於台灣的憲政問題，極少採取與總督府相異之觀點，且基於其自身的歷史文化與認同，亦與台灣人所可能主張者有間。例如住在台南的今村義夫，認爲由台灣選出的代議士，縱使能參與中央議會亦因人數太少而影響力有限，且不可能台灣的大小問題悉受

105　參見增田福太郎，〈天岩戶の精神と帝國憲法―笕博士の示教―〉，《台法月報》，32卷11號（昭和13年），頁6。

106　參見增田福太郎，〈所謂天皇機關說の内在的批判―正木教授の業蹟―〉，《台法月報》，32卷12號（昭和13年），頁6-13。

107　增田福太郎，〈皇學としての憲法學―憲法學方法論批判―〉，《台法月報》，33卷2號（昭和14年），頁8。

108　例如小林勝民，《台灣經營論》（東京，明治35年），頁13，31。反總督府的在台日本人曾發行《台灣民報》，但此不同於1920年代台灣人的《民報》，參見吳密察，頁121。

中央官廳監督，爲「防止總督權力的濫用」，有必要在台設立有力的立法審議民選機關；但「台灣不僅是台灣在住者的台灣，也是日本領土的一部分」，故不應帶有民族自決主義的色彩。[109]

二、帝國憲法在台灣的實踐

明治憲法在日治時期的台灣是否爲一部「活的憲法」呢？佐佐木忠藏等肯定帝國憲法爲台灣法制上之法源，長尾景德等也表示在台灣「實際的行政上，以憲法全部施行爲前提推行全盤施政」。[110]究竟當時是否有論者引用帝國憲法上規定支持或否定台灣各項法規或施政的「合憲性」，或者人民依帝國憲法主張憲法上權利呢？此關係到明治憲法在台灣是否具有實踐性格，或僅是存在於書上的「名目憲法」而已。按本文前面所述之援引憲法指摘殖民地委任立法制度爲違憲，即爲運用帝國憲法之一例。以下將再舉數例說明之。

（一）法規或施政合憲性的考察

1.台灣議會設置案

當設置台灣議會的構想被提出後，即有此制爲違憲之說。自一九二一年起許多台灣人即不斷要求設置民選的「台灣議會」，使其有權協贊屬於台灣總督律令制定權之範圍內的立法，及台灣特別會計下

---

[109] 參見今村義夫，〈台灣參政權問題私見〉，《民報》，13 號（大正 12 年），頁 11-13。另外，佐佐島春男編，《台灣統治關係議會獅子吼錄》（台北：台灣自由言論社，昭和 3 年）曾刊載六三問題的起源及歷來論爭，惟編者只收錄正反面意見，未進一步表明其個人或該雜誌社之立場，故難以判斷其是否反對當時的台灣統治法體制。

[110] 長尾景德、大田修吉，頁 2-3。

的歲計預算。[111]但這項構想在當時曾被指爲「違憲」,其理由不外是:憲法已將立法及預算的協贊權交由帝國議會行使,若設置台灣議會以行使該項權力即抵觸憲法。[112]但就如美濃部達吉所說的:「既然無限制地將帝國議會立法協贊權委任給總督爲適法,則在須經殖民地議會決議的限制下將其委任給總督,反而謂違反憲法,全然不通。」依美濃部的見解,台灣議會之設置,與依地方自治制度所設置的地方議會,僅有程度上差別,而無性質上差異。帝國議會所規定之應施行於殖民地的法律,仍然拘束著殖民地議會。其實「殖民地議會的設置與否,並非憲法解釋的問題,而是殖民地統治政策的問題。」[113]

　　值得注意的是,這項憲法議題曾在台灣總督府法院內進行過公開辯論。一九二三年,若干台灣人異議分子擬設立「台灣議會期成同盟」,其遭台灣總督府拒絕後,改向日本內地警方申請且獲准,再回台灣從事活動,以致台灣的檢察官以彼等違反治安警察法爲由起訴(即俗稱的治警事件)。在第一審法院三好一八檢察官即指被告等欲設立台灣議會「是違反憲法」;至第二審法院,上內恆三郎檢察官於論告中亦謂:「如果在台灣設置被告所要求的議會,是違反憲法。」故在法庭上引發台灣議會之設置是否違憲的大辯論,數位辯護士及被告之一的林呈祿,皆力陳台灣議會之設置不構成違憲。當時台灣民眾非常關心該案,到庭旁聽的民眾都擠得水泄不通。該案於第一審,被告等全被判無罪,於第二、三審,雖有幾位被告因其結社行爲被判最重

111　參見周婉窈,《日據時代的台灣議會設置請願運動》(台北,民國78年),頁50-56。

112　參見條約局法規課,《日本統治下五十年の台灣》,頁47-49。

113　參見美濃部達吉,《逐條憲法精義》,頁430-432。又,蔡式穀辯護士曾博引諸家的憲法論爲證,力辯台灣議會之設置不違憲,惟不知其是否引用美濃部此項見解。見《民報》,2號(大正12年),頁8。

四個月之有期徒刑，但設置台灣議會這項訴求本身，已不再被隨意指為違憲。[114]

2.法院及訴訟制度

　　台灣總督府法院條例的合憲性，曾被質疑。日治初期即有論者以帝國憲法適用於台灣為前提，指摘台灣總督府法院條例（律令）將台灣的「司法大權」歸屬總督，判官僅為總督之僚屬且階級低，復賦予總督休職權致判官地位不安定，應屬「違憲」。[115]後藤新平於帝國議會中亦被議員詢及憲法與法院條例間之關係，惟後藤堅持：「法院條例未踰越憲法」。[116]一九一四年覆審法院檢察官早川彌三郎論及台灣司法制度時，認為應先究明「台灣司法部門在憲法上地位」。其指出台灣的判官，依帝國憲法第五十七條之規定，係以天皇之名依據法律行使司法權，並非代總督行使司法權，故其審判乃獨立於行政機關之外；所謂法院直屬於總督，與內地之裁判所歸屬司法省管轄同樣，僅謂司法行政監督而已。[117]一九一九年三好一八檢察官認為自法院條例公布後，台灣的「法院即是基於憲法依照法律所構成之獨立的裁判所，判官即是依憲法受身分保障之獨立的裁判官」。[118]一九二三年高等法院長谷野格亦陳明：「司法權在憲法上得以依法律所定的特別裁

---

[114] 參見周婉窈，頁81-88。

[115] 參見小林勝民，頁30-31。

[116] 內閣記錄課，《台灣二施行スヘキ法令二關スル法律其ノ沿革並現行律令》（東京，大正4年），頁131。

[117] 參見早川彌三郎，〈台灣司法制度論〉，《台法月報》，8卷2號（大正3年），頁39-44。

[118] 三好一八，〈獨立せる台灣の司法〉，頁14。

判所行使之，台灣總督府法院條例係法律，故全然沒問題。」[119]各家看法容或見仁見智，但援引明治憲法以建構法理論則一也。

在台灣明治憲法亦曾被適用於有關訴訟制度的討論。一九〇五年台灣總督府於內部檢討關於民事訴訟之法案時，曾以草案中某條文違反帝國憲法第五十九條公開審判原則，而予以刪除。[120]可見總督府官員，並非視憲法規定如無物。正由於在台灣，帝國憲法於法律位階上的最高性，至少形式上是無人敢質疑的，故一九三三年在台日本人辯護士飯岡隆，為文強調：「立憲法治國的領土內無行政訴訟法，有失體面」，主張在台灣實施行政訴訟法；甚至早在一九二五年，台灣人的報紙即以行政訴訟為憲法上的制度，要求其應施行於台灣。[121]不過終日治之世，日本的行政訴訟法未曾施行於台灣。

3.犯罪即決例

由行政機關審決刑事案件的「犯罪即決例」，亦產生是否違反明治憲法第五十七條的爭議。依一九〇四年以律令發布的「犯罪即決例」及其後的修正，台灣地方行政官廳之首長，對於①該當拘留或科料（較小額的罰金）之刑之罪，②應科處主刑三月以下有期徒刑之賭博罪或未至傷害之暴行罪，③應科處主刑三月以下有期徒刑或百元以下罰金之違反行政諸規則之罪，得不依正式裁判程序逕為即決宣判；且此即決權依法得由高階警察官代行之。[122]由於帝國憲法第五十七條

---

[119]　谷野格，頁 47。明治憲法第六十條規定：「應屬特別裁判所管轄者，另以法律定之。」

[120]　參見台灣省文獻委員會，《日據初期司法制度檔案》（台中，民國 71 年），頁 983。

[121]　參見飯岡隆，〈行政裁判法を台灣に實施す可し〉，《台法月報》，27 卷 6 號（昭和 8 年），頁 4-5；《民報》，79 號（大正 14 年），頁 3。

[122]　詳見拙著，〈日治時期台灣特別法域之形成與內涵〉，本書，頁 149-150

係規定司法權由「裁判所」行之,台灣的犯罪即決例卻規定由行政機關審決部分刑事犯罪,故被指為違憲。然總督府當局仍辯稱不違憲。警察系統認為行使即決權的行政官廳可視為「特別裁判所」,其所做之處分乃是實質上的司法處分;而司法系統如檢察官三好一八,則認為即決處分並非司法處分,但由於即決例仍允許不服即決宣告者向法院請求為正式裁判,故並未違憲。[123]

　　不過,總督府法院確曾引用憲法嚴格解釋即決權的範圍。依一九〇四年台灣總督府議決定,有關即決權範圍的「行政諸規則」,係指為行政目的,做為行政事務之規準所發布的法律或命令。但在一九二〇年,高等法院卻引用憲法,做出不同於行政機關決議的解釋。法院認為:憲法第二十四條已規定日本臣民受依法律所定裁判官做成裁判之權利不可侵奪,犯罪即決例雖因仍保留對即決裁判請求正式裁判之權而不可謂為違背憲法第二十四條,但畢竟是憲法第二十四條的例外制度。依憲法該條之精神,犯罪即決例所謂行政諸規則的意義,應從狹義解釋。且帝國憲法在第五、八、九、十條,已明白區分「依立法權作用所發布之法令」,即法律、緊急勅令、依法律之委任所為命令,以及「依行政權作用所發布之法令」,即勅令、命令兩種。在此所謂行政諸規則,僅指後者而已。[124]就本事例,總督府法院相當令人驚訝地,依據帝國憲法做出與總督府行政部門(含警察系統)相異的

。

123　參見李崇僖,《日本時代台灣警察制度之研究》,台大法研所碩士論文,民國 85 年,頁 135。

124　詳見台灣總督府警務局,《台灣總督府警察沿革誌第二編:領台以後の治安狀況(下卷)》(台北,昭和 17 年),頁 338-349。

法律解釋。

4.民事爭訟調停制

　　另一項由行政機關插手司法性事務的民事爭訟調停制度，同樣滋生違憲疑義。自台灣總督府於一九○四年以律令發布「廳長處理民事爭訟調停之件」以後，台灣的地方行政機關即得以強而有力地處理民事紛爭之調停事宜。由於紛爭相對人若經調停機關傳喚無故不到場，將遭拘留或科料之處分，以致這項調停具「強制性」。且負責調停之行政官員，經常藉官威壓迫紛爭當事人接受其仲裁，加上該調停機關可自為強制執行，使得名為「調停」實為「裁判」。按經調停成立之同一事件，即不得再向法院提起訴訟，其結果造成這類民事紛爭，從未經司法機關審理，卻被拒絕於法院之外。故即令谷野格高等法院長，亦認為此有違反明治憲法第二十四條保障臣民訴訟權之嫌。[125]

5.土地調查委員會的確定業主權

　　人民間關於土地業主權或境界劃分的糾紛，本屬私權紛爭應由法院裁判，但日治初期的土地調查事業並未遵循此項要求。按台灣總督府於日治之初即進行全島性土地調查事業，其間勢必面對大量有關誰為業主或境界應如何劃分等紛爭。總督府考慮到訴訟審理程序的緩慢繁瑣，將不足以符合土調事業大規模地、迅速確定人民土地法律關係的需要，於是設置了主要由行政官員組成的地方及高等土地調查委員會，處理這類紛爭。人民對於地方土地調查委員會「查定」的結果若有不服，得聲請高等土地調查委員會裁決；但經其裁決之事項，不

---

[125]　參見谷野格，頁 31-33 ；台灣省文獻委員會，《台灣省通志稿卷三政事志司法篇》，（台北，民國 49 年），第二冊，頁 212 。帝國憲法第二十四條規定：「日本臣民受由法律所定之裁判官為裁判的權利，不可被剝奪」。

得再提起訴訟。換言之，土地調查委員會的「裁決」，具有取代司法機關而終局地確定人民間土地法律關係的性質。[126]

上述措施曾受到違憲的質疑，但終未改變。當時輿論對此已有「侵害司法」、「違反憲法」的爭議發生。於一九○三年當時的地方法院長，曾向兒玉總督報告有關開啟法院救濟途徑的必要，然總督府官員認為司法救濟將使既已確定之業主權又陷於不確定狀態。最後，僅增列於極例外情形時，得向高等土地調查委員會，而非法院，申請「再審」。[127]至於此項措施是否違反明治憲法第二十四條有關人民訴訟權之規定，則似非總督府關心重點。

（二）憲法上權利的主張

1.請願權

當台灣人知識分子擬在政治上要求設置台灣議會時，即訴諸於人民在憲法上的請願權。本於帝國憲法全部施行於台灣的官方見解，台灣人應享有憲法上臣民之權利(除非補助性法令另有規定)。故自一九二一年起，林獻堂等屢次依明治憲法第三十條關於人民請願權之規定，向帝國議會提出設置台灣議會的請願案，使得這項政治運動在法律體制內取得合法的推動方法；在台灣的日本警察雖蠻橫，對於從事請願的合法性也不得不顧忌三分。[128]

---

[126] 參見魏家弘，《台灣土地所有權概念的形成經過——從業到所有權》，台大法研所碩士論文，民國85年，頁126-128。

[127] 參見同上註，頁130-131。例如小林勝民曾批評高等土地調查委員會侵奪法院一部分的裁判權，見小林勝民，頁32。

[128] 參見周婉窈，頁71；吳三連、蔡培火等，《台灣民族運動史》(台北，民國60年)，頁195。

　　此外，一九二七年二月，台灣農民組合領導人曾向帝國議會請願；一九三一年二月，另一台灣人政治團體－台灣地方自治聯盟，亦向帝國議會提出請願案。[129]

2.人身自由

　　在台灣的辯護士，曾引用明治憲法上的規定，維護人權。在一九三五年的「新營郡事件」，警察非法逮捕抗議的農民及其指導者，當時的台灣辯護士協會，認為明治憲法第二十三條明定「日本臣民非依法律，不受逮捕監禁審問處罰」，故立刻派遣數位辯護士前往調查，且分別向高等法院檢察官長、總督、法務部長及警務局長提出抗議，並獲得肯定的答覆，使警局在此壓力下將被捕者釋放。這可說是實現了台灣辯護士協會於創辦機關報《法政公論》時，所宣稱的旨趣：「本協會因本島當然屬帝國憲法施行之範圍，故嚴加確保其遵由，監視法律命令之適正運用，……」。[130]

3.信教自由

　　明治憲法上信教自由的規定，曾被援用於反對「台灣人寺廟廢棄論」。在日治末期，基於皇民化政策主張廢棄台灣在來寺廟者，不乏其人。惟增田福太郎援引帝國憲法第二十八條：「日本臣民於不妨礙安寧秩序及不違背臣民之義務的範圍內，有信教自由」，質疑寺廟全廢論之正當性。其認為台灣人民間信仰，「具有相當多屬於中性的

---

[129]　參見陳銘雄，《日治時期的台灣法曹——以國家為中心之歷史考察》，台大法研所碩士論文，民國85年，頁216；《民報》，353號（昭和6年），頁2。

[130]　參見陳銘雄，頁269，272-274。於一九二八年，台北辯護士會即設置調查有關人權蹂躪的常設機關。見《民報》，214號（昭和3年），頁10，220號（昭和3年），頁12。

商業交易色彩」，並未有憲法所稱妨礙安寧秩序及違背臣民之義務等
「反國家性」。台灣人對於土地公、媽祖、觀音、城隍爺等的信仰，
就像日本人亦信仰如釋迦牟尼、耶穌等「外來神祇」一樣，不妨礙臣
民做爲「天皇輔翼者」的本務，台灣人的信仰應被尊重。[131]雖然增田
福太郎本於「做爲皇學的憲法學」立場，並不認爲臣民可以主張什麼
「權利」，其立論理由亦不忘強調恪盡臣民責任；但是透過「解釋」
，該憲法條文仍可能實質上保障人民的信教自由。

肆、台灣人的憲法文化

一、台灣人的憲法觀念

（一）從台灣人角度看台灣憲政問題

1.以六三問題爲觸媒的憲政思考

　　台灣人對於六三問題的態度應該跟日本人一樣嗎？直到一九一
〇年代末期才有機會接觸近代憲法思想的台灣人知識分子，於知悉上
述日本學界、政界有關六三問題的討論後，很容易會認爲六三法（即
台灣法令法）之撤廢是台灣人的出路，因爲它正是保甲條例、匪徒刑
罰令、台灣浮浪取締規則等一切惡法的源頭。[132]例如蔡敦曜即具引明
治憲法第一條及第四條，批判台灣總督律令權爲違憲。[133]但是，倘若
如日本學界、政界部分人士所主張的：撤廢六三法以便使台灣納入與

---

[131]　參見增田福太郎，〈皇民運動下の台灣宗教〉，《台灣地方行政》，5卷1
　　　、2號（抽印本，年代待查），頁3-8。

[132]　參見周婉窈，頁33。

[133]　蔡敦曜，〈對於律令權之疑義〉，《台青》，1卷3號（大正9年），頁
　　　43-44。

日本內地同一的法律體制，則實暗藏著殖民地「同化主義」的陷阱。雖然殖民地或許能因同化主義的真切實行而享受立憲政治的平等待遇，但殖民地源自其自身歷史的特殊文化景況亦將被否定，例如台灣人必須改從日本民法上親屬繼承編之規定；就被殖民民族的主體意識而言，喪失歷史文化將是一種切膚之痛。[134]因此，台灣人面對六三問題須另尋自救之道。

　　林呈祿即主張不必否定台灣法令法中台灣需要特別法制之前提，而是應要求此特別法制之內涵須實現立憲主義精神。林呈祿在一九二○年的文章裏，先點破日本人討論六三問題時之囿於「統治民族心態」，其曰：「所謂六三問題者，畢竟不過日本帝國，對於有特殊情事之台灣，應施行之法律，其當在帝國議會制定之耶，或當委任行政機關之總督而使之制定耶之爭論而已；至對於新領土之台灣，其當施行真正之立憲法治制度，及當如何擁護伸張台灣住民之權利與義務之問題，則尚未涉及焉。」[135]林呈祿提出的解決方法是：「由純理考之，固有將來撤廢台灣之特別統治，而在帝國議會為同一立法之理；然而由實際上觀之，則以為不可不寧更進一步，而使設台灣之特別代議機關，以行特別立法者也。」[136]林氏於文中雖似兩案併陳，但顯已偏向設置台灣之特別代議機關，故有後述「台灣議會設置請願運動」的發起。

　　林呈祿嗣後更清晰的站在台灣人立場，申論包括六三問題在內

---

[134]　參見周婉窈，頁 42。

[135]　林呈祿（慈舟），〈六三問題之運命〉，頁 26。日本時代台灣人寫的漢文，跟當代台灣人不盡相同；為存真起見，本文於引用原詞句時，對文字不加以修改，僅附上新式標點符號。

[136]　同上註，頁 29。

的台灣憲政問題。其認為台灣若要照立憲國制度來統治，有兩個辦法：「第一是將日本內地的法律制度，全部延長來台灣施行，第二是倣效立憲政治的原則，在台灣另設置適合於台灣民情風俗的特別制度。前者即所謂內地延長、同化政策，後者是特別統治、自治主義。」這當然是包括立法行政司法等三方面而言，但倘若僅就立法權的方面來談，即是所謂的六三問題。「從我們島民看來，雙方各有半面真理、半面謬見。帝國議會爭執要遵守立憲原則，撤廢行政官兼立法的變態制度，這是片面真理；但並無一個台灣人來參加的帝國議會，何以曉得審議台灣特別事情的法律呢？設使給他制定，既無參加台灣人的意思，也不能算是立憲政治，這就是謬見。台灣總督爭執在台灣有特殊文化思想、及固有風俗習慣，故關於此特別事情的法律，不該在沒有參加台灣人的帝國議會立法，須在台灣特別立法才能妥當，這也是片面真理；但不想到立憲政治的原則，三權必要分立，總督自己是行政官而要兼立法者，這豈不是謬見嗎？」總之，「六三撤廢問題，是在內地一部分政治家的主張，這是傾向於同化政策的論潮；我們島民的希望，卻不在乎此，是在改造六三，是在設置台灣議會、要求台灣特別參政權，這是帶有自治主義的色彩。」[137]

2.台灣主體性憲法觀的浮現

如林呈祿所代表的是，第一代受近代西方法政思想薰陶的台灣人知識分子，開始本於台灣主體意識，思考台灣的憲政制度。台灣於清治時期，原無島民一體連帶之觀念；至日本治台後，相對於日本人

---

[137] 林呈祿，〈最近五年間的台灣統治根本問題〉，《民報》，76號（大正14年），頁10-11。

，島上屬漢民族的漳州人、泉州人、乃至客家人才被激發出皆屬「台灣人」或「本島人」的意識（此時「台灣人」的意涵不含居住於「蕃地」之原住民）。一九一○年代以後，不少台灣人渡海赴日求學，逐漸接觸了源自西方的近代法政知識，基於對殖民地統治的了解，體認到自己是歷史文化跟日本人不同的「被殖民民族」，台灣就像加拿大、澳大利亞、菲律賓等一樣屬於被稱為「殖民地」的政治單元（命運共同體）。例如一九二○年代《台青》、《民報》的「社論」，即提到台灣人口密度是「次於列國中」的比利時及荷蘭，居第三位，[138]甚至在標題中毫不避諱地寫著：「宜設台灣人本位的台南高商」。[139]許多台灣人知識分子，同時又習得近代西方自由主義立憲思想，於是乃以全體台灣人或台灣這個政治共同體，做為一個主體，來思考立憲政治的推動，故林呈祿等所要求的是「台灣」的參政權，而非僅止於「個人」的參政權。

（二）關於近代立憲主義的闡述

1.立憲主義思想的啓蒙運動

　　一九二○年代許多台灣人知識分子，強調立憲政治之落實必須配合民眾的覺醒，故向民眾推廣立憲思想允為首要工作。按日本時代的台灣人依其自我認知係屬漢民族，[140]於其固有文化中本無淵源自西方的近代立憲主義思想。故欲在台灣人社會裏推行立憲政治，不能不先讓知識分子乃至一般大眾了解並接受立憲思想。在一九二○年代，具有強烈改革欲念的台灣知識青年，已沈痛地呼籲：「無政治自覺之

---

[138] 吳密察、吳瑞雲編譯，《台灣民報社論》（台北，民國 81 年），頁 63（原刊行於大正 12 年），以下簡稱《社論》，後附該社論原刊行之年代。

[139] 《社論》，頁 345（大正 15 年）。

[140] 參見《社論》，頁 345（大正 15 年）。

民族，無要求自由平等之權利」，且「往昔，雖由於摩西一人的熱淚，使全以色列民族得達生地，但若圖現今台灣三百五十萬大眾的解脫向上，卻必要全台灣青年的總動員。」[141]「倘若在民眾對政治上沒批評的能力，聽從代議員任意擅行的時候，立憲政治之名，實是少數代議員的專制政治。……但是在我們的民眾，依然缺乏政治智識」，[142]且「多是慣於經濟的生活，對於政治不甚關心」。[143]不過，也不應以此為由拒行立憲之治，想要訓練立憲國的國民，「必要依立憲政治的原則，設代議制度由人民中選舉代表，使其參與國政，人民就會理解國家的政治了」，[144]亦即須以更多的民主，救民主可能之弊。總之，「要望政治運動急速成功，對於政治思想的普及，是宜要注意」；[145]「立憲政治是要百姓自家拚命去學習智識，團結眾力，大聲呼號，方才實現得來的政治。」[146]

141　《社論》，頁 16（大正 10 年），44（大正 11 年）。

142　《社論》，頁 381-382（大正 15 年）。七十餘年前，台灣有志之士已告訴我們：「雖是憲法很完備，議會有設置，若是對於政治上問題，人民沒有自由的判斷，失了自主行動的資格，必定常為野心政治家所利用，這也不能算是真正立憲的國民。官吏或極專橫，至濫用權力，國會議員於選舉區買收選舉人的投票，達到這樣腐敗程度，形式雖說是立憲國民，於實際必不能說是立憲的國民。所以（憲法）教育的目的，就在養成有自主獨立的人物，正如立憲政治的目的確在養成自治民同理。」於宣稱已行立憲政治的今日，展卷回味這段話，實令人感慨萬千，沒有憲法教育的立憲政治只是另一頭怪獸而已。見王敏川（錫舟），〈論立憲的教育〉，《民報》，2卷 14 號（大正 13 年），頁 6。

143　《社論》，頁 314（大正 15 年）。

144　《社論》，頁 97（大正 12 年）。

145　王敏川，〈此後應進之路〉，《民報》，86 號（大正 15 年），頁 3。

146　《社論》，頁 436（昭和 2 年）。

於是,透過雜誌的登載,立憲主義思想及實定憲法的內容,逐漸在台灣知識界傳播。在《台青》、《民報》等刊物上,我們可以看到許多與立憲主義相關的介紹或論著。例如黃呈聰對於近代西方立憲政體根本思想:個人主義及自由主義的申論,業已陳明此絕非私己、放縱主義。[147]這有助於導正傳統觀念中盲從權威、及集體主義的傾向。究竟「憲法」是什麼呢?《民報》社論告訴我們:「憲法簡直是國家與人民一種的契約,雙方都不得違背或廢棄。」[148]而蔡式穀辯護士在一九二〇年已清楚地指出:「據憲法第二章所揭,日本臣民對國家有三種公權,曰自由權,曰行為要求權,曰參政權是也。」[149]這是從被統治的台灣人立場,強調人民之享有「權利」,而非由日本統治者角度,專談應盡的「義務」與對天皇的「責任」。至於台灣人民在日本明治憲法體制下應享有的基本自由權利,亦有多人論及。鄭松筠辯護士於一九二二年曾引明治憲法第三十條之規定,解析請願權的內涵及對台灣人民的重要性。[150]林呈祿接著介紹即將施行於台灣的訴願制度於立憲法治上的意義,及其在日本實定法上的具體內容。[151]於《民

---

[147] 參見黃呈聰,〈論個人主義的意思〉,《民報》,3號(大正12年),頁2;黃呈聰(劍如),〈法律的社會化〉,《民報》,9號(大正12年),頁2-4。

[148] 《社論》,頁693(昭和4年)。

[149] 蔡式穀,〈權利之觀念〉,《台青》,1卷1號(大正9年),漢文部,頁33。

[150] 參見鄭松筠(雪嶺),〈請願權を論ず〉,《台青》,4卷1號(大正11年1月),和文部,頁40-44。

[151] 參見林呈祿,〈訴願に就て〉,《台青》,第3年3號(大正11年6月),和文部,頁24-32;,第3年5號(大正11年8月),漢文部,頁38-46。

報》，署名「雅棠」者與林獻堂，皆暢談言論自由應受憲法保障，[152]
亦有論者倡言台灣人擁有參政權、以及有權爲政治結社。[153]按明治憲
法第二十九條，關於言論、著作、印行、集會及結社之自由，設有「
於法律之範圍內」之限制，在一篇由王敏川所選譯的文章中，作者認
爲解釋本條時，非可僅由文義觀之，須溯及其思想背景，而知此項自
由對真理之發見、政治之醇化居功甚偉，故萬不得已時始可以法律限
制之。[154]

　　當時這些受近代法政思潮影響的新生代台灣青年，對於立憲政
治之內涵，具有相當深刻的了解。《民報》社論曰：「什麼是立憲政
治呢？第一是依民意的政治，……第二是依法以治的政治，……第三
是有責任的政治，……。」[155]亦有謂：「立憲政體有三個意義。一是
三權分立，……二是成文憲法，……三是議會的制度……。」[156]詳言
之，①民意政治即是「根據民意處理政事，這一點是立憲政治的精髓
」。[157]「要依民意施政，就要有民選議會，以代表民意、監視政府、
傳達人民之希望」。[158]且「內閣須以議會的信任做爲在職的要件」，

152　參見雅棠，〈思想自由論〉，《民報》，239 號（昭和 3 年），頁 8；林
　　獻堂，〈言論自由〉，《民報》，294 號（昭和 5 年），頁 3。
153　參見〈台灣議會與參政權〉、〈政治運動的新努力〉，《民報》，134 號
　　（大正 15 年），頁 2-3。
154　參見王敏川（錫舟）譯，〈言論之自由〉，《民報》，3 卷 8 號（大正 14
　　年），頁 7。
155　《社論》，頁 435（昭和 2 年）。
156　黃呈聰（劍如），〈法律的社會化〉，頁 3。
157　《社論》，頁 415（昭和 2 年）。
158　《社論》，頁 435（昭和 5 年）。

[159]以申責任政治之實。②法治政治，「即對於人民的自由，完全受著法律的保障，治者與被治者在法律之下都要同受一樣的看待」；因此日本「非理法權天」之俗語中，權可勝法的觀念必須修正，因爲「在法治國，法是最高的裁決，雖是官權也要服從法」。[160]③三權分立，即於立憲法治國，掌管立法、司法、行政三權之機關須分立，「議會、裁判所、政府皆爲獨立機關」。[161]

　　在一九二〇年代，即使是非專攻法政的台灣人知識分子，也可能具有相當程度的立憲主義思想。一九二三年舉行的「在東京台灣人大會」，做成的第一個決議就是：「吾人要望準據立憲法治的原則，革新現在台灣統治的制度」。[162]文學家張我軍，對三好一八檢察官於治警事件論告時竟謂：「不服同化政策的人儘可退出台灣」的批判是，這句話「違背著日本帝國的憲法」。[163]雖張氏未具體引據日本憲法的條文，但憲法無疑的是他評斷事物的標準之一。在島內由眾多專長相異的台灣人知識分子所組成的台灣史上第一個政黨—台灣民眾黨，在黨綱第一條載明：「根據立憲政治之精神，反對總督專制，使司法立法行政三權完全分立，而台灣人應有參政權」。[164]顯然參與者已相當贊同立憲主義思想。

---

[159]　記者，〈就議會而言〉，《民報》，309 號（昭和 5 年），頁 8。
[160]　《社論》，頁 243（大正 14 年），頁 435（昭和 2 年）。
[161]　參見黃呈聰（劍如），〈法律的社會化〉，頁 3；林呈祿，〈六三問題之運命〉，頁 26；《社論》，頁 105（大正 13 年），179（大正 14 年），309（大正 15 年），451（昭和 2 年）。可見《民報》最強調這項原則。
[162]　〈在東京台灣人大會〉，《民報》，2 號（大正 12 年），頁 8。
[163]　張我軍，〈田川先生與台灣議會〉，《民報》，3 卷 3 號（大正 14 年），頁 4。
[164]　《民報》，182 號（昭和 2 年），頁 3。

　　經由公開演講會，一般台灣民眾也開始有機會接觸這些憲法思想。一九二〇年代由台灣島內外許多改革派知識分子所組成的「文化協會」，曾在台灣各地以演講會宣傳新思想（相對於漢人的舊觀念而言），且頗受一般民眾歡迎，聽眾經常上千人。其中有不少是關於法律或針對憲法的演講。例如一九二五年一月在基隆，蔡式穀講「社會進步與法律」。[165]同年四月在斗六，林氏（林呈祿？）講「刑法常識」，且講至刑法瀆職罪中的職權濫用時，引帝國憲法第二十九條有關言論自由之條文，影射日本警察之中止演講爲濫用職權；數日後陳虛谷分別在彰化、草屯講「專制政治與立憲政治的區別」、「立憲政治」。[166]同年六月在新竹，葉榮鐘講「立憲政治」；隔日至苗栗，鄭氏（鄭松筠？）講法律，葉榮鐘亦再次談立憲政治。[167]此外，一九二七年成立的台灣民眾黨，大部分的活動傾注於政治思想的普及，即「政談講演」，[168]其言論經常涉及憲法層次。例如一九二七年年底在台南公會堂，盧丙丁演講「無視民意的總督政治與台灣議會」，初十分鐘即先講帝國憲法的原則。[169]

2.本於立憲主義的批判

　　日治下台灣之未施行「立憲政治」，已是當時一些具有改革意識的台灣人，尤其是知識分子，相當一致的看法。《台青》在一九二〇年的社論中，即語帶激動地說：「獨我三百五十萬島民尙接受著非

---

[165]　《民報》，3卷4號（大正14年），頁3。
[166]　參見《民報》，3卷13號（大正14年），頁5。
[167]　《民報》，59號（大正14年），頁5。
[168]　《民報》，207號（昭和3年），頁2。
[169]　《民報》，190號（昭和3年），頁3。

立憲政治，此誠恥辱之至」。[170]同年林呈祿懷著期盼心情表示：日本治台二十五年後才終於進入文官總督時代，「始入……立憲政之準備時代」。[171]其弦外之音是，在此之前根本無絲毫立憲政治可言。於日本民法及商法即將自一九二三年施行於台灣之際，《台青》社論再次提醒：「我台灣即使由於私法完備而能距法治之名不遠，但尚未聞憲治之聲，政治進化之前途尚甚多端。」[172]然日本統治者終究是令人失望的，《民報》說：「雖然認有尊重特殊的民情，承認特別立法的必要，但事實上卻是違背了立憲政治的精神、三權中的立法行政二權全部委任總督一人，而司法權雖說獨立也是很曖昧的。……名雖在立憲國的治下，實是獨裁的專制政治。」[173]

總之，這群接受立憲主義思想的台灣人改革派(如後所述台灣人當中尚有保守派及信仰社會主義的改革派)，基於實定法上帝國憲法係適用於台灣，而如前舉之例，經常引用帝國憲法條文做為法律上主張的依據。其更參照實定法以外的近代立憲主義憲法觀念，認為當時的台灣仍稱不上實施憲政，甚至當時的日本內地也都只是以「憲政」為幌子的「似是而非的立憲政治」。[174]在此脈絡底下，彼等戮力推動尚未為實定法所採的憲政改革方案，實屬自然之事。

二、具體的憲政改革要求

170　《社論》，頁9（大正9年）。

171　林呈祿（慈舟），〈地方自治概論〉，《台青》，1卷3號（大正9年），漢文部，頁4。同文另在《台青》上以日文發表〈地方自治を述べて台灣自治に及ぶ〉。

172　《社論》，頁47（大正11年）。

173　〈台灣人的政治生活〉，《民報》，133號（大正15年），頁2。

174　《社論》，頁407（昭和2年）。

（一）設置台灣議會—基於立憲主義追求殖民地自治

　　一九二一年第一回的「台灣議會設置請願書」已清楚的表達此項構想的緣由與內容。其「請願之旨趣」載明：「謹按大日本帝國，爲立憲法治國，台灣乃隸屬於帝國版圖之一部。故在台灣統治上，認爲須設特別制度之範圍內，務宜準據立憲政治之原則，固屬當理之理。然按台灣統治制度，……使行政立法二權，掌握於同一之統治機關，……此間在帝國治下三百餘萬新附之民眾，其所受之苦痛，實有不可以言語形容者。……誠宜參酌特殊之事情，鑑世界之潮流，徵民心之趨向，宜速準據立憲之本義，故須順應台灣事情之立法，即就台灣住民公選議員組織議會以行之，以補帝國議會之所不能爲者，……幸而有所採擇，則請設台灣民選議會，附與台灣應施行之特別法律、及台灣預算之協贊權，與帝國議會相需以圖台灣統治之發達。」[175]

　　擁護自由主義立憲制度的台灣人知識分子，傾力支持這項請願運動。從一九二〇年代至一九三〇年代初，《台青》、《民報》的社論，不斷的爲文呼應設置台灣議會的主張。[176]其中一篇社論說：「這

---

[175]　全文載於《台青》，2卷2號（大正10年），漢文部，頁21-22。第二、三回請願書內容與此大同小異，分別載於《台青》，第3年1號（大正11年），和文部，頁30-31，及第4年3號（大正12年），和文部，頁2-4。

[176]　例如《社論》，頁54（大正12年），57（大正12年），67（大正13年），129（大正13年），179（大正14年），299（大正15年），383（大正15年），397（昭和2年），476（昭和2年），494（昭和3年），502（昭和3年），505（昭和3年），529（昭和3年），848（昭和5年），940（昭和6年）。

是有納稅必有參政的憲政常理」。[177]惟參政之道有二，一爲參與帝國議會之選舉，其二方是參與所謂台灣議會之選舉，爲什麼彼等要求後者呢？姑不問理論上之爭執，最現實的考慮可能是：雖然做爲「台灣議會」選民的「台灣住民」，包括在台日本人及台灣人（含漢化的平埔族但不含被稱爲「生蕃」的原住民），[178]但由於兩者人口數的懸殊，台灣人勢力可在台灣議會占多數席次進而掌控台灣政事。

不過，其僅是「殖民地議會」而非「國家議會」，亦即仍處於日本主權及帝國憲法體制底下。支持台灣議會設置請願運動者，並不挑戰日本帝國之對台灣擁有主權。《民報》社論曰：「我台灣……不成一國的組織，……總督爲代表主權者的不可缺乏機關，……我們對於總督制非贊成撤廢，而要求總督治下的特別立憲政治。」[179]事實上其一再言及且推崇如加拿大、澳大利亞等英屬殖民地的自治議會，且將擬設置的台灣議會與其相提並論。[180]甚至明白地說：「對於以台灣被視爲本國延長，寧可名符其實，以其被視爲殖民地，我們倒反不表示不滿了。」[181]

日本人方面對此設置案大多持否定態度。儘管台灣議會設置案係以日本具有對台主權爲前提，然在日本內地，仍有許多人認爲其含有否認帝國的統治權及民族自決的精神。[182]故雖不乏同情者，[183]但帝

---

[177]　《社論》，頁 397（昭和 2 年）。

[178]　《社論》，頁 179（大正 14 年）。

[179]　《社論》，頁 439（昭和 2 年）。

[180]　例如《社論》，頁 130（大正 13 年），499-500（昭和 3 年），802（昭和 5 年）。

[181]　《社論》，頁 663（昭和 4 年）。

[182]　例如〈台灣議會設置請願懇談記〉，《民報》，2 卷 18 號（大正 13 年），頁 11，3 卷 2 號（大正 14 年），頁 10。

國議會的態度皆是不採擇此項請願,頂多由議員組成台灣參政問題調查會。[184]換言之,日本內地政界或許尚可接受台灣人有關立憲主義的訴求(故調查參政問題),但難以接受台灣人的自治主義。至於政治上將受到設置台灣議會直接衝擊的台灣總督府及絕大多數在台日本人,更是對此感到恐慌與強烈排斥。[185]總督府尤其忌諱涉及自治主義的主張。一九二七年五月間台灣民黨被禁止的理由,即因其黨綱中有「台灣人全體解放」七個字,而「台灣人全體」帶有民族的自治自決的意思。[186]同樣具有自治主義精神的台灣議會設置請願運動,當然也是總督府極力打壓的對象。

　　台灣人方面,亦有反對或不支持台灣議會設置請願運動者。因為總督府反對,所以就會有一批親政府的台灣人跟著反對。其理由或者如辜顯榮、「有力者大會」諸君等所言的台灣沒人才、人民程度不足、時機尚早等等,[187]或者如陳增福辯護士認為設置台灣議會為違憲,不欲參加請願運動。[188]當時已有論者譏其所云非出自本心,而是「

---

[183]　例如1921年4月19日東京讀賣新聞社論,見《台青》,2卷4號(大正10年),和文部,頁58;1926年2月20日大阪每日新聞社論,見《民報》,94號(大正15年),頁9;及《殖民》雜誌,見《民報》,2卷18號(大正13年),頁11,3卷2號(大正13年),頁3。

[184]　參見《民報》,2卷13號(大正13年),頁3。

[185]　參見林呈祿,〈最近五年間的台灣統治根本問題〉,頁11。

[186]　《民報》,162號(昭和2年),頁2。故後來成立的台灣民眾黨不敢明白表明自治主義的立場,且黨綱內亦無揭示設置台灣議會的要求。見《民報》,182號(昭和2年),頁3。

[187]　參見《民報》,5號(大正12年),頁11;《社論》,頁136(大正13年);蔡一舟,〈關於請願台灣議會敬告島內同胞〉,《台青》,第4年1號(大正12年),漢文部,頁4。

[188]　陳慈雄,頁212註五十六。

為街長、評議員，抑或為阿片、煙草之招牌」。[189]不過，有些具有社
會主義傾向的台灣人知識分子，卻是因理念之故，不支持此項運動。
早在一九二三年就有一位信仰社會主義的台灣人，反對進行向統治者
叩頭式的台灣議會設置請願運動，而強調唯有無產階級革命運動才能
解放全體台灣人。[190]最晚到一九二八年時，台灣知識青年界政治路線
之爭已形成；社會主義者認為應集中全力爭取殖民地的解放，解放後
要設議會或行任何制度再做決定。[191]對他們而言，殖民地的民族自決
較重要；至於其不感興趣的「資產階級」的立憲主義政體，日帝固然
不願施捨，他們也不稀罕得到，因為那無助於「無產階級全面解放」
。最後，在一九三四年，台灣議會設置請願運動終告結束。

（二）制定台灣憲法─完成立憲主義的殖民地自治制

　　一九二〇年代後期，掀起一陣制定台灣憲法的聲浪。一九二六
年《民報》上，已有論者不滿地指出台灣議會之設置，對於「台灣的
自治」而言，只是小部分，「可說是很客氣的要求了」。[192]因為如另
一篇論文所陳述的：「既有台灣特別的立憲政治，即須有特別的台灣
立法議會、特別的台灣行政內閣、特別的台灣司法獨立機關，而此三
權各直屬於本國主權者的統轄。」[193]此所以《民報》社論曰：「要求

189　蔡一舟，頁4。

190　參見秀湖生，〈台灣議會と無產階級解放〉，《台青》，4卷7號（大正
　　　12年），和文部，頁43-48。

191　參見《社論》，頁506（昭和3年）。1928年台灣共產黨在中國上海成立
　　　。

192　〈台灣人的政治生活〉，《民報》，133號（大正15年），頁2。

193　〈制定台灣憲法──此即革新黨政綱之一〉，《民報》，157號（昭和2
　　　年），頁2。

台灣議會是趨向自治的初步，制定台灣憲法是自治完成的美果。故制定台灣憲法之說和要求台灣議會之聲，其程度雖有少差，而其目的完全一致。」[194]簡言之，制定台灣憲法，「確立三權的分立」，[195]是擬將立憲主義及自治主義畢其功於一役之更高層次政治訴求。但那也不過是「殖民地憲法」，而非「國家憲法」，否則怎會「此三權各直屬於本國主權者的統轄」呢？

僅涉及立法權之設置台灣議會尚且受阻，更何況事涉立法行政司法三權之制定台灣憲法。在正式向帝國議會提出的請願書中，雖曾出現「制定台灣統治法」之文，[196]但所申論者仍僅限於立法議會方面，迴避了行政司法兩機關。固然令人驚訝的，日本內地竟有「革新黨」者，在黨綱中主張「要制定施行於朝鮮及台灣之憲法」。[197]然台灣人異議分子對於制憲只敢吶喊，不敢行動。一九二○年代後期「台灣憲法」的提議，終似曇花一現而已。

（三）實施完全的地方自治—同化主義底下立憲政治的要求

雖屬立憲政治一部分、卻已不見殖民地自治精神的地方自治主張，相對於台灣議會之設置，已屬次一級的選擇。自由主義派台灣人知識分子，自始即不排斥在台灣推動完全的地方自治，一九二○年時林呈祿對於台灣總督府新設州、市、街、庄等地方團體，係持肯定態

194　《社論》，頁 398（昭和 2 年）。

195　《社論》，頁 452（昭和 2 年）。

196　例如在第二回及第三回請願書的「請願要旨」中。

197　參見〈制定台灣憲法——此即革新黨政綱之一〉，《民報》，157 號（昭和 2 年），頁 2。

度，而希望「漸次得以期待乎立憲國所要求之完全地方自治」。[198]惟此項地方自治制，並非以台灣整個做為一「地方自治體」，而係將台灣與日本內地同樣區分為數個地方自治團體，仍可說是同化主義（內地延長主義）的一環。《民報》諸君兩相權衡，當然以推動台灣議會為優先，[199]但由於有著「立憲政治」此「共同語言」（同樣可實現民意政治），其對完全的地方自治依然懷有溫情。伴隨著島內社會主義派勢力擴張，一九三〇年《民報》社論已預留後路地說：「台灣地方自治的完成，雖非台灣人政治的解放之最終目的，但為欲達到最終目的，這個最初級的地方自治權的獲得，是其過程中必經的一個階段」。[200]果然一九三一年，許多自由主義派台灣人，在政治運動上已退縮到同化主義底下地方自治的追求；且其所組成的台灣地方自治聯盟，在「台灣地方自治制改革旨趣」的第一句話即抬出「立憲政治的要諦」，[201]來自我合理化。

　　台灣地方自治的推動，由於不違背日本對台的內地延長政策，較少阻礙，也有一些成果。在日本內地已有不少議員，在帝國議會中為台灣朝鮮施行完全的自治制請命。[202]而在台日本人亦有數位願意加入台灣地方自治聯盟，[203]蓋其並無殖民地自治自決色彩。在一九三五

---

[198] 林呈祿，〈改正台灣地方制度概論（上）〉，《台青》，1卷4號（大正9年），漢文部，頁2。

[199] 例如參見《社論》，頁451（昭和2年）。其標題為「非設民選議會不可」，主張「不能以為本國的延長」。

[200] 《社論》，頁813（昭和5年）。

[201] 《民報》，349號（昭和6年），頁2。

[202] 例如參見〈主張施行完全的自治制於台灣〉，《民報》，3卷9號（大正14年），頁2。

[203] 參見《民報》，327號（昭和5年），頁13。

年，台灣總督府終於施行有限度的地方自治制，其特色為限制選舉（非普選）、地方議員半官派半民選、部分地方議會僅有諮詢權而無決議權、地方行政首長皆官派。[204]

三、受時代環境制約的憲法文化

（一）整個法律人社群憲法觀的保守性格

　　在日治五十年裏，台灣人修習法學者並不少，但大多受限於戰前日本反自由主義憲法學傳統。早在一九一○年，日本憲法學者市村光惠即站在日本統治者的立場，警告台灣總督府官僚，必須慎重考慮在台灣建法律學校傳授台灣人法律學，因為其結果可能反而是「教唆」台灣人為種種反抗官權的行為。[205]但是台灣人基於重視讀書、學而優則仕的漢民族文化傳統，於日本對台統治穩定之後，赴日求學者漸增。一九一五年在東京就學的台灣人已有三百餘人，至一九二二年已達二千四百餘人，其中固然以習醫者最多，約占五分之二以上，但習法者次之，約占五分之一。[206]於一九三三年至一九三七年之間，台灣人在日本唸法科的學生總數平均已達約二百人，且其後仍不斷持續增加。[207]但是彼等所能接觸的，只是官僚法學宰制下的憲法學，連號稱自由主義派的美濃部達吉，都不能跳脫帝國主義心態來尊重殖民地人

204　參見拙著，〈日治時期台灣特別法域之形成與內涵〉，本書，頁 138-139。

205　參見市村光惠，〈「サーベル」主義の台灣〉，頁 113。

206　吳文星，《日據時期台灣社會領導階層之研究》（台北：民國 81 年），頁 119，121。

207　參見拙著，〈台灣日治時期的司法改革（上）〉，《台大法學論叢》，24卷 2 期（民國 84 年），頁 28。

權。另外，亦有台灣人因地緣或文化認同而赴中國留學者，同樣以一九二二年爲例，其總數爲二七三人，[208]遠遜於留日者，當中有多少習法者尚不得而知，但當時中國法學界相當受日本影響，故其憲法觀恐亦難脫日本窠臼。至於日治時期台灣人赴歐美留學者更少，當中有專攻法學者一名，但其名不詳。[209]另一方面，留在島內亦可能修習法學。日本於一九二八年在台灣設立台北帝國大學，其文政學部政學科所講授者大部分屬於法律學；該科學生中即有四十一位台灣人。[210]惟在台灣的法學者本以親總督府者居多，且憲法學界仍屬日本憲法學界的一支，縱令亦存批判之聲，但日籍學者似有所保留而台籍論者則影響力有限。總之，從日本時代台灣人有十九位曾擔任過法官（不含檢察官），一九四五年在台灣執業(不含在他地執業)的台灣人辯護士，已達四十六位，[211]可知當時台灣法律人確已是人數不少的一個社群，但其對憲法學的了解大多仍屬「戰前日本式」的。而且，台灣法律人爭取憲政的行動，也不夠積極。論者有謂日治時期台灣人法科學生，似以參加日本國家司法科或行政科高等考試爲首要目標。[212]若果真如此，則有多少人敢以行動批判日本政府在台灣不落實立憲政治？當然如前所述，有許多參與文化協會、《台青》、《民報》、民眾黨的台灣人習法者，尤其是辯護士，身體力行地推動台灣憲政改革；然而恐怕更多的是，爲明哲保身，不願碰觸統治者敏感的憲法問題者。

---

[208]　吳文星，頁 125。

[209]　參見同上註，頁 124。

[210]　參見陳昭如、傅家興，頁 14-15，19。在所有就讀台北帝大的台灣人當中，唸醫學部者最多，但其次即是唸政學科者。參見吳文星，頁 112，表 3-5。

[211]　拙著，〈台灣日治時期的司法改革（上）〉，頁 32。

[212]　吳文星，頁 121。

（二）台灣民眾的欠缺立憲主義教育

　　在日本時代的國民教育裏頭，幾乎看不到立憲主義的影子。按立憲主義係近代西方社會本於自身的歷史所發展出的，原非長期處於君主專制獨裁、僅知儒家四書五經的台灣漢民族所能了解，亦不爲台灣原住民族所知悉，甚至對當時的統治民族—日本人—也是陌生的舶來品。邁入近代型國民國家的日本，固然在台灣殖民地積極推動國民教育，也傳授了一些來自近代西方的知識。但是台灣人在教科書裏，總是被要求做一個服從的日本臣民，而未被告知一個日本臣民所可主張的權利。[213]縱使國家教育中提到「憲法」，大概也是灌輸筧克彥之流的「天皇制神學的憲法思想」，而非近代立憲主義憲法觀。

　　自由主義派知識分子的言論，對於民眾產生的憲法教育作用，也不宜過度誇大。《台青》係在東京出版，雖在台亦可發售，但仍有數期被禁售，且各地警察對購買者皆另眼看待、嚴加監視。[214]《民報》原亦在東京出版，但嗣後已回台灣出版發售，於一九二五年銷售量已突破一萬份，[215]但其於付印前須將校對稿樣送到總督府審查，凡當局認爲不妥之文字皆須將鉛字取下，故報上常出現開天窗，或鉛字倒植所留下的黑塊痕跡。[216]總體而言，當時的台灣，仍是由日本人把持

---

[213] E. Tsurumi, *Japanese Colonial Education in Taiwan, 1895-1945* (Cambridge, Mass.,1977), p.144.

[214] 參見〈台灣當局並に内台有識人士に訴ふ〉，《台青》，1卷4號（大正9年），底頁；〈社告〉，《台青》，3卷6號（大正10年），漢文部，首頁。

[215] 〈天時地利不如人和〉，《民報》，60號（大正14年），頁7。

[216] 周婉窈，頁130。

著多數的言論機關。[217]另一方面，與憲政有關的演講，更是遭警察的壓制。文化協會或民眾黨的演講，經常在談到憲法時即被警察下令中止；且警察對演講會本身，或阻擾其借用公會堂、或召喚為演講會提供交通工具或打銅鑼宣傳者至警局斥責，或將會場團團圍住製造緊張氣氛，[218]使得民眾對於參加這些演講會，或多或少存有顧忌。

（三）在台行憲環境的惡劣

日本治台的前二十五年，全由武官總督主政。習於暴力相向、強調絕對服從的武官總督，豈知立憲主義之宏旨，如兒玉之力主在台實施專制政治，實不足怪也。

一九二〇年代，拜日本大正民主之賜，台灣殖民地有了文官總督，台灣人的政治異議活動亦被允許。對於在台灣宣揚立憲主義而言，這是黃金般的十年。但專橫的警察政治並未歇手，仍以各種法律上或事實上手段壓抑憲政思想的傳播。

自一九三〇年代初，日本軍國主義日熾。一九三六年以後，台灣總督又恢復由武官擔任；台灣人的政治團體也逐漸消聲匿跡，不但台灣民眾黨早已在一九三一年被解散，連不違反內地延長主義路線的台灣地方自治聯盟，亦於一九三七年宣告解散。其結果，立憲主義的生存空間，愈來愈緊縮。

戰爭接著根本扼殺了立憲主義在台灣的生機。一九三七年日本與中國爆發戰爭，台灣隨著日本進入戰時法體制，憲法之治已遙遙無期。尤其一九四一年進入太平洋戰爭以後，台灣更受戰事影響。那是一場為母國而戰，卻因此更加迷失自我的戰爭。當年殖民地自治主義

---

[217] 《社論》，頁176（大正14年）。不過台灣一般民眾不見得看得懂日文。
[218] 例如《民報》，3卷13號（大正14年），頁5，62號（大正14年），頁13，246號（昭和4年），頁7。

的旗手—林呈祿，如今改名為林貞六，擔任皇民奉公會文化部長！[219]

四、日本時代憲政發展的意義

（一）憲法文化具延續性

　　形成於日治時期的憲法觀念，不因日本政權的離台而旦夕之間冰消瓦解。按法律規範的施行實況，通常會對當時的社會造成某種影響，若經過一段時間的持續，這種影響可能將內化為該社會法律文化的一部分，被該社會的人們視為當然。其生成固緩慢，其解消亦不易。當政權轉替，實定法規範頓時改變，但既存的法律文化仍將延續一段時間，直到該社會另外生成新文化取而代之。台灣在日本統治的五十年裏，實定法上或非實定法（法理念）上憲法規範的運作實況，已形成某種憲法文化。其不因一九四五年之統治權由日本移歸中國，而立刻消失無縱。據說，在一九四六年年底中華民國憲法公布的前後，於中華民國統治下擁有日治經驗的台灣人知識分子，曾熱烈的本於立憲主義的精神討論憲法問題，尤其是集中於有關地方自治者，直到二二八事件發生後此現象才終止。[220]彼等之所以有能力談憲法問題，之所以特別關心涉及中央與地方權限劃分及地方民意表達的地方自治問題，皆因其已在日治時期熟悉立憲主義內涵，甚至已有一九三五年以降有限度地方自治的實際經驗。

　　日治時期不甚愉快的憲政記憶，當然也會影響台灣人爾後對憲法的觀感。在今日實定法上，憲法是凌駕於一切法令的最高規範，具

---

[219]　興南新聞社，頁325。令人嘆曰：「造化戲弄台灣人，莫此為甚。」
[220]　此係現在就讀於日本東京大學博士班的何義麟君，基於其閱讀當時報紙後之了解，告知筆者的。

有無比的崇高性。但是假如人民從日治的歷史經驗裏所感受到的，都是憲法不免於成為政爭工具、不免於遭受統治者擺弄，那麼會馬上對一部新來的憲法，產生信心嗎？假如那部新來的憲法，又跟舊的憲法一樣，只給人民負面的評價，叫人民如何再相信未來的憲法會更好？

（二）對今日的啟示

對於以上所論述之客觀的歷史事實，筆者基於台灣主體意識、及立憲主義信仰者的立場，有如下四點感想。當然，主觀價值不同者，例如認為台灣係從屬於中國、或信仰社會主義者，可能會有相異的看法。

第一，對於憲法問題，倘若僅談其法理論上各種可能的解釋內容，而避談各種解釋在實踐上的功能，則就像諸多關於明治憲法是否施行於台灣、台灣法令法是否違憲的議論一樣，不敢承認法律解釋最終必須面對的是利益衡量與價值判斷。尤其是長久以來習於隱藏價值觀以自我保護的台灣人，今天更應光明磊落地把採擇某種憲法解釋的價值觀，明白揭示出來，藉以跟反對者溝通，及說服民眾，否則徒令雙方猜忌，或流露「民可使由之，不可使知之」的愚民心態。

第二，一部憲法，若如明治憲法般欠缺違憲審查制度，則將淪為美麗的裝飾品。且若要使憲法成為人民生活中的一部分，必須讓各審法院的案件都可進行違憲審查程序，讓各項法令都得從憲法層次思考其正當性。台灣人非常「務實」，倘能發見憲法與其實際利益息息相關，自然會極力關心憲法問題，一掃政治冷感。

第三，日治時期已有以台灣為一個整體（命運共同體）來思考憲法問題的觀念。這種台灣主體意識憲法觀，雖然遭到統治者甚至親統治者台灣人的打壓，但仍綿延不斷地持續至戰後台灣。此所以一九四七年的二二八事件發生後，部分台灣人參照過去在日本主權底下爭

取台灣自治的歷史經驗，要求台灣在中華民國主權底下能享有充分自治。甚至一九四九年之後，由於事實上在台灣島上已經不存在「母國」的統治，故進一步從追求台灣地區的自治，提升爲追求做爲一個主權國家的獨立，乃至今日有制定「台灣的國家憲法」之議。然而制定憲法的主張（名稱及方式姑且不論），仍未在當今台灣社會明確地取得多數的支持。其原因，或許就在於由近代西方自由主義尊重個體的觀念，進一步衍生出的命運共同體「自我決定」(self-determination)的觀念，依然未深植人心。雖形式上統治者的壓迫已不再，但由過去的威權統治及其意識型態所遺留的陰霾，實質上仍存續著，這也是一種憲法文化的傳遞（新文化尚未掩蓋過舊文化）。

　　第四，台灣在日治時期的一九二○年代，立憲主義思想曾相當蓬勃地發展，但隨即沈寂了數十年之久。雖然近百年來，若干立憲制度的形式，已被引進台灣，台灣人也早在一九二○年代就曾實際援引日本的憲法典；但主導這項制度移植的統治者，似乎無意在斯土落實立憲主義精神。日本政府運用西方憲法學概念與理論，在台灣逐行東方式的專制統治，與嗣後蔣氏國民黨政府採行的「中學（專制獨裁治術）爲體、西學（西方憲政理論）爲用」，似無兩樣。甚至爲排斥近代西方自由主義立憲思想，日本政府倡導一切爲天皇榮耀的「皇國憲法學」。這跟戰後高喊一切爲「主義、領袖、國家」的「黨國憲法學」，同樣是奠基於東方文化所習見的集體主義、權威主義，以致立憲主義幼苗遭到根本的斲傷。所幸，台灣自一九八○年代後期以來，威權統治逐漸褪色，人們擁有更大更自由的空間，宣揚立憲主義精神，且實際上推動憲法之治。凡我立憲主義信仰者，應把握此再次降臨的「黃金歲月」，努力促成立憲理想的實現，因爲台灣的歷史告訴我們

：「機會難得啊！」

伍、結論

　　台灣在日治時期，由於母國的明治憲法未明定其效力是否及於殖民地，而有帝國憲法是否施行於台灣的憲法議題，又因六三法等台灣法令法授予總督律令制定權之故，而有其是否違憲之爭。此兩者是相關的。若憲法不施行，當然沒違憲可言。若僅部分施行，則只要憲法中關於立法權的部分屬不施行者，自然不構成違憲。若憲法全部施行，但允許廣泛的委任立法，亦不為違憲；須不允許委任立法或僅允許就特定事項為委任立法時，台灣法令法才可能違憲。即令認定是違憲，日本學者大多僅於立法論上希望修憲以使台灣法令法在形式上合憲，卻不擬改變其違憲的實質。且因當時的實定法欠缺司法違憲審查制度，違憲的法律仍不喪失其合法性。事實上六三問題，是涉及殖民地統治方式的政治問題。上述憲法學理上的剖析，只是提供政治人物相互攻詰的理論依據，真正在進行的是，檯面下的政治利益交易。在日本議會裏確實就殖民地統治政策為辯論，但根本沒代議士參與的台灣人民，只能做壁上觀，或者說是任人宰割。在這種情形底下，日本政府官方的說辭當然是：「帝國憲法已全部施行於台灣」，蓋此對其實權並無大妨礙，又可維護「帝國統一」的形象。

　　台灣總督府在整個日本帝國內，只是一個較具自主權的殖民政策執行機關，有關殖民地統治政策的最終決策權仍在日本中央政府。因此台灣總督府對於包括六三問題在內的台灣統治基本體制的看法，仍是依從日本中央的決定。不過在地的總督及官僚，總希望對外減少來自中央的干預，對內享有更大的專制權力。至於台灣法學界，除了少數在大學任教的學術工作者外，大多係出身行政或司法官僚，其

意見傾向總督府，實不足爲奇。故關於台灣的憲法爭議，經常以各式各樣的法理論，爲當時的實定法體制辯護。而且台灣法學界在一九三〇年代以後，亦與日本內地同樣沈浸於以天皇制神學爲基礎的憲法學，不利於立憲主義思想在台灣的傳播。但另一方面，戰前日本「引據法律施行統治」的傳統，亦出現於日治下的台灣。既然官方認定帝國憲法施行於台灣，台灣官府或政治異議者，時常引據憲法，對各項法規或措施，評斷其合憲與否；且台灣人民亦曾實際上主張其在憲法上應享有的自由權利。

　　身爲被統治者的台灣人，在一九二〇年代已有許多受近代西方法政思想薰陶的知識分子，從「全體台灣人」的觀點來看台灣的憲政問題。其中自由主義派知識分子主張不應以撤廢六三法等爲滿足，而應本於自治主義追求立憲政治，故掀起台灣議會設置請願運動。彼等對於立憲主義的內涵有相當充分的理解，也就是以這樣在當時尚屬「實定法體制外」的法理念爲依據，向日本中央及台灣總督府爭取台灣人的權利。甚至曾爲了貫徹自治主義，將其政治訴求，提升至制定屬於殖民地憲法的台灣憲法；但最終只能退守同化主義底下的憲政要求，亦即實施完全的地方自治。惟這不表示日治當時的台灣人，皆有同樣的憲法觀念與要求。自由主義派知識分子，只是當時台灣人知識分子中的一部分，知識分子更是台灣民眾中的極小部分。況且當時的台灣法律人對於憲法的了解，仍難以擺脫戰前日本保守的憲法學傳統，且甘於爲「行動的侏儒者」恐怕不少。一般民眾既不能輕易接觸自由主義派知識分子的言論，又可能被封建的國民教育內容洗腦。尤其整個日治時期台灣的政治情勢，除了一九二〇年代外，皆不利於立憲政治的發展。日本時代在上述環境下形成的台灣人憲法文化，延續至戰

後初期，甚至可能在欠缺革新性文化的衝擊底下，一直延續至五十年後的今天。回顧日治時期這段堪稱坎坷的憲政發展史，我們應該更加懂得把握現在，努力推動憲法之治的實現。

附記：原發表於《現代國家與憲法 ── 李鴻禧教授六秩華誕祝賀論文集》（台北：月旦，1997 年），頁 339-419。

專題研究篇

台灣歷史上的主權問題

壹、「主權」概念的澄清

　　今日吾人所抱持的「主權」概念，係淵源自歐洲。於十六、十七世紀的歐洲，國民國家(nation-state)逐漸興起後，爲抗衡內部封建諸候的勢力、及外部羅馬教皇或神聖羅馬帝國皇帝的干預，發展出「主權」的理論。亦即國家擁有主權，其較封建勢力之權威更高更強，爲國家內部的最高權力；國家主權亦與教皇及神聖羅馬帝國皇帝的權威並行平等，對外有獨立自主的權力。主權的觀念爾後再經若干變遷，但直到今天，其核心意義仍一直包含著：對內的「最高性」與對外的「獨立性」。易言之，當今所謂主權，是指國家對於在一定界限的領土(territory)內居住之人民(population)，進行統治、支配的權力。此項權力對內優於任何其他權力，對外則獨立自主。若如聯邦

國家中的各州或各共和國，雖然亦有憲法、政府，甚至軍隊，但一方面對內非最高權力，須受中央政府權力之介入與影響，另一方面對外無法獨立自主，必須遵循中央政府之旨意，故並未擁有主權。[1]

本文以台灣及其住民，做為討論主權問題的地域與人民。「台灣」一詞涵蓋的地域，因時代變遷而有不同，甚至曾遠及南沙群島（詳見後述）。文中若無特別說明，則將其設定為指稱台灣本島、澎湖群島、及其附屬島嶼，蓋長期以來，「台、澎」一直被認為係台灣之地域範圍。不過今日台灣的涵義是否擴及位於中國大陸沿岸的金門、馬祖兩島嶼群，是一個值得探究的問題。

主權概念並非台灣住民自古即有。早期的台灣，被隔絕於世界各主要強勢文明之外，在此營生的原住民，初無主權概念。即令約三、四百年前始大量自「中原文化」區域移居台灣的漢民族，於其固有文化中亦無主權概念。所謂「中原文化」，係源自東亞大陸黃河流域一帶。其經商、周、春秋戰國，至秦帝國統合域內（擴及長江流域）諸政治勢力後，形塑出「普天之下莫非王土」的單一大帝國思想，並由隨後的漢朝統治者所承襲。普天之下，並無擁有平等「主權」的眾多國家；只有做為「世界的中心」的單一天朝，其與諸蠻夷之邦之間屬不對等關係，後者須向前者朝貢以示臣服其權威。以天朝之民自居的「漢民族」，嗣後於約當今日中國大陸長城以南的地域建立數個大一統帝國式的王朝（唐宋明等），被視為蠻夷之民族（蒙、滿族），亦曾在該籠罩中原文化的地域，建立同樣的帝國式王朝（元清等）。

---

[1] 　參見丘宏達等，《現代國際法》（台北：三民，民國 70 年，三版），頁 56，172，180；許慶雄，《憲法入門》，（台北：月旦，1992 年），頁 232-234。

故十六、十七世紀，居住於今中國福建、廣東的漢人，亦不能免於自視為世界文化中心、鄙夷其他民族的心態。當其渡海至台灣，不但以此傲視原住民，甚至在心中排斥歐洲人，迨鄭成功在台建立漢人政權，雖與歐洲人發展國際貿易，而非僅流於傳統的朝貢思想，但當時在台漢人是否已接受諸國平等的主權觀念，仍有疑問。

　　所以，在此實係以今天的主權概念（其不一定存在於過去的各個時空）為準，觀察台灣歷史上與之相關的事實，做為思考當今台灣主權問題時之參考。雖然不免為歷史詮釋，但討論重點仍集中於呈現歷史事實，而非以法解釋論的立場，探究在國際法上應依據什麼法規範決定台灣的主權歸屬。

貳、原住民自治時期（史前－1624）

　　原住民屬於南島語系民族，於種族、文化上異於漢民族。自古原住民分為不同部族，分別居住於台、澎諸島。其並未形成一個擁戴共同最高統治者的政治組織，而是分成幾個村落聯合體，各自遵守自己的律規，形成個別的自治體。據十七世紀初某西方傳教士的報告，當時台灣本島共有十一個獨立的政治單位存在。然而依同時期歐洲人的主權概念，這類尚未形成國家的部落集團所居住的區域，被視為「無主地」(terra nullius)。亦即，原住民就其居住之土地並無「主權」。[2]

　　因而產生對於「無主地」以「先占」(occupation)取得主權的問題。依歐洲人主權觀所形成的近代國際法，認為一個國家對於不屬

---

[2]　參見彭明敏、黃昭堂，《台灣在國際法上的地位》，（蔡秋雄中譯，台北：玉山，1995年），頁3-4。

於任何國家的無主地，可在他國之先，以實際統治取得主權。此即「先占」的理論。且先占之有效成立，須（一）實行先占的國家（而非私人），已表達占有該地的意思，及（二）該國已確實有效占有該土地，實際行使國家權力。但是，若從被視爲無主地之地域的住民來看，所謂「無主地」及因之可加以「先占」取得「主權」，只不過是外來強權藉以自我正當化的「國際法上原則」。[3]以今日人權觀念，將已有部落自治體的地域視爲「無主地」，等於全然抹煞該地域上住民之社會及其法律規範的存在，實係對原住民人格的徹底否定。

同樣也牽引出「中國」對於原住民自治時期的台灣，是否擁有「主權」的問題。在此所謂「中國」，其實是指在漢民族所居住的長城以南之地域所建立的諸王朝。將這些王朝視爲連續無間斷的一個「中華帝國」，在理論上容有矛盾之處，因爲某些王朝的統治者並非漢民族，當元朝滅宋朝、清朝滅明朝，皆令漢民族有「亡國」之痛，則前後王朝豈可同屬一「國」？[4]不過長城以南的漢民族居住地域，在現代已被世人稱呼爲「中國」，其上曾存在過的統治權威，便宜上只好歸併爲中國之諸政權。就好比在今所稱台灣之地域上，曾存在過的統治權威，不論其統治者之民族別，屬性爲中央或地方政府，皆可認爲是台灣之諸政權。以此爲前提，可觀察歷來的中國政權，對於在台灣的原住民是否擁有「主權」。但這並不表示該政權當時已有今日的主權概念。

（一）不少學者引用漢人古籍，謂《尙書禹貢》上「揚州」之「島夷」、《史記》之「瀛洲」、《前漢書》之「東鯷」、《三國志

---

[3]　參見同上，頁 20 ， 200 。
[4]　參見同上，頁 37-40 。

》及南北朝沈瑩「臨海水土志」之「夷州」、《隋書》之「流求」，即為今之台灣。惟考其內容大多推測之詞，所載地名固可能是台灣，亦可能是指古代華南一帶其他南島民族所居住之地、或是華南沿海其他島嶼、或今之琉球群島。[5]縱令係指台灣，則所記載之三國時代吳國孫權派遣將士萬人遠征「夷州」，俘虜數千人而還，或隋煬帝遣將率兵至「流求國」，焚其官室，虜其男女數千人，載軍實而還，皆不足以說明吳國或隋朝曾「有效統治」「夷州」或「流求」，只陳述其侵略該地之事實而已。

（二）宋朝中國係以「流求國」稱台灣本島，而以「平湖」或「澎湖」稱澎湖群島。按《宋史‧流求國》記載「流求國在泉州之東，有海島曰澎湖，煙火相望」，由相關地理位置之敘述，可知這時候所稱的「流求」為台灣本島。進而有學者依南宋趙如適《諸蕃志》所載「泉有海島曰澎湖，隸晉江縣，…居民…」，謂澎湖已有漢人移住，且被收入宋朝版圖。但是做為官方史書的《宋史》，並無澎湖隸屬於南宋之記載。故十二、十三世紀時漢民族應已有移居澎湖者，但是否亦有宋朝官府之設立則存疑。[6]

（三）至元朝中國，約在一三六〇年、或一三三五至四〇年時，正式在澎湖設置「巡檢司」，進行統治。[7]有學者因此謂若援用近代國際法，則元朝中國已對澎湖構成「先占」而取得主權，但澎湖群島與台灣本島，地理上為分離的不同島嶼，當時兩者也非政治上的統

[5] 參見曹永和，<明鄭時期以前之台灣>，載於《台灣史論叢，第一輯》，（台北：眾文，民國69年，頁41-43；郭廷以，《台灣史事概說》，（台北：正中，民國43年），頁1-5；史明，《台灣人四百年史》，（加州聖荷西：蓬島文化，1980年），上冊，頁20-28。

[6] 參見曹永和，頁45；郭廷以，頁6；彭明敏、黃昭堂，頁19。

[7] 參見郭廷以，頁7；曹永和，頁46。

一體，故不能以其先占澎湖一事，即謂對於台灣本島亦由先占而取得主權。[8]

（四）明朝中國對澎湖的統治並不很積極。明軍占領澎湖後不久，於一三七〇或八〇年代，即強制島上漢人遷居內地，並廢止巡檢司。約兩世紀後的一五六三年，明朝重新在澎湖設置巡檢司，但數年後又撤廢之。不過明朝並無放棄之意，曾幾度於澎湖增強兵力，當荷蘭欲占有澎湖時亦以武力阻止。[9]相對的，明朝中國並不視台灣本島為其統治區域。當時有些從事海盜兼貿易活動的漢人在台灣本島落腳，明朝亦曾為追剿海盜而尋至台灣本島，但不曾在此設官治理。在《明史》中，「雞籠山」（即台灣本島）係與日本、朝鮮、安南、呂宋、琉球等並列於＜外國列傳＞。[10]尤其是明朝於不許荷蘭占有澎湖的同時，卻協助荷軍拆卸澎湖城堡以運往台灣本島築城。[11]

此外，日本與原住民自治時期的台灣，亦不無關係。根據《大清一統志》（乾隆版），台灣自古為「荒服之地，不通中國」、「明朝天啓中為紅毛荷蘭夷人所據，屬於日本」。事實上約在一五六〇年已有日本海盜兼貿易商，以台灣為掠奪福建沿岸的根據地；一五九二年曾有長崎商人，獲官府許可，在北台灣（基隆）設事務所；惟日本官府卻一直未在台灣行使統治權。豐臣秀吉曾寫信要求「高砂國」（即台灣）向日本朝貢，但在島上根本沒有一個政府可接受此信，德川

8　參見彭明敏、黃昭堂，頁 21-22。

9　參見同上。

10　參見李筱峰、劉峰松，《台灣歷史閱覽》，（台北：自立，1994 年），頁 32-33。

11　參見 George Beckmann, "Brief Episodes-Dutch and Spanish Rule," in *Taiwan in Modern Times*, ed. Paul K.T.Sih(New York, 1973), pp.34-36。

幕府將軍亦曾派艦欲征服台灣，但遭颱風而失敗。[12]故所謂「屬於日本」，實屬誤會。

參、荷蘭西班牙統治時期（1624－1662）

　　來自歐洲的荷蘭人首次在台灣本島行使國家主權。一六二四年，荷蘭東印度公司，依歐洲人的先占理論，在今日安平登陸，築熱蘭遮城，設置統治機構，派遣「台灣長官」(Governor)駐守，嗣將統治中心移至今日台南的赤嵌城。荷蘭東印度公司在台灣之統治，不同於漢人或日人海盜兼貿易集團在台灣之實力控制，後者僅具私人性質，前者卻有國家統治的意涵。按該公司獲得荷蘭共和國授權，在包含台灣在內的「東印度」區域內，代行屬國家主權的權力，例如締約、軍事、行政、司法等。荷蘭共和國之主權，因此透過荷蘭東印度公司的有效統治，延伸至台灣本島。該公司位於台南的統治機構，為荷蘭國主權底下的一個地方政府。[13]

　　台灣本島被納入荷蘭國主權的地域，原僅西南部平原而已，一六四二年才將領土範圍，擴及本由西班牙領有的台灣本島北部，惟始終未同時領有澎湖。領土上人口，以原住民居多（但非全台原住民皆歸屬荷蘭國），漢人農民亦不少，荷蘭人最少但卻是統治民族。

　　荷蘭對台主權因和平條約而喪失。一六六一年四月，鄭成功為首的鄭氏集團開始以武力攻擊荷蘭在台政府，翌年二月台灣長官終於力竭投降，由其代表荷蘭共和國與鄭成功簽訂和平條約(treaty)。其中第二條雖僅規定熱蘭遮城內外一切守禦工事、軍用品及屬於公司的

---

[12]　參見向山寬夫，《日本統治下における台灣民族運動史》，（東京：中央經濟研究所，1987年），頁6。

[13]　參見彭明敏、黃昭堂，頁5，23。

財產，須呈繳納鄭成功（按赤嵌城已落入鄭軍手中），未以明文表示領土之讓渡。但綜觀全約，尤其是第七條要求公司交出帳簿並說明積欠地租之情形，可知荷方已將徵稅等統治權之行使移轉鄭方手中。[14] 從荷蘭人對締結和約的認知，其應該明瞭原有的台灣主權已因讓與而喪失矣。

　　歐洲的西班牙王國，亦以先占理論在台灣島上行使國家主權。一六二六年西班牙進兵為荷蘭政令所不及的台灣本島北部，於基隆築聖沙瓦多城，並於一六二九年於淡水再築聖多明哥城。接著更在聖沙瓦多城設置台灣長官官署，在該地域內行使西班牙王國之主權，直到一六四二年，荷蘭以武力占領西班牙在台的統治區域為止。於這段期間，在台灣本島有兩個國家主權並存。若再包含澎湖之屬於明朝中國，則在今日的台灣就同時有三個國家主權存在。[15]

肆、鄭氏王朝統治時期（ 1662 ─ 1683 ）

　　鄭氏王朝事實上對台灣擁有獨立的「主權」。鄭成功及其追隨者，係於治台之前的一六五五年，在福建的廈門組成「幕府」，內設吏戶禮兵刑工等六官，名義上隸屬於南明朝廷。鄭成功於一六六二年二月依和約受讓荷蘭原在台灣本島上所擁有之主權。但一六六一年鄭成功攻台取下赤嵌後，即已改台灣為東都，設置「承天府」，其自謂：「本藩暫建都於此」。府之下設天興、萬年兩縣。為「開國立家」，鄭成功鼓勵文武各官及總鎮大小將領開墾土地，但須先向其申報並

14　參見黃典權，＜鄭延平台灣世業＞，載於《台灣史論叢，第一輯》，（台北：眾文，民國69年），頁108-112。
15　參見彭明敏、黃昭堂，頁6，23。

定賦稅，百姓欲開墾亦須向承天府報准，顯然其已事實上行使統治權力。一六六二年六月鄭成功去世，其子鄭經繼位，改東都爲「東寧」，兩縣升爲州，又設南路、北路及澎湖安撫司各一。[16]鄭氏王朝（或稱東寧王朝），因此成爲在台灣該等地域內之最高統治權威。其原本名義上所隸屬的南明朝廷，則早在一六五九年已遭滿清王朝逐出「中國」、逃亡入緬甸而滅亡（但永曆帝於 1662 年才被引渡給清軍處死），故並無任何南明政府可介入或影響鄭氏政權對台灣的統治。台灣的鄭氏王朝對外亦與英國、日本平等相待，英國東印度公司與鄭經之間的文書，皆稱其「台灣國王」或尊稱「陛下」；鄭氏台灣與清朝中國之間的對外關係，既屬武力相向，當然也是各自獨立、不相隸屬。從今日主權概念觀之，鄭氏王朝已在台灣建立一個主權獨立的國家，難怪歐洲人會稱鄭經爲台灣國王。[17]

　　但是，屬於漢民族的鄭經集團，當時並無歐洲人的主權概念。鄭氏政權在島內繼續使用南明冊封之「延平郡王」的藩號，且以南明的「永曆」紀元，並未於法律上明確宣布具有「獨立的主權」。對於這樣的史實，固有學者詮釋爲鄭經恪守臣職、不敢僭越稱帝，[18]惟筆者認爲鄭氏政權做爲一個軍事集團，爲保有逐鹿中原的機會，須在表面上維持其仍屬「中原正統」的政治假象，否則當清朝中國發生三藩之亂時，鄭經有何名分趁機出兵「反攻大陸」？況且，如是宣稱，絲毫不影響其對台灣的實質統治力。鄭氏並不需要靠「主權」概念對內抑制諸侯勢力、對外擺脫強權干預。

---

[16]　參見黃典權，頁 126-127 ；盛清沂，＜明鄭的內治＞，載於《台灣史論叢第一輯》，（台北：眾文，民 69 年），頁 126，137-139。

[17]　參見彭明敏、黃昭堂，頁 8。

[18]　參見黃典權，頁 117，119-120。

　　鄭氏王朝「主權」所及的地域，爲台灣本島的西部平原地帶及
澎湖群島。鄭成功的同時領有台、澎，使兩地第一次成爲政治的統一
體。[19]若謂「秦始皇統一中國」，則同樣可謂「鄭成功統一台灣」。
且鄭氏王朝雖於領有台灣之外，曾短暫的統治福建沿海的廈門及金門
，但並未領有中國內地，向來也不曾被視爲「中國」政權，同時期的
滿清王朝才是「中國」。且就鄭氏王朝領土上的人口而言，雖與統治
者同屬漢民族者已增多，但原住民（尤其是平埔族）所占之比例可能
仍較大。

　　一六八三年，鄭氏王朝在清朝中國武力進逼下投降，致喪失對
台灣的統治權。

伍、清朝中國統治時期（ 1683 － 1895 ）

　　此時期台灣統治當局，爲隸屬清朝中國之主權底下的地方政府
。鄭氏放棄台灣「主權」後，清朝皇帝起初並不想接手統治台灣本島
，擬援明朝之例只在澎湖設官治理，嗣後才改變心意。故征服台灣後
的第二年，即一六八四年，始在台灣設置一府三縣（台灣、鳳山、諸
羅），隸屬於福建省。因此台灣的在地政府，並非對台灣事務的最高
權威，其須聽命於福建省及清王朝之指揮監督。這是歷史上第一次中
國政權將台灣本島納入其版圖內。

　　較有爭議的是：清朝在台灣主權所及的範圍如何？清朝於領台
三十年後的一七一四年，曾詳細測繪台灣地圖，圖中的台灣島，呈現
香蕉狀，而非今人熟知的蕃薯狀，因其疆域並不含台灣中央山脈以東

---

[19]　彭明敏、黃昭堂，頁 7。

的「後山」。[20]且官府法律上亦將未受漢化的台灣原住民（稱「生番」）之居住地排除於疆域之外，例如大清律例中「兵律關津」的「私出外境及違禁下海」有條例規定：「凡民人偷越定界私入台灣番境者，杖一百」、「商民等偷越生番地界者，杖一百……致啓邊釁或教誘爲亂貽害地方者，除實犯死罪外，問發邊遠充軍」，[21]顯然表示私入生番地等於私出外境，引發邊境事故者應嚴懲。至十九世紀後半葉，歐美勢力抵達東亞，令東亞社會不得不接受西方的主權概念處理涉外事務，亦使得近代意義的台灣主權爭議問題浮現世界舞台。一八七一年發生琉球漁民遭台灣原住民殺害之事件，當日本政府自認琉球人爲其本國人民，向清朝中國抗議時，清朝竟答以「該地未服王化，未奉政令，謂之生番。中國置之度外，不甚爲理」，直等於自己主張該地域爲「無主地」。[22]日本遂以此爲口實出兵入台懲「番」，亦即一八七四年的牡丹社事件，但此時清朝改稱台灣全島皆已被納入其版圖內。[23]總之，清朝中國對台灣東半部是否具有領土主權，在當時實非毫無疑義。[24]惟嗣後清朝改行積極統治的「開山撫番」政策，一八七九年清朝官府製作的台灣輿圖，已將後山包括進來。[25]

清朝中國在台主權所及的人口，以屬漢民族者占多數。在台漢

20　參見台灣省文獻委員會，《重修台灣省通志卷七政治志建置沿革篇》（台中：民國80年），頁27-30。

21　姚雨薌、胡仰山編，《大清律例會通新纂》（台北：文海，重刊），頁1713，1749。

22　參見彭明敏、黃昭堂，頁26。此頁亦提及1868年的「東部開拓事件」可供參考。

23　參見戴寶村，《牡丹社事件 — 帝國的入侵》（台北：自立，1993年），頁49-51，57-58，80-87。

24　有不同見解，參見彭明敏、黃昭堂，頁33，註二二。

25　參見台灣省文獻委員會，頁93。

民族又大別爲泉州人、漳州人、客家人，約呈二：二：一之比例。原住民中亦可分爲已相當漢化的平埔族（熟番）及未受漢化的高山族（生番），前者固爲清朝中國之主權所及，後者則端視「番地」是否爲主權所及而定。

　　一八九五年四月十七日，清朝中國依照淵源自歐洲的近代國際法，於日本的下關（馬關）簽訂清、日和平條約，規定「台灣全島及其附屬諸島嶼之土地的主權，以及該地方上的城堡、兵器製造所與官有物，永遠割讓予日本國」（第二條），導致台灣的主權自清朝中國移轉至日本，但緊接著又出現「台灣民主國」的主權問題。

陸、台灣民主國統治時期
（1895年5月25日－1895年10月19日）

　　一八九五年，在台灣曾存在一個事實上擁有主權的台灣民主國。將台灣主權移轉予日本的馬關條約，雖於一八九五年五月八日即因清、日兩國互換批准書而發生國際法上效力，但清國尚未事實上移交對該地之統治權給日本。同年五月廿五日，原清朝台灣巡撫唐景崧，在台北石破天驚地宣布成立「台灣民主國」。從名稱上她應該是一個獨立的主權國家，但唐景崧等之「建國」原出於抗拒日本領有台灣之目的，或者不了解或者根本不欲依從國際法上主權的意涵，故仍以傳統的中原天朝觀念，宣稱「雖自立爲國，……仍應恭奉（清朝，筆者註）正朔，遙作屏藩……。」不過，事實上此後唐景崧總統及其統率之官員在台灣所行使的統治權力，仍是島內最高權威，對外亦未遵循其他權威（例如清帝）的旨意，何嘗不可謂台灣民主國事實上擁有主權。但是台灣民主國之爲島內最高權威，爲期甚短。同年五月廿九日

日軍登陸台灣本島，六月二日日本國由台灣總督代表日本天皇，向台灣人民發布「綏撫」之諭告，六月四日唐總統逃亡至中國福建，台灣民主國中央政府瓦解。日本國家權力接著逐步將台灣島納入統治，民主國的控制地域日縮。直到十月十九日劉永福領導之位於台南的民主國地方政府亦崩潰，台灣民主國在島上的統治權終告消滅。[26]

　　台灣民主國事實上存在的主權，並未獲得國際承認，唯一似有承認之意的竟是清朝中國。於該年五月廿九日清朝代表李鴻章曾以電報告知日本代表伊藤博文，謂：「台灣人民既已爲獨立之宣言，清國政府對該地人民已無原本擁有的管轄權」，做爲清國僅能儀式性地依條約進行交接之理由。[27]

柒、日本帝國統治時期（ 1895 — 1945 ）

　　日本依國際法上條約，自一八九五年五月八日合法取得台灣主權。然做爲日本在台統治機關的台灣總督府，遲至同年十月十九日，甚至是第一任總督報告「全島完全平定」的十一月十八日，始事實上可在台灣本島全面行使主權。而澎湖因在和約簽訂前，早已被日軍占領，故並無擁有法律上主權卻事實上尙不能行使的困擾。台灣總督府本身並不擁有獨立的主權，其須聽命於日本中央政府的指揮監督，只是日本國家主權底下的一個地方政府。[28]

　　日本在台灣之領土主權的範圍，主要是承繼自清朝中國，故亦

26　參見彭明敏、黃昭堂，頁 9-11；吳密察，《台灣近代史研究》（台北：稻鄉，民國 79 年），頁 1-51。

27　參見伊藤博文論，《台灣資料》（東京：秘書類纂刊行會，昭和 11 年），頁 9-10。

28　參見彭明敏、黃昭堂，頁 11-12。

涵蓋台灣本島（含東半部）、澎湖及其他附屬島嶼。為使領土範圍明確，日本於一八九五年八月與當時領有菲律賓的西班牙交換「關於西太平洋日西兩國版圖境界宣言書」，釐定台灣與菲律賓的境界。但是台北北方與琉球群島之間的劃分，由於當時兩者皆屬日本帝國而變得模糊不清，導致今日尚有「釣魚台群島主權歸屬」問題。[29]此外，一九四〇年後，台灣統治當局的管轄領域，包括原本不屬台灣的南沙群島（當時稱新南群島，隸屬高雄州）。[30]在台灣領域上的人口，以一九四二年為例，絕大多數（90％）為具有日本國籍的漢人及已漢化的平埔族，法律上稱「本島人」，漢人又分閩南、客家兩族群，其次（6％）為原居住日本內地的日本人及其後裔，再次（2.5％）為高山族原住民，最少（0.8％）者為居住台灣但具有清國或中華民國國籍的漢人。[31]

中國對於戰前日本之擁有台灣主權，四十餘年未曾表示異議。清朝中國為馬關條約所拘束，當然不敢反對日本之擁有台灣主權。一九一二年中華民國建國後，採取繼承（已滅亡的）清朝原有主權行為及領土的立場，宣布承認清朝的對外條約。據此，中華民國之領土當然不包括已依條約讓與的台灣。於一九二一年至二二年所召開的華盛頓會議，重要議題之一為「中國問題」，其結果締結了標舉「保全中國領土」等的「九國條約」。中華民國及日本雖皆為當事國，但在會

[29] 參見黃昭堂，《台灣總督府》（黃英哲譯，台北：自由時代，1989年），頁 61。

[30] 參見台灣省文獻委員會，頁 320。

[31] 參見 Tay-sheng Wang, *Legal Reform in Taiwan under Japanese Colonial Rule (1895-1945): The Reception of Western Law*. (Ph.D. diss, Univ. of Wash., 1992), pp.19-21,23.

議中卻完全沒有提到台灣的領土問題,可見台灣之屬於日本爲中華民國所不爭執,[32]中華民國政府於其法制本身亦不將台灣視爲領土的一部分。一九三一年,中華民國政府於台北設立中華民國總領事館。[33]雖說依傳統國際法,於某地設立領事館是否即代表承認該地現存政府,仍有爭議,[34]但那是以某地非本國領土爲前提。若於本國主權所及的地域內,尚須取得其他政權的同意以設立領事館,則無異自我否定主權的最高、獨立性。故由中華民國經與日本協議後設置台北總領事乙事,可知其不認爲台灣爲其領土。更清楚表現此意向的,莫過於一九三六年,中華民國國民政府所公佈之俗稱「五五憲草」的這份憲法草案,其第四條關於領土採取列舉方式,一一列舉各省名稱,亦包括原繼承自清朝疆域、但當時已爲日軍占領且成立滿州國的東北各省,以表示仍認爲其屬中國,有收復領土之決心。但是其中並未列舉「台灣省」。換言之,連單方宣示台灣爲中華民國領土的動作,都付之闕如。事實上在當時中國人的眼中,台灣常跟朝鮮並稱,而非與中國東北併列。中華民國政府官方甚至正面肯定日本對台統治的績效。一九三五年福建省主席陳儀奉派來台灣參加日本的「台灣始政四十週年紀念會」,陳儀在祝賀詞中說:「台灣人在日本帝國的統治下,過著幸福的生活」。[35]

　　迨一九三七年中華民國與日本爆發戰爭後,開始企圖否定日本對台主權。國民政府軍委會委員長蔣介石於一九三八年表示,須將朝鮮與台灣從日本帝國解放出來,亦即挑戰日本對台、朝兩地之主權,

---

[32]　參見彭明敏、黃昭堂,頁 42-43 , 121 。
[33]　向山寬夫,頁 157 。
[34]　參見丘宏達等,頁 513-521 。
[35]　參見彭明敏、黃昭堂,頁 53 。

但並未進一步說台灣應歸屬中華民國。太平洋戰爭爆發後，中華民國重慶政府乃於一九四一年十二月九日爲對日宣戰之公告，文中聲明「所有條約、協定、契約之中，凡是有關於中日間之關係者，一律予以廢止」。這不一定是衝著台灣問題而來，但已觸及關係台灣主權移轉之馬關條約的效力問題。依國際法理論，能否依此項宣示使馬關條約上台灣主權之移轉成爲無效？頗有疑問。惟本文就此不擬探討。[36]中華民國方面明確顯露出對台灣主權的興趣，應該是在一九四三年的「開羅宣言」，其表示日本應「歸還」其「盜取」自中國的東北各省及台灣澎湖。一九四五年的「波茲坦宣言」並未言及台灣，但以「開羅宣言之條款應予履行」，確認中華民國對於台灣要求「歸還」之立場。

究竟日本對台灣的主權何時喪失呢？一九四五年九月二日，日本向同盟國投降，並承諾履行波茲坦宣言的條款。依此宣言第八條，「日本的主權，限於本州、北海道、九州與四國，以及同盟國所決定的諸小島」。於是同年十月廿五日台灣總督安藤利吉代表日本帝國，向代表同盟國中國戰區最高司令官蔣介石的受降官陳儀，表示投降，移交日本在台灣的一切統治權力。此後日本事實上已不能行使對台灣之主權，但日本在法律上擁有的台灣主權仍未喪失。依國際法，戰時的「宣言」乃至投降文件，皆尚未確定戰勝國與戰敗國之間法律上的權利義務關係，須待共同締結和平條約之後始依其發生法律上關係。[37]前者似可比擬爲一般交易雙方的要約書、簽約意願書等文件，後者才是決定雙方法律上權利義務的本約。因此一九五一年，日本與同盟

36　參見同上，頁 53，107-112。

37　參見同上，頁 141-145。

國方面的四十八個國家（未包含全部戰勝國）簽署「舊金山和平條約」，取代之前所有宣言及投降文件之效力，其第二條有關於台灣之規定，即(b)項：「日本國茲放棄其對於台灣及澎湖群島之一切權利、權原及請求權」，另在(f)項亦放棄新南群島及西沙群島之一切權利、權原與請求權。至一九五二年，該項和約經日本及其他四十七個國家（不含印尼）的批准而生效。日本法律上對台灣之主權於焉正式喪失；日本許多關係台灣統治的國內法，亦非自一九四五年而係自此時始失效。[38]其實正因為日本當時仍擁有台灣主權，其才能將之放棄，故此和約反過來是確認日本曾經對台灣擁有法律上主權達五十餘年。但和約中最關鍵的是，就台灣主權，日本只言「放棄」，而非像馬關條約中「永遠割讓予日本國」那般清楚指定承受國，這正是爾後「台灣法律地位未定論」的由來因素之一。

　　另有關係國對日本在法律上喪失台灣主權的時點，持不同意見。中華民國國民政府陳儀受降官，於一九四五年十月廿五日接收台灣時，即宣布「從今天開始，台灣正式地再度成為中國的領土，所有的土地與人民都在中華民國國民政府的主權之下」。嗣後並據此，自該日起「恢復」台灣住民的「中國國籍」。這些舉動等於是否定部分學者所主張的「中華民國自一九四一年十二月九日對日宣戰並表明廢棄中日間條約時，即在法律上恢復對台灣主權」之說法，因為假如彼說為正確，則台灣住民之具有「中國國籍」應回溯至一九四一年該日，就好比日本給予台灣住民的「日本國籍」是回溯至日本取得法律上主

38　參見彭明敏、黃昭堂，頁 153-154 ；日本外務省「關於外地關係法令整理及善後措置之意見」，載於外務省編，《外地法制誌》，（東京：平成 2 年），第 1 卷，頁 7-16。

權的一八九五年五月八日，然事實並非如此。[39]不過中華民國於一九
四五年之宣布對台主權，只發生國內法上效力。日本國仍認爲其在法
律上擁有台灣主權。依國際法上主權概念，當然不能在同一領域上存
在二個國家主權。中華民國未簽署一九五一年舊金山和約，但另外於
一九五二年與日本簽訂和平條約，確認日本依舊金山和約，業已放棄
對於台灣、澎湖群島、以及南沙群島及西沙群島之一切權利、權原及
請求權。[40]中華民國與日本該項和約中既然未規定台灣主權讓與中華
民國，當然不會承認中華民國政府在一九四五年十月廿五日所爲關於
取得台灣主權之宣示，而從雙方承認「日本已依舊金山和約放棄台灣
主權」一事，是否可解釋爲亦已承認日本於舊金山和約生效之前仍在
法律上擁有台灣的主權？

捌、中華民國統治時期（ 1945 —現在 ）

　　事實上，台灣於一九四五年之後與一九四九年之後，係分別置
於名稱相同但實質不同的國家主權底下。中華民國國民政府，於一九
四五年十月廿五日事實上取得對台灣的主權時，其係統治中國大陸的
中國政府，做爲台灣統治機關的台灣省行政長官公署（ 1947 年改組
爲台灣省政府），乃是代表中國主權而在台灣遂行統治，其必須聽命
於在南京之中國中央政府的指揮監督，是一個沒有主權的地方政府。
但是一九四九年十月一日在中國大陸所建立的中華人民共和國，事實
上已成爲中國政府。一九四九年十二月七日，已喪失中國大陸統治權

---

[39]　參見黃昭堂，頁 65-66 ， 251 ；彭明敏、黃昭堂，頁 111 。

[40]　參見彭明敏、黃昭堂，頁 169-170 。

的中華民國中央政府遷至台北（即「中華民國在大陸」已滅亡），成為在台灣的最高統治權威，對內優於其他省縣市鄉鎮政府之權力，對外獨立自主，不受其他國家權威的干預。換言之，這個遷移至台灣猶自稱「中華民國」的政治權威，即今日所謂「中華民國在台灣」（The Republic of China on Taiwan），事實上自一九四九年十二月七日迄今，一直是以台灣為領域，形成一個新的主權國家（其領土、人口皆異於原先領有中國大陸的那個國家主權），而獨立於包括中國（即中華人民共和國）主權等其他主權之外，只不過其尚未明白表達成立新國家的主觀意願。[41]台灣事實上主權所及的領土範圍，除傳統的台、澎外，今日尚包含金門、馬祖，其可視為「政治上附屬島嶼」，恰如日治末期及今日之領有南沙群島中的太平島。領域上的人口，則包含閩南、客家、外省、原住民等四大族群。

但是法律上，台灣主權的歸屬，仍有爭議。在國際法上有謂歸屬於一個仍領有中國大陸的「中華民國」（一個在法律上擬制其存在的國家，詳見下述）。有謂台灣法律上主權於一九五二年經日本放棄後，處於未定狀態。近來有謂已定於台灣人民矣，亦即屬於由台灣人民所組成的國家（其名稱可為中華民國、中華台灣國、台澎金馬國、台灣共和國等代號）。另外，自一九四九年建國後不曾一刻統治過台灣的中華人民共和國，也宣稱其以中國唯一合法政府身分擁有台灣主權。各項法理上論爭於茲省略之。

自一九四九年迄今在台灣事實上存在的這個主權國家，於國內

41　這個以台灣為領域的國家，雖仍稱為「中華民國」，但並非國際社會（例如聯合國）所承認之被中華人民共和國所繼承的那個以中國大陸為領域的中華民國。惟台灣統治當局之繼續沿用舊名稱，自然易使世人將兩者誤以為一，亦即誤以為台灣已為中華人民共和國所繼承。

法上，尚不認為以台灣為統治地域的政治權威擁有國家主權。在中華民國法律上，中華民國主權及於包括外蒙古在內的中國大陸（三十五省二地方一特別行政區）及台灣，前者稱「大陸地區」，後者稱「台灣地區」。依此法律邏輯，在台灣地區是不存在一個獨立的國家主權，台灣與中國大陸之間的往來是一個主權內部的事務，不適用國際規則。問題是法律上宣稱為主權所及的「大陸地區」，事實上已由中華人民共和國及蒙古共和國有效行使各自的主權，在此地域上怎能同時又存在「中華民國」之主權呢？論者或許辯稱法律上擁有主權但事實上尚未能行使（如一八九五年五月八日至一八九五年十月十九日之日本對台主權），或實際統治權喪失後仍擁有法律上主權（如一九四五年至一九五二年之日本對台主權），均不乏其例。但這種現象多存在於主權交替的短暫期間，長達四十餘年不能對某地域及其人民實際為統治支配，還能主張對其擁有最高排他性的主權嗎？既然中華民國法律根本不能施行於「大陸地區」，如何自我膨脹地將其納入領域內，結果反而造成台灣本身法律體制的混亂，例如，中國大陸人民既不歸類「外國人」，卻又常視同外國人。

　　台灣歷史上亦曾出現事實上擁有主權，但在法律上含糊其詞者。鄭氏王朝即為一例，但那是因為其一方面不熟悉歐洲人的主權概念，他方面想以「大明正統」做為武力侵奪中國大陸的藉口。又如台灣民主國，雖宣布為主權國家，卻又囿於漢民族古老的天朝上國觀念，欲奉正朔、作屏藩，自我矮化，無怪乎國際反應冷淡。今天的世界環境已與往昔不同，源自歐洲的主權概念已為國際社會所支持，台灣欲生存須走向國際社會，也就必須接受其主權觀，不要再用涵義模糊的所謂「文化、歷史、地理的中國」，來包裝已過時的天朝大一統觀念

。且愛好和平的台灣人民，也不希望以此做為逐鹿中原的口實。今日做為國家主權者的是台灣人民，而非皇帝個人或寡頭統治集團，吾人應奮起主導自己的命運，在國際社會裏爭取法律上完全的主權，拒絕再重蹈鄭氏王朝或台灣民主國的覆轍。

玖、結論

　　走過台灣歷史，反省今天我們所面對的國家主權獨立問題，可以知道，台灣住民自始是被動地涉入歐洲人的主權概念。荷蘭人將原住民自治的樂土當做「無主地」，以「先占」建立「主權」。西班牙人繼而仿效之。若加上明朝中國之領有澎湖，今之台灣在當時竟存在三個國家主權。鄭成功將台澎統一為政治共同體，依漢民族傳統觀念建立王朝，但鄭氏王朝在其與西方的往來中，確實被視為一個主權獨立國家。清朝中國接著將台灣納入其版圖，在台統治機構只是中國大陸最高權威底下的地方政府。但十九世紀中葉以後，西方的主權概念已行之於東亞，清朝在台灣主權所及的領土範圍，立刻成為近代國際法上議題之一，清朝嗣後乃以積極統治「後山」來確保其領土主權及於全島。這個完整的台灣主權，隨後依條約自清朝中國移轉至日本帝國。再五十年後日本事實上喪失對台統治權，但在一九五二年日本只確定地將其法律上對台主權予以放棄，歸屬於誰呢？是一九四五年在台灣為事實上統治之領有中國的中華民國政府嗎？果其然，一九四九年以後是否改由繼承中國政權的中華人民共和國政府承受？或是一九四九年在台灣已事實上另外形成一個僅領有台灣的主權國家，其因長期延續既有統治事實而取得法律上主權？

　　台灣人民就這樣不斷「轉檯」，服侍來做客的新主人。假如今日主權的概念，是為了追求特定政治地域內全體人民的安全與幸福而

存在，那麼就沒有理由不讓這些人民決定他們是否需要一個獨立的國家主權，以及主權所及的範圍是什麼。台灣人民應努力爭取擁有法律上完整的台灣主權。

附記：原發表於〈台灣歷史上的主權問題〉，《月旦法學》，第 9 期（ 1996 年 1 月），頁 4-13。

台灣企業組織法之初探與省思
―以合股之變遷為中心

壹、前言

　　本文爲有關台灣法律史之專題研究。台灣法律史是本於台灣主體性，以歷來施行於台灣之法律爲研究對象的一門學問。在此所稱「台灣」，係指台灣本島，澎湖群島及其附屬島嶼，包括地理上附屬島嶼（例如蘭嶼綠島等）與「政治上附屬島嶼」（自一九四九年以後包括政治上隸屬台灣本島政權的金門、馬祖）。就法律史之研究，雖然須對「斷代研究」累積相當成果後，才易於從事「專題研究」，但專題研究所能呈現之歷史連續性，卻常是斷代研究所難以凸顯的。本文因此嘗試以企業組織法做爲探討主題，檢視其在台灣的發展軌跡，並進而思考其對今日之啓示。「企業」一詞常因研究重點相異，而有許多不同的定義，在此，本文稱其爲：「集合人與物等生產因素，提供生產或服務等經濟效能，以謀求利潤之組織體。」[1]爲限縮討論範圍，關於個人獨資事業體，將不予以論述；又例如祭祀公業等非以謀求利潤爲設立目的之組織體，亦在排除之列。就當今台灣，本文所指企業組織，主要係各類型的公司及某些合夥團體；在傳統社會，則以合股企業組織爲代表。因此，下述討論乃以合股之變遷爲中心。惟台灣法律史相關研究，迄今仍嫌不足，本文僅能就此主題爲一初步的探討，尚有諸多問題，待他日深入研究。

貳、法律史的考察

一、清治之前（1683之前）

---

[1]　參見廖義男，《企業與經濟法》（台北：民國 69 年），頁 34，49-51，87。

　　由於合股組織在台灣係於清帝國統治後始盛行，故歷史分期上先區分清治之前與之後。以統治者誰屬為準，清治之前又可概略分為原住民自治時期、荷治時期、及鄭治時期。事實上荷蘭政權當時僅統治台灣本島西南部，及原由西班牙人統治一段時間的北部，其餘地區依舊由原住民自治。鄭氏政權亦僅統治台灣本島西半壁若干地帶及澎湖，其餘歸原住民自治。甚至到清治時期，台灣本島上仍有廣大地域為清帝國管轄所不及，由原住民自治。不過，為簡化起見，本文以各時期台灣最有力的統治者為代表。

（一）原住民自治時期（1624之前）

　　以台灣法律史的立場，首先須觀察台灣原住民的法律生活。台灣原住民與居住於菲律賓、印尼等地人民同屬南島民族，跟後來宰制台灣社會的漢民族（於近世亦稱「華人」），在種族及文化上皆有不同。原住民於尚未接觸外來文化之前，大多從事原始的農作及漁獵。[2]雖依文字記載，十六世紀時，已有漢人及日本人至台灣與原住民進行以物易物。[3]但依目前既有的研究報告，仍難以推論出當時的一般原住民，曾設立本文所稱之企業組織體。故在此交易中，原住民或許是以整個部落，做為單一的交易主體。

（二）荷治時期（1624 ─ 1662）

　　台灣甫進入有文字記載之歷史時期，即出現近代西方股份有限公司（日本法稱「株式會社」）之原型─荷蘭東印度公司。於十六世

---

[2]　參見 William Campbel, ed., *Formosa under the Dutch* (London, 1903), pp. 9-13。

[3]　原住民以其鹿皮換得日用品、食鹽等物。參見曹永和，《台灣早期歷史研究》（台北：聯經，民國68年），頁9-11，56。

紀，歐洲人的海外貿易已擴張至亞洲，後進的荷蘭人為抗衡已捷足先登的西班牙人與葡萄牙人，乃將數個經營亞洲貿易的公司合併成一個強大的貿易公司，此即一六○二年成立的荷蘭東印度公司。基於拓展對中國大陸貿易之動機，該公司原欲於一六二二年奪取澎湖做為貿易據點。其與中國明朝政府經過一番武力衝突與和談之後，於一六二四年放棄澎湖，但在中國政府協助下前往台灣本島，建立貿易基地。[4]荷蘭東印度公司，因而成為第一個在台灣本島建立政權的外來統治集團。該公司原是歐洲重商主義下的產物，且一般認為其係近代西方股份有限公司之鼻祖，[5]這項歷史巧合，好像已預言台灣爾後的發展，將與婆娑之洋的商業經濟活動密不可分。且其亦是世界上第一個「特許殖民公司」，[6]此似乎詛咒著台灣將長期擺脫不了被殖民的命運。

　　荷蘭東印度公司在荷蘭本土的組織模式及其運作，對於在台灣的人們，其實相當遙遠。東印度公司於特許狀中經由政府授權，得對外為戰爭、媾和、締結條約，及對內為統治等國家主權行為。設於印尼爪哇巴達維亞城的總督，及由其擔任首長的評議委員會，則實際負責東印度殖民地的統治任務；在荷蘭本土的公司董事們，事實上不太能有效地指導東印度殖民地上的各項事務。台灣本島既屬於荷屬東印度殖民地的一部分，當然亦歸身處巴達維亞的總督管轄。該總督再派

[4]　參見包樂史(Leonar Blusse)，〈追尋被遺忘的台灣社會之本源〉，《當代》，第 103 期(1994 年 11 月)，頁 75-79。當時的中國明朝政府，似乎只將澎湖視為其領土，而排除了台灣本島。

[5]　大隅健一郎，《株式會社法變邊論》（東京：有斐閣，昭和 28 年[1953]），頁 4。

[6]　此語出自大川周明，《特許植民會社制度研究》（東京：寶文館，昭和 2 年[1927]）。

遣常駐於「台灣商館」的長官及其評議會，本於追求公司最大利潤之經營目標，統治台灣本島。

就被統治之台灣人民的組成而言，於荷治時期，除了原住民之外，還有一些相當具有營利傳統的漢人，移入且定居於台灣本島。原居住於中國大陸福建沿海的漢人，在此之前已有與原住民交易的經驗。但在荷治下，其須依照所謂「贌社」制度，於向荷蘭當局繳交一筆類似今日的「權利金」之後，取得與原住民部落貿易的獨占權，另外亦有所謂「贌港」，繳交定額金錢以取得特定海域的捕魚獨占權。[7] 惟當時的漢人，曾否為募集「贌社」等所需資金而組成企業團體，仍不清楚。再者，荷蘭東印度公司為拓展殖民地農業，以船隻運送閩南漢人至台，且提供耕牛、農具、種子、灌溉措施等資本，以利其耕作。[8] 但漢人農民所開墾之田地，係屬該公司所有，則漢人移民只不過是公司之佃農而已，似無為了籌資開墾土地而組成企業團體之餘地。

在台灣，荷蘭東印度公司無異是一個「政府」，其屬「公司」之組織型態，對原住民及漢人而言，無關緊要，自然也不會想到仿效「公司」之組織模式。故隨著荷蘭人在一六六〇年代的退出台灣，其西方式公司組織，只在台灣法律史上留上驚鴻一瞥。

約當同時期，西班牙對台灣本島北部的統治（ 1626 — 1642 ），時間既短又乏開發事業，茲省略之。

（三）鄭治時期（ 1662 — 1683 ）

鄭氏王朝雖屬漢人政權，但卻也是海上貿易強權。按中國大陸福建廣東沿海的漢人，不同於其他多數居住內陸、習於農業生活的漢

---

[7]　贌社之承贌人須先給付公司半數的權利金，餘額在一年後付清；且通常會雇用許多漢人向原住民收集鹿皮等。參見曹永和，頁 59-60 ， 237 -238 。

[8]　同上，頁 261-262 。

人，頗善長於海上貿易活動。當荷蘭人以台灣為基地與其他海上列強爭雄於對中國之貿易時，福建沿海亦崛起由鄭芝龍、鄭成功父子所領導的海盜兼貿易商「鄭氏集團」，其與荷蘭人維持著既是合作者又是競爭者的關係。嗣因鄭成功在中國大陸之軍事失利，根據地不保，乃謀取台灣以圖再起，終於在一六六二年將荷蘭人勢力逐出台灣本島，連同原已領有之澎湖，建立了鄭氏王朝。鄭氏能憑彈丸之地，與領有整個中國大陸的大清帝國對峙二十餘年，甚至曾軍事反攻大陸，其中一個重要因素就是透過海上貿易累積實力。鄭氏集團原本在中國大陸沿海各港口皆有所謂「五商」的組織，於採購貨品後，販運至日本及歐洲，並由「戶官」掌其事。迨鄭氏集團退居台澎，舊有五商組織已遭毀滅，但其集團本身不僅是軍事團隊，亦是貿易組織體，故依然藉著各種管道收購中國貨物，販售至日本等地，且與英國東印度公司往來密切，以輸入火藥、兵器等。[9]可以說，在鄭治時期，由鄭氏集團所組成的政府，本身就是一個龐大的企業組織，其與荷蘭東印度公司之企業即政府，本質上實無太大差異。

　　鄭治時期的台灣人民，是否已有成立企業組織之實例呢？由於文獻不足，故只能推論之。按鄭治時期的主要族群仍是優游於原野的原住民，其大多數仍維持固有的生活方式，僅少數受漢文化影響從事定耕，故可能無組織企業之需要。當時的漢人可分兩類，其一是荷治時已渡台之「在地」漢人，除原依贌社等與原住民從事交易者外，大多是荷蘭東印度公司的佃農。進入鄭治後，原屬公司所有之田地，成為鄭氏王朝之「王田」，其上耕作者之佃農身分不變，故其情形與荷

9　參見盛清沂，〈明鄭的內治〉，載於《台灣史論叢》（台北：眾文，民國79年），頁 151-154。

治時並無大異。其二是鄭治後移居台灣之「外來」漢人，以鄭氏王朝的官員及眷屬、士兵等為主。[10]依後人之記載，鄭氏宗黨及文武官員與士庶之有力者，招佃耕墾，自收其租，而納課於官，名曰「私田」。[11]則彼等較有可能為了以私人身分集資開墾田園，而組成如後述「開墾合股」一類的企業體。至於士兵，因施行屯田制，可能大多數是集團為營隊開墾土地而已。此外，還有少數於鄭治後才自福建沿海移居台灣的一般人民，但其本窮苦不堪始赴台，故可能僅能於社會底層討生活。綜上所述，鄭治時期的台灣，雖官府有頗為蓬勃的國際貿易活動，但民間的企業組織，即令有也不多。

二、清治時期（ 1683 — 1895 ）

　　中國清朝政府統治台灣二百一十二年，使得傳統中國式法律觀念與制度在台灣社會生根，這不單只因清朝在台灣實施與中國大陸相似的一套官府律典，更因來自福建與廣東沿海的漢人，似潮水般湧入台灣，加上原荷治、鄭治時已移居台灣者，漢人人數竟凌駕原住民而成為占台灣社會多數的優勢族群，其法律文化因而蔓延全台，甚至擴及平埔族原住民社會。僅居住近山地帶、被漢人蔑稱為「生番」的原住民，可保持其固有法律文化。

　　台灣在清治時期的官府制定法，並無有關企業組織法之規定。清朝中國施行於台灣的官府法律，反映其一百九十餘年「為防台而治台」的政策，凡事概以防弊為著眼，對台灣人民時存戒心。[12]故除了

10　參見曹永和，頁 273-277。
11　參見戴炎輝，《清代台灣之鄉治》（台北：聯經，民國 68 年），頁 320。
12　詳見張世賢，〈清代治台政策的發展〉，載於《台灣史論叢》（台北：眾文，民國 79 年），頁 221-238。中國大陸政權對台灣人民提防之心，以清朝官員所說的：「若以台人守台，是以台予台人」，最為傳神。見丁日健

在治台的最後二十年，爲使台灣成爲清朝中國的「海防基地」而稍有建設外，幾乎不曾主動在台灣有興利之舉，自然無意於以法律推動企業之發展。即使沒有上述統治政策上的考量，亦難期待其官府制定法中會存在著有關企業組織法之規定。蓋滿清王朝入主中原（指關內十八省）後，承襲的是自秦漢以來、以中原農業文化爲基礎所制定的傳統中華帝國律典。其對於今日法律所稱之「民商法事項」，很少加以規範；若有規範，亦以涉及稅收的土地關係及涉及倫常的婚姻關係爲多。就有關人民企業組織之規制，官府律典內付之闕如，故不能不仰賴民間自行發展出的習慣規範。[13]

　　清治台灣漢人社會有關企業組織之習慣規範，並未見諸明文，其內容亦非劃一。台灣漢人民間習慣之內涵，固源自其在閩粵故鄉之習慣，但爲適應台灣新環境，舊有習慣不免有所調整。由於移出地有異─或福建或廣東，同屬福建者則或泉州或漳州，同屬泉州者仍有邑別；且在台落腳處亦不同─或沿海或鄰近山地，造成台灣各地民間習慣不一。全島交通上的阻隔，更強化此分殊性。且這些民間習慣，是緣自特定社群的人們，對於某一事項，長期反覆爲同種行爲，進而認爲任何成員皆須遵從此行爲規範，始可維持社會共同生活秩序。因此，其不像制定法那般只需閱讀條文之記載即可相當明確地知悉規範內容，而須廣泛地調查一般人對於特定事項的慣行，及其普遍被認爲

　　編，《治台必告錄》（同治 6 年[1867]；重刊，台銀台灣文獻叢刊十七，民國 48 年），頁 160。

[13]　大清律例僅曾經在敘述犯罪情狀時，提及「合夥」兩字，即戶律市廛〔私充牙行埠頭〕條附則有云：「各處關口地方有土棍人等，開立寫船保載等行，合夥明充，盤踞上下，……」。見姚雨薌等，《大清律例會通新纂》（重刊，台北：文海），頁 1361。

應遵守之程度。欲調查當代法律社會之習慣已屬不易，更何況對象是一兩百餘年前的習慣。為探尋清治時台灣漢人有關企業組織之習慣，本文不得不依賴日本法律學者於日治初期（約一八九五年以後至一九〇〇年代），針對台灣人民自清治末期（指清朝治理台灣末期，約十九世紀後半期，非中國史上之「清末」）以來已形成之習慣內容，所撰寫的調查報告，[14]並佐以清治末或日治初，台灣漢人依其習慣所為的契字等原始文書。[15]以目前台灣法律史研究之草創階段而言，這似乎是一種雖不滿意但可以接受的研究方法，合先說明。

（一）合股之淵源與發展

合股係由具有親密關係者所組成之經濟性團體。在傳統中國社會，家產由諸男子平均繼承。若此項家產所經營之事業，將因分割之故遭致不利益，數位繼承人可能為了共同繼續經營該事業而組成所謂「合股」。此為合股之起源。雖合股之組成源自兄弟或親屬之間，但由於合股經營比個人經營易於集合資本，且可分攤經營風險，故其成

---

[14]　日本治台初期，為了解台灣人的法律上習慣，曾從事大規模的「舊慣調查」，並由臨時台灣舊慣調查會編撰成《台灣私法》計三卷六冊，及其附錄參考書共三卷七冊，出版於明治44年(1911)。今台灣省文獻委員會已出版其中譯本計三卷，供大多數不諳日文之國人參考，惜該中譯本有若干遺漏之處，故本文仍依日本原版。又《台灣私法》書中，日本法學者經常以歐陸法學概念，敘述當時台灣人習慣規範之內容。有鑒於這些歐陸法學概念，事實上並不存在於清治時期台灣，本文於描述清治台灣民間習慣法之內容時，盡可能避免使用那些來自歐陸法的名詞，而儘量使用當時的詞彙，以呈現歷史事實，並藉以凸顯日治後在法律概念上的改變。但假如為進行有效率的討論確有其必要，則仍將使用通行於今的歐陸法概念及名詞，並註明其非當時用語。

[15]　於日治初期，台灣人大致上仍可依其固有習慣，處理民商事項之法律關係。參見拙著，〈台灣日治時期殖民地立法之程序與內容〉，《台大法學論叢》，24卷1期(1994年12月)，頁26-27。

員之組成，逐漸擴及朋友知己之間。在需要多額資本的行郊（即行紀商）、當舖，或具高度風險的船舶運送業，即經常以合股方式經營。[16]

隨著漢人的大量移居台灣，合股的經營方式亦傳入台灣，以下稱此類合股爲「傳統合股」。雖傳入的確切年代尚不得而知，但在一七二五年（雍正 3 年），既有台南三郊（行郊商）之設立，則可能當時業已出現合股經營之企業型態。[17]其後的發展又如何呢？依日治初期官方的調查，台灣人經營的商事企業共計六、五○九家，其中有五、九九一家屬於個人企業，有五一八家屬於合股企業，其以經營行紀、布店及染坊、藥舖、雜貨店等爲主。[18]但這僅以合股經營商業者做爲統計對象，另外尚有經營非商業之製造業、農漁業等等的合股企業，依同上之調查顯示，亦有四三四家。[19]由於中國清朝政府並未留下有關合股企業的統計數據，故只能以上述日治初期的調查，推論出台灣在清治末期，合股企業應已相當普遍。

台灣的傳統合股企業，在清治末期曾有一小部分受到西方法文化影響而略改變其組織方式，此可稱爲「變型的傳統合股」。按原採

---

[16] 《台灣私法》，第三卷下，頁 119-120（以下簡稱爲《私法》且不再列卷號）。

[17] 參見同上，頁 120-121。

[18] 該數額係將台灣北中南各地區之個別查報數目，加以總計後得出。參見《私法》，頁 128-146。但依一位日本學者在台灣中部地區所爲之調查，發現合股商店的數目（278 家）約占獨資商店數目（661 家）的三分之一強，且就資本額較高的商店而言，屬於合股經營者之比例更高。參見上內恆三郎，〈合股ノ舊慣（一）〉，《法院月報》，3 卷 2 號(1909 年 2 月)，頁 49-50。（《法院月報》後改名爲《台法月報》）。

[19] 《私法》，頁 267。

鎖國政策的清帝國，於十九世紀後半期，受西方強權壓迫而開放許多允許與西方人通商的港口，清治下的台灣亦自一八六〇年後，對外開放四個港口（雞籠、滬尾、安平、打狗）。與對岸的通商港口（如廈門）進行貿易的台灣商人，於是有機會接觸到西方商行，且西方商人亦可至台灣（例如安平）設立商業據點，或與台灣商人共組企業團體經營商業。[20]其結果使某些台灣商人，採用了若干屬於西方法而為傳統合股習慣所無的企業組織方式。例如有以「有限公司」做為合股商號名稱，且表示合股成員只在其出資額的限度內對合股商號之債務負責者。[21]這正顯示台灣人民，在官府制度法未為規範底下，主動的學習西方法。惟畢竟變型者在全部合股企業中所占之比例甚小，絕大多數仍屬傳統合股。故以下有關清治時合股習慣規範之討論，係以傳統合股為對象，必要時才述及變型的傳統合股有何等特例。

（二）合股之設立

合股是由兩人以上出資共同經營事業的一種契約關係。合股又有稱之為：聯財、合夥、相合、公家、合做等，亦即俗稱之「鬥生理」或「份生理」。清治時合股的基本法律關係，不因所營事業之不同而有異，其事業範圍包括從事一般貨品轉售的商業活動、製造糖及食用油等民生用品的工業活動、開墾荒地或設置埤圳的農業活動、開築魚塭取得漁獲的漁業活動、植林砍伐等林業活動、乃至購船從事海上運送（「整船」）等。[22]不過為因應所營事業的特性，合股契約有時

20　參見同上，頁 121 ， 250 。

21　同上，頁 230-231 。

22　同上，頁 122-123 ， 125 ， 252-255 ， 392-393 。在清治時期淡水廳及新竹縣衙門檔案（收藏於台大研圖，以下稱《淡新檔案》，曾有一案涉及合股，其合股字即使用「合夥」兩字。見《淡新檔案》 24201 ─ 2 。

會做較特殊的規定。例如，有別於一般合股之期以恆久，開墾合股常約定於開墾成功後即為分割，以結束合股關係。[23]

　　清治台灣的合股，大多以籌集經營事業所需之大額資本，或分擔危險、分配利益，做為設立的經濟上理由。具有經營事業經驗者，為建立新事業或擴張現有事業，常招徠投資者共同出資設立合股，一般大多先邀請自己的親屬及知己參與投資，若親友中無適當的投資者，則自任「起頭人」，央請中人勸誘原不相識者參與投資。起頭人於合股設立後，通常擔任職司執行合股業務的「當事」，該受勸誘而出資者稱「銀主」，於合股設立後稱為「股東」。另一種情形，則是由原無經營事業經驗的銀主，共同股立合股，並聘請具特殊技能經驗者擔任當事。[24]

　　合股之設立，並不以做成書面或向政府呈准為必要。合股契約僅頁參與投資者以口頭就合股組織運作之主要諸點，例如出資額、當事人選、損益分配等，達成合意，即告完成，不必載明於書面。但當股東人數眾多或其相互間親密程度低，或是有關土地之經營的開墾合股、埤圳合股、魚塭等，為防止日後有爭議，經常做成契字，以為證據方法，此稱為「合股字」（或「在本股字」、「股票」、「股分票」等）。此外，除非所營事業本身須取得官府特許始可經營者，例如鑄鐵業，否則合股之設立根本不需取得官府之特許，亦不必向官府為登記或為其他公告方式，故一般人並不知某企業是獨資或合股。[25]

---

[23]　《私法》，頁 274-276。

[24]　同上，頁 147。

[25]　參見同上，頁 148，151-152，269；上內恆三郎，〈合股の舊慣（二）〉，《法院月報》，3 卷 6 號(1909 年 6 月)，頁 49。鑄戶合股字須經官府

　　當時的習慣規範，對於合股契字內容沒有今日所謂「法定必要記載事項」。以下所列者僅是經常記載於合股字上之事項（可參閱附錄一）：

　　(1)緒言。表明出資者同心協力經營事業之意圖。在傳統合股，經常引用典故做為合股字之起頭文句。例如「管鮑知心」或「慕管鮑之高風」，以示效法管仲鮑叔牙之親密謙讓、聯財營商；「晏子之芳聲可慕」，表示傾慕春秋時齊國晏嬰之節儉；「蓋聞猗陶致富」，謂以陶朱公（范蠡），猗頓之致富為表率；「雷陳雅契膠漆相孚」，則希望有如陳重雷義般之友情，以使合股永續經營。[26]有時也添加一些吉祥語。例如「財源如百川聚會」、「利路似萬寶朝宗」等。[27]上述這些用語實無法律上意義。

　　(2)目的事業及座落。例如在某處開設布店或開墾某地。

　　(3)店號或字號。以合股經營商業者，必約定有店號（或稱為行號）做為其合股企業之名稱，但經營同種商業者，不得在同一商業交易區域內，使用同一店號。同一合股擁有數個營業所時，各營業所可以有不同但相關連的店號，例如把三個字的店號變更其中一字，又支店通常在本店之店名下附加「棧」字，例如「豐裕號」的支店稱「豐裕棧」。故一個合股企業不一定僅使用一個店號。台灣在荷治及鄭治之後，於清治末期才再度與西方有所接觸，此時有些資本額較大或是從事國際貿易的合股，往往在其店號上附加「公司」字樣。例如有稱

　　給予戳記，見《台灣私法附錄參考書》，第3卷下，頁41-42（以下簡稱《附錄》且不再列卷號）。

26　參見《私法》，頁153。

27　參見小林里平，〈合股字を紹介す〉，《法院月報》，3卷11號(1909年11月)，頁26-27。

「和興公司」者，其屬於前述變型的傳統合股。甚至一八九五年的台灣民主國，曾以「安全公司」爲名製作「股份票」，在台南募集抗日軍餉。[28]就經營商業以外的合股，其名稱則爲字號或公號，魚塭合股特稱爲塭號，皆與店號一樣具有表徵合股團體之作用。[29]

(4)股東數目及姓名。締結合股契約者即爲「股東」，或稱「股夥」，俗稱爲「頭家」。股東人數固然須爲二人以上，但由於股東資格著重品性及信用，時常係出自至親好友，又恐人多口雜徒招紛擾，故通常人數不多，大概爲三或四人，十人以上者較少。各股東的姓名須載明，若某合股爲他合股之股東時，則僅載該合股之店號（或字號）即可。[30]

(5)資本總額及各股東出資額。合股字上皆載有出資總額，其大

---

28 參見《私法》，頁 158-159；台灣文化三百年紀念會，《台灣史料集成》（台北，昭和 5 年[1930]），頁 67。由台灣人民組設合股以保衛家園，饒富歷史意義，但擔任「安全公司」起頭人的劉永福，日後背棄股東、潛逃至中國，並未善盡執行合股業務之責。日本政府於 1904 年調查台北的地方習慣時，曾詢問台灣本地人有關使用商號之習慣，當詢問及商號中「公司」兩字之意義，答詢者認爲此亦即「會社」也，係廣東人與外國人交易後，對於「會社」（即 Company，筆者加註）所用的稱呼，並在二十多年前傳入台灣。見台灣慣習研究會，《台灣慣習記事》（中譯本，台中：台灣省文獻委員會，民國 79 年），第 5 卷上（原 5 卷 1 期，刊於 1905 年），頁 18-19。於 1905 年在同地點的另一次調查會上，答詢者又稱「公司」是指以大資本經營商業者，乃與西方通商後才有此名稱，在此之前即使是大額資本經營者亦只稱「連財」而已。見同上（原 5 卷 3 期），頁 116。惟上述在商號中使用「公司」之名稱者，實質上仍是屬於合股的法律關係，其並非依據「會社法」(Company law)而設立者。

29 參見《私法》，頁 277-278。

30 同上，頁 123，148-149。稱「股夥」者，亦可見《淡新檔案》24201-2。

多區分成數股,每一股金額不一定相同(如附錄一之合股字即各股金額不同),不過通常每股出資金額均劃一,再由各股東認半股、一股、或數股。每股金額任由契約決定,並無限制其數額之習慣存在。較特別的是在開墾、埤圳及魚塭合股,經常只載明各出資者的股份比例,而未及確實的出資額,因為此等合股可能於設立之際,尚不能預和所需資本額,故須待實際需要時,再由股東依股份比例提供資金;但為了增加股東的可預測性,有時會約定總資本額的最低限額及最高限額。[31]

(6)當事人之姓名、職權與報酬。負責執行合股業務者,在合股字上經常稱為「當事」,俗稱為「家長」。於埤圳合股、開墾合股,常稱為「董事」;於魚塭合股則特稱為「長年」。依習慣,當事為合股所必須設置者,且可以有一人以上,例如併設「當內事」及「當外事」。鑒於當事在合股運作上的重要性,合股字中大多明確規定其職權及報酬,俾使股東有所遵循、知所節制。[32]

(7)各股東的署名或蓋章。但亦有不少合股字僅蓋合股之圖章,其效力與各股東分別署名或蓋章相同。[33]

(三)股東

合股之股東雖經常但不必然參與業務之執行。股東指對於合股財產擁有持分(亦稱為「股份」)之人。通常股東中的一人或數人,會擔任當事或銀櫃等執行業務之職位;不參與業務執行的股東,則被

---

[31] 參見《私法》,頁155,268。在開墾合股之例,亦有約定股東須先繳交一定額資本,嗣後若有不足再依股份比例出資。參見《淡新檔案》24201－1。

[32] 參見《私法》,頁172,285。

[33] 同上,頁155-156。

稱為「立山頭家」。故股東並非基於股東之資格,而當然可代表合股或執行業務,須其經合股成員選任為當事始可。可以說在傳統合股裡,出資者與經營者是兩個分離的角色,雖然事實上兩者時常合一。這跟歐陸法上「合夥」(日本法稱「組合」)契約,各合夥人本於合夥人之身分,即原則上可共同執行合夥業務,且執行合夥事務之合夥人當然為他合夥人之代表,在觀念上實有不同。[34]

　　股東參與合股的最大目的在於分配合股之盈餘。合股於營業年度終了時,當事須為決算並向股東報告。其年終資產額,若比年初時多,即屬有盈餘,股東得請求依股份分配之;若雖較年初為多,但仍較設立時為少,則不待填補該短少的差額,即可分配盈餘,並無今日西方式股份有限公司「資本維持」的觀念,惟通常在此情形,仍以不分配者居多。另一方面,現存資產若比設立時增多,亦不必然立即將盈餘全數分配於股東,可能全部或一部仍積存於合股企業,以圖事業之擴展,此稱為「公積」。例如有合股約定設立後三年內,不得分配盈餘。至於盈餘之應分配或應列為公積,須經全體股東決議。其實應分配的部分,依慣例也只是形式地記載於「財本簿」上,股東於現實生計有需要時再取用之。不過不論是列為公積或是雖應分配但現實上未取用之盈餘額,合股皆應按額給付股東利息(在某些例子裡,其利率與合股之對外借款相同);迨股東退股或合股解散時,再將所有盈餘額返還於該股東。有些合股契約竟規定不問有無純益,應就股東之出資額給付一定的利息。[35]

　　合股的重大事項須由全體股東議決。雖屬於事業經營的通常事

---

[34]　參見《私法》,頁 162-163 ;中華民國民法第六七一及六七九條。

[35]　參見《私法》,頁 163 , 194 , 196-198 , 279-280 ;《附錄》,頁 15 。

項可任由當事裁決，但事業經營上重要事項及非事業經營事項，仍須由股東決定。其包括：店舖之借貸或移轉、金錢之借貸、合股財產之處分、金錢以外出資之評價、退股及應返還股額之計算、事業之變更、財本之增減、對當事及其他使用人之任免及其違反規約時之處置（但對夥記之任免通常仍尊重當事的意見）、合股之解散等。傳統合股，並無設置股東會議以齊聚一堂的方式討論及表決議案的習慣，可個別地向股東詢問其贊成與否。股東不因股份之多寡而異其決定權，習慣上也無以多數強制少數遵從的規範存在。惟實際上擁有較多額股份者，與合股之利害關係重大，亦較具實力，故由主要股東主導合股決策，殆難以避免。[36]

　　各股東亦可監督合股業務之執行及其財產狀況，及檢查合股帳簿；且可請求脫離合股以撤回出資、取回應受分配之盈餘。[37]

　　股東於享受上述利益的同時須負擔若干責任。股東最主要的責任是依約出資。通常係以金錢出資，但亦有以現物出資，例如商品、營業用家具、一定收益包括應收貨款，但不以勞務或信用為出資。雖然合股契約中常約定當事可分配一定股份的盈餘，稱為「蔭股」；但這只是以「股份」做為計算其報酬的標準，蔭股本身並不列入合股的財本，合股解散時蔭股亦不分配剩餘財產，故僅有蔭股者實非股東，不能因有蔭股而謂存在勞務出資。關於出資之時間，經營商業的合股，通常自合股契約成立後至營業開張日為止，須完成繳交。但亦有分期部分繳交者，例如就千圓之出資額，以每月百圓歷十月繳畢。當事收受後須交付收單於股東，將來若有製作合股字，可持收單換取合股字。此外，依事業進展始現實出資的合股，則有待當事請求始為繳交

---

[36]　參見《私法》，頁 163-164，180，280-281。

[37]　參見同上，頁 164，281。

。依傳統合股之習慣，若遲延一兩個月繳交股款，並無遲延利息等一類的制裁，但拖欠已達數月或一年，則可能經其他全體股東決議，以其不盡出資之責令退股。[38]

股東亦須分擔合股企業之損失。各股東對於合股之損失，應按其股份比例分擔，此時雖然各股東實際出資額數已減少，但不必為彌補損失再為出資，若擬再為新的出資，須全部股東一致行動。關於合股對外所發生之合股債務，首先當然應由與各股東私人財產分離的合股財產（詳見後述）負責清償，但倘若合股財產不足清償時，是否由股東以其私人財產負清償之責？日本學者主持的臨時台灣舊慣調查會採肯定的看法，亦即股東須具歐陸法所謂的「無限責任」。但亦曾有在台執業的日本律師指出，依台灣人習慣，於合股倒閉時，合股企業的債主固然會分配合股財產以取償，但並不再向股東私人財產追償。若依此說，則似乎股東僅負歐陸法所謂「有限責任」。惟即令是無限責任，依台灣人習慣，各股東僅在其股份比例的範圍內對外就合股債務負責，任一股東不須為其他股東應負擔部分負責而就全部合股債務為清償，亦即不負歐陸法所謂的「連帶責任」，因為在清治台灣社會並無「連帶責任」的法律觀念。[39]

若無特約，並不禁止股東從事與合股相同種類的營業，各股東亦得同時為其他合股之股東。事實上當時的台灣商人，為避免因承擔合股之損失致淘空總財產，大多把財產分散地投資於數個合股。[40]

---

[38]　參見同上，頁 164-167，281-282。

[39]　參見同上，頁 198，230，283-284；瀧野種孝，〈合股令案に就て〉，《台法月報》，5 卷 3 號(1911 年 3 月)，頁 38。

[40]　《私法》，頁 167。

　　另外有一種較特殊的「暗股」關係。按股東為出資時，其親屬或親密友人，有時會不出名但負擔該股東出資額的一部分，此部分即稱為暗股。出名股東自合股獲取之盈餘，須依其與暗股人之間的出資比例，分配給暗股人；但有關合股之損失，暗股人只在其出資限度內負擔。暗股人對外並非合股之股東，對內其與出名股東以外的其他股東亦無任何法律關係。[41]暗股人與歐陸法上的「隱名合夥人」於神貌上似有幾分接近，但隱名合夥人仍可對合夥事務加以監督，例如查閱合夥之帳簿，[42]暗股人則全然不能過問合股之運作。

（四）當事

　　合股目的事業之經營，須由經全體股東選任的當事擔綱。習慣上對於當事之資格，並未限制非股東不可。出資人中自認有經營才能者，固然經常出任當事，但委由有經營長才的非股東擔任當事，亦相當普遍。[43]此不同於歐陸法上「合夥」企業之業務執行者必為合夥人，或若干源自西方的「公司法」要求企業的經營者必須限於出資者。[44]

　　當事對於事業之經營具相當大的揮灑空間。當事的權限須依其與合股（全體股東）間之約定，但通常可決行合股事業的一般經營事

---

[41]　同上，頁 247-248。

[42]　參閱中華民國民法第七〇六條。

[43]　參見《私法》，頁 172-173。以非股東出任當事之例，見《附錄》，頁 21-27。

[44]　關於合夥，參閱中華民國民法第六七一條。至於西方式公司法中，要求股份有限公司之董事監察人須為股東之規定，在過去甚為常見，但於今已不多見。惟中華民國公司法第一九二、二一六條，仍規定董監須具股東資格。參見拙著，《從所有與經營分離論公開發行公司法制》（台北：蔚理，民國 78 年），頁 190，194，196-201（以下簡稱《公司法制》）。

項。例如合約字中載明:「在店總理各事」、「掌握全盤生理事宜」等。當事原則上亦得決定雇用或解雇執行業務所需之使用人。傳統合股對於當事沒有設定任期的慣例,依習慣當事退任的事由有:合股解散、當事死亡、當事被解任、及當事主動辭職。固然理論上當事可能隨時被解任,但其選任既係經全體股東同意,其解任也須依同一過程,故事實上不容易解任之。而當事之主動辭職,通常須有疾病或其他不得已事由,於年度末計算終了後,甚至推舉適當接任者之後始可。[45]當事的身份,似乎是相當穩固。

當事既有權當然必須有責,其權責的對價就是優渥的報酬。當事通常被要求「夙夜辛勤盡力經營」。但若使用人因故意或過失致合股受損害,依慣例當事並不負責。當事為合股所取得之物品,不問是以合股之名或自己之名,皆須移歸合股。其亦不得以合股之財產,為自己之計算而為消費。皆有合股字約定若當事因這項消費而得有利益,應沒入合股。同時當事未經全體股東許可,亦不得私自為自己或為其他合股,經營相同業務。當事若有違反此競業之禁止,由於除解任外別無其他制裁,故習慣上即將當事為自己所為之營業,視同係為合股而為。此外,當事尚須依股東之請求報告財產及業務執行狀況,及提出決算報告。這般勞苦的當事,除了可按月領得「辛水」外,習慣上年終尚可就合股營業所得純益,依一定成數(例如一成)受分配,或者以前述蔭股之方式獲利。[46]

---

[45] 參見《私法》,頁 173;堀田眞猿,〈商事合股と民事合股の異同〉,《法院月報》,4 卷 11 號(1910 年 11 月),頁 8。

[46] 參見《私法》,頁 175-179。淡新檔案中唯一涉及合股之案件,即是當事被控私自典賣合股財產後吞沒價金,並拒為年度清算。參見《淡新檔案》

　　清治末期受西方法影響之變型的傳統合股，曾出現「協理人」一職。協理人限於由股東擔任，故又稱「協理股東」。其不但負責稽查當事之業務及帳目，且對於較重大的商業決定，例如設立支店、擴張營業，當事須與之商議而後行，故協理股東不單是監察者亦是經營顧問。其不得兼任當事，且通常不支薪，但可就合股純益抽取一定成數做為報酬。[47]

（五）合股財產

　　合股財產，謂股東之出資及合股由其業務所取得之財產的總額。合股甫設立時，固然合股財產即股東出資總額，但是其後會因業務進行狀況，或股東的合意，而有增減。無「資本不變」原則可言。各股東依其出資比例，對於合股財產擁有一定持分（此稱為「股份」），並據以分配盈餘分擔損失。且股東可以處分（例如轉讓）其對合股財產的持分。因此日本學者認為，既然依台灣人的觀念，合股之股東有獨立的持分（應有部分），則合股財產應相當於歐陸法上「分別共有」財產（日本法稱「共有」，Miteigentum），而非性質上屬於全體股東所擁有之「公同共有」財產（日本法稱「合有」，Gesamten Hand）。[48]

　　合股企業並非合股財產之主體。依日治初期日本學者對台灣人法律觀念所為的調查及解釋，清治時期台灣人，並不是沒有將非自然

24201-1，24201-3。

[47] 參見《私法》，頁179-180。製作於1895年的「捷興公司」合股字，有數項關於協理人之規定。見《附錄》，頁26-29。

[48] 參見《私法》，頁181-182；史尚寬，《物權法論》（台北：民國46年），頁140，158-159。有關合股財本額之增減，詳見《私法》，頁183-185。

人當做財產主體的這種相當於歐陸法上「法人」(Juristische Person)的觀念，例如寺廟的財產，即是以寺廟做為財產的主體；但是關於合股，則以全部股東，而不以合股企業，做為合股財產之主體，故合股企業並非「法人」。雖然合股以店號或公號對外為業務上行為或借款，合股對於欲退股股東之股份可以優先購買，股東可以將其股份賣給合股，且合股財產與股東私人財產截然區分、互相獨立，對合股有債務者不得以股東個人對其所負債務主張抵銷，股東可以股份為擔保向合股財產借錢，合股財產資力不足時也可能向股東借錢，有時甚至以「公司」一詞稱全體股東之財產。但是這些事實不足以證明合股企業是財產的主體。蓋以店號等對外營業，僅是為交易敏活之實際上便宜作法，不能據以謂合股是法人；合股財產與各股東私人財產之劃分且有名稱，亦不等於將合股財產視為某獨立人格者之財產。這就像歐陸法上之「合夥」，亦有所謂「合夥財產」，但並不因此使得合夥企業具有獨立人格而為一個法人。[49]

（六）合股之退脫

股東可轉讓其股份，但讓與對象經常受到限制。股東可將其對合股財產所擁有的股份，全部或抽出一部分，轉讓於合股以外之人，且伴隨股份的一切利益亦一併移轉。惟合股之設立，原以股東相互間之信賴為基礎，既然受轉讓股份者將因而成為新股東，則這項轉讓必須得到其他股東全體的同意，以確保親密及信任關係之存續。若合股企業或其他股東表示欲受讓該擬轉讓之股份，則依習慣擬轉讓者不得

---

[49] 參見《私法》，頁181-188。以「公司」稱全體股東財產，見《附錄》，頁9，15。

拒絕，亦即合股或其他股東得優先承買。[50]

　　與股份轉讓相近似的是股東之退股（或稱「抽股」）。合股契約通常並無關於退股事由之規定，但習慣上於得到其他股東同意後，即可退股。退股之原因，主要是缺乏金錢，尤其是擬自立門戶需要資金時，欲以股份換價。但有不少是因預見合股業務前景不佳、股東間意見衝突、對當事不信任等，而表面上以缺錢爲由者。只要股東以相當的理由提出退股要求，其他股東通常不會拒絕。另一方面，其他股東也得以決議強制某股東自合股退脫，例如其不能爲出資，或私自動用合股財產致其他股東遭重大損失等，不過這種強制退脫的事例很少。無論主動或被動退股，退股股東得向合股請求其股份的返還。由於退股表示將來與合股之間不再發生關係，故習慣上會製作「退股字」交當事或主要股東保管。退股者爾後對外亦不再爲合股與第三人間之債務負責，因爲這些債務已在退股時由應返還之股份額中扣除了。[51]

　　當整個合股關係情緣已盡，則不得不解散。合股之解散，即指終止合股目的事業之進行，俗稱「分生理」等，其事由大致有四。其一爲全體股東之同意，這可能出於事業不振、股東不和、或股東與當事不和等。其二是合股的存立期間已屆滿，按有些合股係以某股東之終生做爲存立期間。其三是合股目的事業已成就或不能成就，待別是在埤圳合股與開墾合股。其四爲倒號，即今日倒閉之意。解散時雖有對外公告以使往來商號知悉之事例，但類此通知或公告之做成，仍未形成習慣。惟解散後，合股關係非立即全然斷絕，仍須進行清算，以了結現務，清償債務，向債主求償，最後分配剩餘財產於各股東。[52]

---

[50]　參見《私法》，頁 189-190，294；《附錄》，頁 123-126。

[51]　參見《私法》，頁 232-237，300-302。

[52]　參見《私法》，頁 237-243，302-303。

三、日治前期（ 1895 ─ 1922 ）

在台灣有關傳統合股之習慣，於清治末期因與西方接觸而首次稍有變化。迨一八九五年改由日本帝國統治後，又因新統治者引進歐陸式會社組織，產生第二次變化，其變化幅度頗大。經過約四分之一個世紀之後，再因台灣的全面施行日本西方式民法及商法，致合股在法律上及實際運作上，發生第三次變化，其影響甚至擴及嗣後的國治時期。職是之故，宜區分「日治前期」與「日治後期」。在此先就日治前期為論述。

（一）政府的法律措施

近代國家的法律普遍地規範人民的「民商事項」。經西方法洗禮後的日本明治政府，於一八九五年帶到台灣的是一套近代西方的國民國家(nation-state)體制，在此體制底下，國家的法律（以下稱「實定法」， positive law ）不但規範各種犯罪行為、行政措施等，且普遍地規範人民的「民事事項」、「商事事項」（係歐陸法之概念）。雖然民商事項大多以「任意法」的方式加以規範，有別於刑事事項、訴訟法事項、行政法事項等之以「強行法」為主，但就一概被實定法納入規範範圍內，則並無不同。[53]與此形成對比的是，在傳統中華帝國的天朝體制底下，對相當於西方法上民商事項者，僅就少數涉及「戶婚田土錢債」之事項，始由朝廷制定之法律予以規範（且多出以刑事法、強行法的規範方式），其餘大多數，則依從民間習慣規範。有

---

[53] 不問個人的意思如何，必須受其適用者，是為「強行法」；而原則上尊重個人意思，在個人無特別意思，或意思不明時，才有其適用者，則為「任意法」。參閱韓忠謨，《法學緒論》（台北：民國 66 年），頁 39-42 。

關合股之內部組成及外部活動，正是屬於西方法上民商事項，卻向來不爲傳統中華帝國律典所規範的事項之一。當台灣社會由於日本之統治，而被納入近代國家法律體制內，清治時原有之合股習慣能否爲國家權威所接受，就取決於當時有關民商事的實定法如何看待習慣規範。

　　於日治前期台灣人有關合股之習慣，以「舊慣」之名，存在於實定法中。自一八九五年至一九二二年年底爲止，台灣的實定法，以「制定法」，即指由立法機關所制定的法律規範，[54]概括地承認台灣人舊有習慣在民商法上的地位。依一八九五年「台灣住民民事訴訟令」第二條，「審判官依地方慣例及法理審判訴訟」；一八九八年「有關民事商事及刑事之律令」第一條規定：「有關民事商事……之事項，依民法商法……，但」「有關除本島人（以下改稱「台灣人」）及清國人（以下改稱「中國人」）外無關係者之民商事項」，「依現行之例」。亦即僅涉及台灣人及中國人之有關民商事項，仍依「慣例及法理」；但一旦其中涉及一位日本人，則不依舊慣，改依日本民法及商法之規定，若其中涉及中國人以外之外國人，亦不依舊慣。相於相同旨趣，一九○八年「台灣民事令」第一條第一項規定：「有關民事之事項依民法、商法、民事訴訟法及其附屬法律」，其第三條規定：「僅涉及台灣人及中國人之民事事項，除左列之規定外，不依民法、商法及其附屬法律，而依舊慣……」。[55]總之，除非另有足以排除上

54　關於制定法之定義，參見黃茂榮，《法學方法與現代民法》（台北：民國82年），頁2，4。

55　條文之原文，見條約局法規課，《律令總覽（「外地法制誌」第三部の二》（東京，1960年），頁146，149-150。其中文翻譯，見台灣省文獻委員會，《台灣省通志稿政事志司法篇，第一冊》（台北：民國44年），頁162，168，200-201。尤須說明者，當時條文上所稱「本島人」在此雖改

述律令的特別法或律令本身已有特別規定，否則僅涉及台灣人及中國人之民商事項須依用「舊慣」。因為並無關於合股之特別法，故自清治時所形成的合股習慣，在被認為是「舊慣」的情況下，可規範台灣人所組設之合股。

　　既將有關合股之習慣，納入日本已繼受歐陸法的法律體系內運作，則不能不對其進行「羅馬法化」的工作。當時日本的法律體系，已屬於以羅馬法之概念為基礎所建構的歐陸法系。法院或行政機關欲依照上述制定法上規定，援引合股之習慣，以確定法律關係、定分止爭，就必須使用已存在於日本法律體系內的歐陸法概念，表達這些習慣的規範內容。例如股東或當事各有什麼「權利」及什麼「義務」、合股財產係「分別共有」財產、股東之間屬於「債之關係」等等，此好比德國過去之將日耳曼固有制度包攝於羅馬法概念之下，故可稱為「台灣舊慣的羅馬法化」。[56]然而各個法系有其獨特的詞彙及法律架構，想用某一法系（歐陸法系）的概念完全表達出另一法系（傳統中國法系）的規範內容，洵非易事。令人困惑難決之處，不免有所擬制或創造。是以日治時法律所謂「依舊慣」，其實已經不純然是依據清治時傳統中國法系下的民間習慣規範。例如合股對外以店號為交易致涉訟時，日治時期法律認為該合股企業，雖非「法人」，不是「權利

　　稱為台灣人，但其實並不含日治時居住於「山地」特別行政區內的原住民，當然亦不含一九四五年後才自中國大陸移居台灣者。而條文中之「清國人」，則指一八九七年在選擇國籍時選定清國籍的原台灣住民，以及日治後自中國大陸進入台灣的華人，在中華民國推翻大清帝國後，法律條文改稱其為「中華民國人」，故在此一律以中國人稱之。

56　參見岡松參太郎，〈大租權の法律上の性質〉，《台灣慣習記事（中譯本）》，第1卷上（原1卷1期，刊於1901年），頁2。

義務主體」，但具有「訴訟當事人能力」。[57]這些歐陸法上的概念，根本不存在於清治時期台灣人之習慣內。

日治時期所謂「商事合股」與「民事合股」的區分，可能也是為配合日本法律體系而產生的。清治時期台灣人不但沒有所謂「商事」、「民事」的概念，且不因合股目的事業種類之不同，而有不一樣的稱呼。惟日本於繼受歐陸法時，採民商法典分立之體制，涉及日本商法上「商行為」的事項，不受民法規範而須受商法規範，故有區分民事事項及商事事項之實益。在日治前期，台灣人的合股，照講是依舊慣而不依日本民法及商法，但可能為了與日本法體制觀念一致，仍在法律論述上將從事商業活動（例如行紀商、布行、當舖等）的合股，稱為商事合股；而將從事商業以外活動（例如製糖、魚塭、埤圳、開墾等）的合股，稱為民事合股。可見當時所認定的「舊慣」內容，已染有日本法色彩。

日治前期有關合股法律最重要的特色是，其為一種「習慣法」。國家實定法中的制定法雖已肯定合股習慣的法律上地位，但是在具體個案中應依用之「舊慣」的內容是什麼，則有賴於法院之法官或行政機關之官員的認定。換言之，有關合股習慣之規範內容，須待以法官為主之適用法律者的宣示，始能具體呈現。在近代國家法律體制下，雖然社會中某項習慣，確屬「事實上慣行」，且該慣行所存在的生活圈內人們對其具有「法的確信」，但國家機關仍會本於國家的價值觀，以「公序良俗」為名，監控該習慣之內容，只有那些不為國家之法價值觀所否定的規範內容，才能為實定法所承認，而成為「習慣法

57　參見石坂音四郎，〈台灣の合股に就て〉，《法院月報》，2卷9號(1908年2月)，頁54。

」。[58]因此在日治前期的法律體制下，台灣人的固有習慣，已不僅在法律概念「羅馬法化」過程中產生誤差，且其實質內容亦可能受到日本國家機關有意的修改。也因此日治前期有關合股法律的具體規範內容，必須依照法院關於合股習慣的判決例。[59]或行政機關為合股所做的解釋例（假如有的話），本文特別稱此為「合股習慣法」。

就股東對合股債權人之責任，合股習慣法即修改了台灣人固有習慣的實質內容。如前所述，依臨時台灣舊慣調查會的報告，各股東僅依股份比例對合股債務負「無限責任」，但是台灣總督府法院所確立的合股習慣法，卻認為依「舊慣」各股東就合股債務應負「連帶無限責任」，尤以屬於商事合股者為然，藉以保護與合股企業為交易之債權人。[60]

合股習慣法雖然有如上揭之創設新的規範內容，但大致上仍沿襲清治時既有合股習慣之實質內容，致使合股在台灣日治前期有關企業組織的實定法上，成為一種獨特的企業組織型態。日本於一八九〇

58　參見黃茂榮，頁 8。

59　有關合股習慣之判決例，可參見〈合股に關する舊慣判例〉，《法院月報》，2 卷 9 期(1908 年 9 月)頁 36-38；台灣總督府覆審法院編，《覆審法院判例全集-自明治二十九年至大正八年重要判決例要旨》（台北：盛文社，大正 9 年[1920]），頁 284-292（以下簡稱《覆院集》）。

60　依照覆審法院明治四〇年控一二八號、明治四三年控二一一號、明治四四年控二四七號等判決例。見同上，頁 288-290。另參見石阪音四郎，頁 55-56。但在日治後期關於合股習慣法的判決例，卻有指明「商事合股」之股東應負連帶責任者，依反面解釋，似乎「民事合股」之股東則不必負連帶責任。見高等法院大正十一年控一八一號判決，《高等法院判例全集》，頁 230。另高等法院大正十三年上民一〇五、一〇六號判決，亦指明「以營利為目的（未必為商法上所謂商行為）」之合股的股東應負連帶責任。見《高等法院判例全集》，頁 420。

年代繼受自歐陸法的民法及商法典，雖不施行於台灣人之間，但仍施行於在台日本人之間，以及台灣人與日本人之間，故其確已包含於當時台灣的實定法當中。若將依習慣法的方式存在於實定法的合股組織型態，與日本民法及商法上各種企業組織型態，加以比較，則合股是一種獨特的法律上企業組織型態。按合股與日本民法上的「組合」（即前述歐陸法上的「合夥」，只是譯名有別），同係於締約者之間發生債之關係，且日本民法上組合財產，亦與合股財產同屬締約者所分別共有；但是組合的業務執行者與對外代表者必爲組合成員，合股的當事卻不一定是合股成員（股東）；且就成員的退脫事田、解散事由、清算程序等，兩者亦略有不同。且依日本民法第六七五條之規定，組合員對組合債務並不負連帶無限責任，只當組合因涉及商行爲而適用商法時，組合員才依商法第二七三條之規定，對組合債務負連帶無限責任；相對的，依合股習慣法，就商事合股，或可能包括民事合股在內，股東須對合股債務負連帶無限責任。此外，合股與日本商法上各種仿自歐陸法的會社型態，也無一吻合。總的來說，會社具有法人人格，習慣法上之合股則無。若分就各會社類型而言，①「合名會社」之各社員，原則上對於會社業務之執行既有權利亦負義務，且對會社債務負連帶無限責任；但在合股，業務之執行可專由非股東的當事負責。②於「合資會社」，區分無限責任社員及以出資額爲限之有限責任社員，而皆對於會社債務負連帶責任；此與合股之全部股東都須對合股債務負連帶無限責任有別。③關於「株式會社」，其與合股在設立、機關、解散及清算等諸點上大不同，尤其株主的責任僅限於繳交其株式之金額，即採「株主有限責任」原則，這跟合股之股東依習慣法須負擔的連帶無限責任，相差不可以道里計，但合股中當事的地位，倒頗類似於株式會社中的取締役。④另有以連帶無限責任之社員

與有限責任之股主合組的「株式合資會社」，其之與合股有異，不待
贅言。綜觀上述，合股仍較接近著重「人合」性格又未具法人人格的
組合，故當時法界通說認為合股係「組合的變型」。[61]

　　在日治前期，台灣總督府方面，仍希望在法律上保存這種特殊
的合股組織型態，只不過擬改以「成文法」的方式規範其法律關係。
一九一〇年代的台灣法學界，就台灣人之間的商事事項，應改為適用
日本商法或仍舊依其固有習慣，已有爭議。[62]台灣總督府似乎傾向於
暫時維持依照台灣人固有習慣的作法，故以既有的舊慣調查報告及法
院判決例等為基礎，編纂成文法典，俾能從「習慣法」階段進展至「
制定法」階段，提昇法律的明確性、可預測性。在此情形下，歷經數
年完成了「合股令」草案。該項草案所關照的合股習慣，不僅止於清
治時既有者，且及於日治後台灣人逐漸發展出的新習慣（詳見後述之
「新式合股」）。其目的亦不只是呈現已存在的合股習慣，更擬參酌
西方企業組織法之理論，建立一套可配合近代國家法律體制的「合股

61　參見《私法》，頁 126-127；石坂音四郎，頁 53；上內恆三郎，〈合股ノ
　　舊慣（一）〉，頁 56；松本烝治，《日本會社法論》（東京：嚴松堂，昭
　　和 7 年[1932]），頁 100，476，608，648。另參見註 34 和 44 及其正文
　　。

62　明確主張應將日本商法施行於台灣人者，例如高橋忠義，〈商法を本島人
　　に適用すべし〉，《台法月報》，8 卷 1 號(1914 年 1 月)，頁 52-54。高
　　橋之文曾提及，當時在日本辯護士協會台灣支部曾決議：關於在台灣的法
　　律，除民法親屬與繼承之外，應將日本民法及商法全然施行於台灣。但
　　亦不乏認為將日本商法施行於台灣人之間仍嫌太早，故可先制定所謂「土
　　人法」（例如下述「合股令」）者，例如古川清一，〈合股令案私見の一
　　二〉，《台法月報》，5 卷 5 號(1911 年 5 月)，頁 66-67。

法典」，例如草案中導入合股的登記制度。[63]此項合股令，或許只被定位爲施行日本商法之前的「過渡時期法律」，但十年可以是過渡期，五十年、一百年也可以是過渡期。[64]它的存在可促使台灣人特有的合股企業組織型態，在法律上由於有新活水的注入而延續並茁壯。惟台灣總督府關於合股令的律令案，一直未得到日本內地中央政府的批准，[65]終告功虧一簣。惟無論如何，從台灣法律史的觀點，這不能不說是第一部依據台灣本土社會之條件，運用近代西方法律概念及法學理論，所完成有關企業組織法成文法典的草案。遺憾的是，那竟是在八十年前由日本人所做的！台灣的法律人在那裡？

（二）人民的法律活動

　　傳統合股在日治前期遭到比清治末期更大的來自西方法的衝擊，致興起所謂「新式合股」。當台灣由清帝改爲日帝統治之後，台灣人於島內即時常跟已採用歐陸法上企業組織模式的日本人企業，有所往來。在台灣依日本商法設立的會社，逐年增加其家數，於一八九九年才三家，至一九二〇年六月爲止，已增至四二六家。[66]台灣人對於日本人所使用的會社組織、乃至於「手形」（即今日台灣所稱「票據

63　關於合股令草案之內容及評價，值得進一步研究，本文限於篇幅，無法再深入探討。該草案之研擬過程，可參閱臨時台灣舊慣調查會編，《法案審查會會議議事錄》，第一回至第五回。

64　參見山移定政，〈土人法制定に就て〉，《台法月報》，8卷1號(1914年1月)，頁55-56。

65　參見台灣省文獻委員會收藏，《台灣總督府公文類纂》（尚未出版，以下簡稱《總督府檔案》），大正三年(1914)永久保存第三十六卷，第六門，第一類，二。

66　台灣興信所，《台灣銀行會社要錄》（台北，大正9年[1920]），頁11。

」，亦繼受自歐陸法），已不陌生。[67]在日本人做為強勢族群的文化引導底下，有些台灣人於組設合股時，參考「優越」的日本商法上企業組織模式，改造既有的合股組織型態。這類不全依傳統合股習慣而設立的合股，本文稱為新式合股。當然並非新式合股已全面取代傳統合股，在家數上或許仍以傳統合股居多。不過在日治以後，欲經營有關製造業（如製糖）、或開墾業者，經常利用新式合股建構其企業組織。[68]新式合股實乃延續前清治末期所出現的「變型的傳統合股」而來，但朝向更大幅度受西方法影響的方向發展，畢竟受日本歐陸式商法影響就等於是受西方商法的影響。這可視為是台灣民間社會自主地繼受西方商法的一個歷程。例如高雄陳中和家族在清治末期，即一八八七年（光緒 13 年）設立的「和興公司」，[69]屬變型的傳統合股，但該合股企業存續至日治之後，則亦可將其歸類為日治時期的新式合股。

　　新式合股具有許多不同於傳統合股的慣例。新式合股首先在命名上出現傳統合股所無的「公司」、「會社」等，且有人仿效日本法律，稱合股字為定款、章程、規約、規程、契約書或會社字樣。新式合股大多製作有合股字，其內容所規範的事項較多且較嚴密。例如約款中經常有存立時期，出資之時期與方式及違反之效果，職務之種類、員額、任期、權限及擔當者姓名。其常稱呼股東為公司員，或是如株主、社員、組合員等日本法上名稱，亦有設立股東總會，並分定期總會與臨時總會，甚至出現以股份數計算表決權數的做法。尤其是有

67　參見高橋忠義，頁 53。

68　《私法》，頁 123-124，255-256。

69　其合股字（自稱「股票」）內容，見《附錄》，頁 29-31。

些新式合股，仿效日本株式會社法之規定，不但以「社長」、「取締役」等稱呼合股之當事，且要求其須為具備章程所訂一定額股份數之股東（按當時的日本商法對於取締役有類此之要求），同時又自股東中選出常設的監督機關擔當人，稱為「協理人」。就股份的讓渡，新式合股雖仍有附上其他股東優先承買權條款者，但大致上已趨向可自由轉讓，僅限制不得讓渡於日本人或外國人而已（按一旦股東中有一人為日本人或外國人，則整個合股法律關係即不能再依合股習慣法），甚至連盈餘的計算，新式合股已大多採西方的簿記方式。[70]

台灣人設立的合股，縱使取名為「公司」或「會社」，在實定法上仍是依用合股習慣法，而非日本商法。前述高雄陳家的和興公司曾經在日本法院涉訟，法院即是依據台灣的合股習慣法做成判決。[71]霧峰林家於一九〇六年（明治39年）曾成立「布嶼拓植公司」（參閱附件二），但其仍屬新式合股，於實定法上受合股習慣法之規範，雖其「章程」第五條約定：「本章程內無載明事項須遵照帝國會社法……」，但這項約款恰好反映其原本不受日本商法規範，故須將日本商法內有關會社的規定，納入約定之內容。於一九一一年有一位在台灣中部執業的日本律師即指出，當時確有不少全以台灣人為股東所組成的「會社」，但從實定法觀點，那些都不是法律上的會社，僅是合股而已。[72]因為依制定法之規定，全為台灣股東即為「僅涉及台灣人

---

[70] 參見《私法》，頁 151，256，270，273，279，286，290-291，295-297。

[71] 判決理由請詳見〈東京控訴院に於ける內地人對本島人の訴訟判決〉，《法院月報》，2卷3號(1908年3月)，頁76-78。

[72] 參見野津三次郎，〈再び合股令案に就て〉，《台法月報》，5卷6號(1911年6月)，頁82-84。其所列出者，有台灣製蔴會社、台灣米穀公司、台灣米穀合資會社、台中製酒會社。

之商事事項」，不可依用日本商法，則何來依日本商法設立會社？可能正因這類以「會社」為名之合股，家數漸多，台灣總督府於一九一二年發布府令第十六號表示，僅由台灣人、僅由中國人、或由台灣人與中國人設立的團體，其商號中不可使用會社之文字，違反者處二百圓以下罰金；目前使用會社文字者，於本令施行後三個月內應取消該會社之文字。本府令的目的在於避免交易上第三人，誤將新式合股當做商法上會社而受不測之損害。[73]其實在日治前期，阻止僅由台灣人組成的企業設立會社之法律依據，是前述「有關民事、商事及刑事之律令」及「台灣民事令」。[74]本號府令只是禁止非會社者於商號中使用會社之名稱，在日本商法第十八條及中華民國公司法第十九條，皆有類似此意旨的規定。

但是機靈的台灣人，在日治前期並未全然被排斥於會社企業組織之外。依日治前期的實定法，台灣人只要引進任何一個日本人至企業組織內（當人頭？），即可排除「僅涉及台灣人」這項準據合股習慣法的法律要件，而改依用日本民法及商法，設立組合及各種會社。[75]當時法院的「判官總會決議」曾表示，台灣人與日本人依日本商法設立合名會社，嗣後該等日本人全部退社，則法人資格亦隨之喪失。[76]某在台日本人律師更具體指出，嘉義、台南、鳳山等地，都有由台

---

[73] 參見〈會社號使用之禁止〉，《台法月報》，6卷3號(1912年3月)，頁82；本號府令之制定理由，參見《總督府檔案》，明治四四年(1911)永久保存第三十三卷，第六門，第三類，十二。

[74] 參見《私法》，頁124。

[75] 參見藤井乾助，〈台灣の舊慣立法に就て〉，《台法月報》，7卷6號(1913年6月)，頁32。

[76] 台灣總督府覆審法院明治四四年(1911)九月八日判官總會決議，載於《覆院

灣人藉著引入一位日本人而設立株式會社的事例,且一旦此惟一的日本人死亡,該會社在法律上即告消滅。[77]若吾人查閱當時有關會社的統計資料,不難發現台灣人參與各種會社企業活動者,似乎相當的多。信手舉例,一九○五年設立的「株式會社彰化銀行」,及一九一五年設立的「株式會社新高銀行」,皆只有一位取締役為日本人,其餘九位或十一位取締役及監查役都是台灣人;一九一三年設立的「新埔產業金融株式會社」,及一九一六年設立的「東亞興業株式會社」,則全部取締役與監查役皆為台灣人;再者,原以「展東實業公司」為名設立於一九一五年的某新式合股,於一九二○年加入一名日本人社員後,變更為合資會社。[78]由上述略施技巧,即可突破制定法上對使用西方式會社之限制的例子,可看出許多台灣商人之務實性格,亦即不管是日本的(實乃西方的),或是台灣傳統的(漢民族的)企業組織模式,只要符合需求、有利可圖,就會想辦法用!

四、日治後期(1923 — 1945)

(一)政府的法律措施

　　台灣有關企業組織之立法,於日治後期產生重大變革。做為合股習慣法之制定法上依據的「台灣民事令」,於一九二二年年底被廢止。自一九二三年一月一日起,日本的民法(親屬繼承兩篇除外)及商法直接施行於台灣,故所有住在台灣的日本國民,不分台灣人或日本人,皆可適用日本民法及商法,以設立組合或會社,並受該等法律

集》,頁299。

[77] 參見川原義太郎,〈本島人の商行為的趨勢〉,《台法月報》,6卷2號(1912年2月),頁47-48。該作者因而主張為了保護台灣人的利益,應立刻將日本商法全面施行於台灣。

[78] 參見台灣興信所,《台灣銀行會社要錄》,頁25-26,58,60。

之規範。至於涉及在台中國人的民商事項,則不再與台灣人適用同一規範,而改依日本有關涉外民商事項之法律處理。這項制定法上的變革,並不是台灣人爭取得到的。台灣人務實性格的另一面,就是怯於正面挑戰專制統治者的權威,其結果卻是長期無權決定自己要適用什麼樣內容的法律。此時此刻,日本統治者之所以全面調整在台灣的實定法內容,只因基於其利益考量,改採「內地法延長主義」,以加速台灣人之融入日本帝國。[79]

無論如何,台灣人因此得以在日治後期,自由地設立日本法上各種歐陸式會社組織。依據繼受歐陸資本主義法制的日本商法,得設立的會社組織型態,包括依歐陸法理論以「人合」為主,適於共同經營中小規模事業的合名會社與合資會社;及依歐陸法理論以「資合」為主,強調聚集眾人資金俾成就大資本,以經營大規模事業的株式會社;與原為歐陸法歷史發展的遺跡,至當時已幾乎無人問津的株式合資會社。[80]商法之外,日本仿效歐陸法而制定的「有限會社法」,亦在一九四〇年與日本內地同時施行於台灣。有限會社之社員與株式會社社員同樣僅負有限責任,但其社員人數限於五十人以下,藉此跟企求社員多多益善以籌集鉅額資本的株式會社,在法律理論上予以區隔,故亦相當適合重視「人合」關係的中小企業之需。由於日本政府顧慮到台灣人的繼承習慣法採諸子共同繼承,有別於日本人的長子單獨繼承,故對台灣人之使用有限會社設有特別規定,凡因繼承造成有限會社社員之增加時,可超過五十名之定額,但如超過一百名,且於一

---

[79]   參見拙著,〈台灣日治時期殖民地立法之程序與內容〉,頁32-33 , 35-36
        。

[80]   參見松本烝治,頁30-32 。

年內未自動減至一百名以內時，除有特別事由經法院批准外，即須解散。[81]

　　但爾後合股型態，不問是傳統合股或新式合股，已不再爲實定法所承認，其法律關係係被視爲是日本民法上的組合。依日治後期制定法，執法機關對於台灣人的合股關係，已不能再依用合股習慣法，必須改適用日本的民商事法律。法院因而判認：「合股相當於日本民法上之組合」，上級審法院甚至曾指摘下級審法院，於判決中使用合股之名稱，有欠妥當。[82]這項法律變遷，對於合股成員（股東）是具有意義的。民事合股的股東，於日治後期由於係依日本民法有關組合之規定，故可確定其不必對合股債務負連帶責任，但凡涉及日本商法上「商行爲」的商事合股，則其股東依商法之規定，仍有連帶責任之負擔。[83]

（二）人民的法律活動

　　台灣在日治後期，出現了純由台灣人組成的會社。關於台灣人之設立株式會社，向來的台灣史論著，常提及台灣總督府運用關係妨礙純由台灣人所設立的「大東信託株式會社」推展業務，例如阻擾各地信用組合將資金轉存大東信託。但是總督府爲何對大東信託「另眼看待」，實因該會社係由林獻堂等「政治異議分子」所掌握，[84]而不

---

[81]　參見黃靜嘉，《日據時期之台灣殖民地法制與殖民統治》（台北：民國49年），頁108-109。關於在台施行有限會社之理由，參見《總督府檔案》，昭和十四年(1939)永久保存第五卷，第六門司法，第三類商事，三。

[82]　參見姉齒松平，《祭祀公業與台灣特殊法律的研究》（中譯本，台北：眾文，民國80年），頁336-370。

[83]　參見同上，頁344-345，351。另參見註60及其正文。

[84]　參見吳三連、蔡培火等，《台灣民族運動史》（台北：自立，民國60年），頁334。

是因為它係「台灣人」的會社。假如某株式會社係純由鹿港辜家一類親總督府的台灣人所設立，總督府會打壓嗎？若係由立場與總督府相左的在台日本人所設立者，難道就不會加以監視或干擾嗎？其實從總督府無從依據法律禁止大東信託的設立，正可以證明在日治後期，對於任何台灣人，其設立會社的權利，都受法律保障。

　　會社與合股兩種組織型態，事實上並存於台灣人企業界。當台灣人欲組織企業團體時，若選擇依日本商法或有限會社法上要件，為會社設立行為，則其為日本法上的會社企業，固屬無疑；若不理會上揭法律的規定，僅辦理商號之登記，則雖然人民心目中是依台灣的合股習慣組設企業，且很可能在經日本統治三、四十年後，已大多是依新式合股的慣例，但是在法律上其仍被視為日本民法上的組合。按法律上以會社做為企業組織型態，可享有許多利益，例如會社具有法人人格，得獨立地為會社為法律行為，不必像組合般須由全體組合員共同為之，故可節省經營成本；尤其是設立株式會社或有限會社者，可獲得僅負有限責任的法律上優惠，避免如民事合股股東之負擔無限責任，及商事合股股東之負擔連帶無限責任。但是日治前後兩期於企業組織法上的重大轉變，全然由統治者專制地決定，人民並不能藉著立法過程的討論以熟知新法的內容。於施行日本民法及商法等日本內地法律之後，台灣總督府是否有效地將其內容傳播於一般人民，亦不得而知。惟民商事法律畢竟與政治壓迫較無關係，人民對其縱有疏離感，也較無敵視之心，一般台灣人只要能從實際生活經驗中，了解日本歐陸式企業組織的優點，即可能捨棄若干無益的固有合股習慣，改採源自西方的會社組織型態。這項演變早在日治前期業已開始，故有藉日本人當人頭設立會社之事；到了日治後期，法律上已全面允許設立

會社，且台灣人更習於日本近代化（西方化）後的文化，故其演變速度應呈現遞增。但這絕不意味著固有的合股習慣已消失，其實質內容仍或多或少存在於台灣人的企業文化中。

　　至日治末期，台灣人使用西方式會社的情形，已可謂相當普遍。按日治後期，固然是由日本資本掌握台灣的大規模工商業，但這些日資又多集中於極少數的幾家大商社手中；至於一般中小規模工商業，則係由台灣人資本占有優勢。[85]況且日本人在台灣總人口中所佔比例，最高時亦僅占百分之六爾，其中又以軍公教者為多，進入私經濟領域者較少。故可推測當時由日本人擁有的會社，可能在會社總資本額上占多數，但在會社家數上，則可能以台灣人所擁有者占多數。由於缺乏直接以會社株主或社員之種族別為基準所做成的統計資料，在此乃以「會社代表人」之為台灣人或日本人，區別為「台灣人會社」及「日本人會社」，根據一九四二年的資料，統計其各別的家數而得下表。[86]

---

[85] 參見吳密察，《台灣近代史研究》（台北：稻鄉，民國 79 年），頁 213-214。在 1936 年已有在台日本人向總督抱怨，謂近年來日本人的中小工商業者，多受台灣人的「壓迫」，多不能與彼等對抗。參見《總督府檔案》，昭和十一年(1936)永久保存第九卷，第二門，第二類，二。

[86] 參見竹木伊一郎編，《台灣會社年鑑，昭和十八年版》（台北：台灣經濟研究會，昭和 17 年[1942]），頁 153-234。筆者主要是以姓名判斷代表人之屬台灣人或日本人，雖然這時已有台灣人改從日本式姓名者，但為數很少。此外擁有華人式姓名者，亦有可能是在台中國人而非台灣人，但日治時中國人在台灣總人口中僅占不到百分之一，且有許多係來台從事勞動工作者，故就本表所關切的會社家數而言，其所造成的誤差，影響不大。

台灣人會社與日本人會社之家數（1942）

株式會社	在台灣設立者	台灣人會社　700（家）
		日本人會社　640
	僅在台灣設支店者	台灣人會社　2
		日本人會社　73
有限會社	台灣人會社	42
	日本人會社	52
合資會社	台灣人會社	758
	日本人會社	409
合名會社	台灣人會社	138
	日本人會社	102

　　吾人可發現，就屬於較大型企業組織型態的株式會社，若不分在台灣設立者或僅在台灣設支店者，台灣人會社與日本人會社在家數上幾乎是平分秋色，而以後者略勝一籌。但是就適合中小企業的有限會社、合資會社、合名會社而言，[87]在家數上除了有限會社可能因甫施行致台灣人較不熟知，致稍遜於日本人會社外，於合資會社及合名會社皆以台灣人會社居多。以全部會社家數而言，顯然亦以台灣人會社較多。若再就台灣人使用各個會社型態的情形加以觀察，最常使用的是合資會社。其原因依筆者推測是，合資會社所需資本額的要求較

[87.] 根據1942年的資料，以在台灣各個會社型態的總資本額除以總家數，可得到各會社型態平均每家會社資本額如下：株式會社：557,200圓，有限會社：80,700圓，合資會社48,500：圓，合名：61,400圓。故可謂株式會社屬較大型企業，後三者屬中小企業。參見台灣總督府，《台灣統治概要》（台北：昭和20年[1945]），頁335。

低，且依固有合股習慣，負有執行業務之責的股東，可規劃為合資會社的無限責任社員；而不參與業務執行的立山頭家，則可劃為合資會社的有限責任社員。使用頻率上居次者為株式會社。其原因可能是，雖然株主皆可享受有限責任之好處，但台灣人一般而言較缺乏資力，不易達到株式會社所要求的資本額。較少被使用的是合名會社及有限會社，可能是因合名會社社員皆須負連帶無限責任，及有限會社實施時間僅五年故，至於株式合資會社，則不論台灣人或日本人，皆無人設立此種已屬過時的會社型態。

五、國治時期（ 1945 －現在）

（一）政府的法律措施

　　一九四五年因日本於第二次世界大戰敗北，台灣由中華民國國民政府代表戰勝的盟軍接受，自該年十月廿五日起，中華民國的民商法施行於台灣。由於同係繼受歐陸法且原本就相當受日本法影響，[88]中華民國的企業組織法，與戰前即已施行於台灣的日本法，並無太大差異。日本法上株式會社，相當於中華民國公司法上「股份有限公司」，有限會社相當於「有限公司」，合資會社相當於「兩合公司」，合名會社相當於「無限公司」，株式合資會社相當於「股份兩合公司」。[89]惟兩國法制承接時，原已依日本法設立的「會社」，並未當然轉化為中華民國法律下的「公司」。依國治初期「台灣省公司登記實施辦法」第三條之規定：「已設立的公司，未經依中華民國法登記或

---

[88]　參見賴英照，〈中國公司立法之回顧與前瞻〉，載於氏著，《公司法論文集》（台北：證券市場發展基金會，民國 77 年），頁 16。

[89]　國民政府官方所出版之中華民國公司法日譯本，亦採同樣見解。見台灣省行政長官公署法制委員會編，《中華民國公司法》（台北：民國 35 年），中文部，頁 1 及日文部，頁 1。

登記不合中華民國法定程式者，應依法聲請登記或改正其登記。」[90]
以致既存的會社，若未重新依中華民國法登記為公司者，僅能視為中
華民國民法上的「合夥」，不能適用公司法，不具法人人格（參照中
華民國法院七十六年台上三八○，七十二年台上二○一六，六十九年
台上二三四等判決）。於政權交替之際，一般人民的既得私權，理應
受到充分保障。上述作法，實有可議之處。尤其日治時期的台灣人已
組設不少有限會社，而中華民國公司法於一九四五年施行於台灣時，
並無關於有限公司之規定，目到一九四六年四月十二日公布施行的公
司法才出現有限公司這一章，[91]則在此之前，台灣既存的有限會社如
何依中華民國公司法聲請登記呢？

　　中華民國的實定法延續日治後期法制，亦不承認合股習慣法。
依中華民國民法第一條：「民事，法律未規定者，依習慣；無習慣者
，依法理。」由於就企業組織法事項，已有公司法等為之規範，故不
能再依從習慣，致有關合股之習慣在實定法上並無效力。在中華民國
法典中，跟淵源自華人文化的傳統合股最類似的企業組織型態，仍是
其承襲自歐陸法的「合夥」（日本法則譯為「組合」），但如同前述
合股之有異於日本法上組合，台灣習慣上的傳統合股與中華民國民法
上的合夥，也不完全契合。令人啼笑皆非的是，傳統合股經日治時期
實定法的改造後，有時候反而使其較能適應中華民國民法上有關合夥

[90]　這是根據 1946 年 6 月 7 日公布施行已重加修正後的「台灣省公司登記實施
　　辦法」，至於修正前是否為同樣規定，尚待考查。參見同上，發行要旨。
　　所揭判決引自《最高法院民刑事裁判選輯》，8 卷 1 期，頁 302；4 卷 2
　　期，頁 389；1 卷 3 期，頁 188。
[91]　參見賴英照，頁 17-18。

的規定。例如清治時傳統合股之股東，對合股債務實無連帶責任可言，日治前期所認定的合股習慣法，卻創設了股東連帶責任，日治後期實定法對商事合股股東仍堅持此項連帶責任。恰巧依中華民國民法，凡合夥人皆必須就合夥責務負連帶責任（參照其民法第六八一條，且因採民商合一制故無民事合夥商事合夥之分）。既然國治時期實定法亦這般對待合股，則自日治時期一直存在的一個問題：「套用歐陸法上合夥（組合）來解釋合股，特別是已發展出具有若干股份有限公司特性的新式合股，是否妥當？」似乎仍未得到實定法給予充分的考量。

爾後中華民國公司法歷次的修改，一直朝向引進更多的西方法發展。國治時期公司法第一次重大修改是在一九六六年，其重要特徵是，在既有的歐陸式法體制下，開如參考英美公司法制而爲修改。[92] 雖然國民黨政府公開宣稱的修法原因是：「適應企業所有與企業經營分離之趨勢」，但是在一九九〇年代的台灣公司企業界都還沒有展現所有與經營分離的風潮，[93] 遑論當年？是否那項修改其實正意味著，由於戰後美國勢力的進入台灣，尤其是透過一九五一年至一九六五年的美援，[94] 國府在經濟性立法方面已選擇性地接受美國法？實值得進一步研究。此後公司法陸續有幾次修改。較影響整個公司法制者，如一九八〇年有關股份有限公司資本額達一定數額以上者，其股票必須公開發行之規定，這促使股份有限公司之企業型態，須再區分爲「非

92　參見同上，頁 19-20。

93　參見拙著，《公司法制》，頁 1，146。

94　就此可參閱文馨瑩，《經濟奇蹟的背後-台灣美援經驗的政經分析(1951-1965)》（台北：自立，民國 79 年）。

公開發行公司」與「公開發行公司」。[95]就公開發行股份有限公司，今日又依其公司股票是否在證券店頭市場上櫃，或在證券集中交易市場上市，而可區分為「未上櫃未上市公司」、「上櫃公司」、「上市公司」。從最古早最單純的傳統合股，演變到最現代最複雜的上市公司，台灣企業組織法這一路走來，至少已換過三個政權（清、日、國）、經歷三套法律制度，顛仆困頓，令人不勝唏噓。一九八○年的修改，同時刪除了在台灣從未有人組設、但為期「光復大陸」後對原已登記之四家公司有法可據而保存的「股份兩合公司」一章。[96]這是否已為一九八○年代後期至今所進行的「中華民國法之台灣化」揭開序幕呢？

（二）人民的法律活動

　　合股習慣似乎仍存在於依實定法所設立的各種「公司」中。當中華民國國民（黨）政府接收台灣時，掌握台灣經濟的日資會社，大多被收歸為國營或黨營企業。數個日資株式會社，經常被一併撥入一個大型國營股份有限公司（或其籌備處），例如將十六個日資株式會社併入「台灣糖業股份有限公司」。[97]民營企業方面，「原台灣人」（即俗稱「本省人」之原本在日治時期被稱為「台灣人」者，其不包括「山地」原住民）則延續日治末期所擁有之資本額較小的企業，姑

95　參見賴英照，頁 26；拙著，《公司法制》，頁 108-110。
96　參見賴英照，頁 25，31。
97　參見吳若予，《戰後台灣公營事業之政經分析》（國家政策研究中心智庫叢書 37，台北，1992 年），頁 33-41；陳師孟等，《解構黨國資本主義--論台灣官營事業之民營化》（台北：自立，民國 80 年），頁 28。從今天的觀點，這樣的一個「陳儀公司」，跟「荷蘭東印度公司」、「鄭氏集團」有什麼兩樣？

不論其在實定法上稱爲股份有限公司、有限公司、兩合公司、或無限公司。而一九四五年以後，特別是在一九四九年，始自中國大陸移居台灣之俗稱爲「外省人」的新住民，雖起初幾乎都是進入政府機構或國（黨）營企業，但其大多屬於在當時中國大陸占少數之居住城市或沿海商業地帶、較受近代西方文明薰陶的一群，故較有組設西方式公司之知識和經驗。一九五〇及六〇年代在美援某程度的影響下，出現不少由原台灣人或這些新住民所擁有之資本額較大的民營股份有限公司，例如台塑、大同、裕隆、嘉新等。[98]同時期以美、日爲主之外國資本流入台灣，對民營大型股份有限公司之興起，亦多少有推波助瀾之效。迄今台灣雖已不乏民營大規模公司，但終究台灣大多數的民營公司，仍屬資本額並不很大的股份有限公司或有限公司。吾人經常可在這些公司裡發現很多跟前述有關合股之慣例相類似的作法，例如股東間非常重視具有親密或信任關係、股東間理念不合或利益衝突時以「退股」來解決、自己不出名而純以他人名義出資的「暗股」、股東將閒錢存放於公司孳生利息、股東與公司相互借錢周轉資金、或公司債權人要求「當事」股東個人負連帶保證責任以致其實質上成爲「連帶無限責任」股東等等，不勝枚舉。這些行爲有時根本違反現今實定法的規定。例如，中華民國公司法第十五條，即明文禁止公司資金之借貸於股東，但是人民源於長久以來固有的合股習慣，爲滿足實際的需求，還是照做不誤。本文特別稱此爲「合股式公司」，其性質頗類似美國法所謂的「閉鎖性公司」(Close corporation)。

　　上舉合股式公司之存在，似在說明固有法律文化的生命力相當強韌，非政府所移入的實定法，在短期內所可摧毀。也許固有習慣能

---

[98]　參見文馨瑩，頁258-265。亦屬台灣人的原住民，在經濟活動上一直居於極度劣勢。

否為實定法所取代,相當程度繫於實定法所提供者是否更符合人民需要。例如在日治後期原台灣人數常用的會社型態是合資會社,但進入國治時期,於今最常用的公司型態卻是有限公司。[99]這可能是因為人們發現自日治末期引入台灣的歐陸式有限公司,比兩合公司(即合資會社)更有利於中小企業經營者。蓋有限公司之法定資本額較股份有限公司為低,且股東皆僅負有限責任,不必如兩合公司須有無限責任股東。且倘若某項固有律習慣,能在國家實定法禁止或不承認的情況下,繼續為人民所遵從,是否即意謂著其仍有保存的價值,而應該被一部為人民謀福利的實定法所接納?

事實上台灣人民依舊對有關企業組織之國家實定法,存在或多或少的疏離感。台灣於一九九〇年代初期國會全面改選之前,包括立法部門在內的政府當局,對於在今日台灣人口占多數的原台灣人與原住民而言,是個外來且威權統治的政權,對於新住民而言,亦是個威權專制的統治者。長期以來,台灣人民不問是原住民、原台灣人,或新住民,共同面對的是,就國家實定法內容無從參與決定。[100]使得實定法內容常偏離台灣人民的需求,形成人民對於實定法的疏離。當今實定法上的企業組織法制,亦不能免此窠臼。人民以法律不合理,而陽奉陰違,且因為其需求可透過「陰違」來達成,也就不在乎須「陽奉」者之內容,故不求加以改革。造成實定法是一套,實際運作的規範又是一套;實定法上有關企業組織之規範,經常淪為企業內部鬥爭時雙方援引的工具罷了,國民的法治精神,更因而遭到根本的斲傷。

---

99 今日台灣有限公司的家數,為股份有限公司家數的三倍,而兩合公司及無限公司的家數皆極少。參見拙著,《公司法制》,頁130註三十三。

100 參見拙著,〈日本殖民統治下台灣的法律改革〉,本書,頁180。

101

　　了解過去的歷史，是為了策劃未來的發展方向。台灣法律人對於現行的企業組織法，難道不該有所反省嗎？

參、未來發展方向的省思

　　就現行企業組織法，進行全盤性檢討與修改，是一項浩大的工程，實非靠幾個人或幾篇研究報告即能完成。在此只想本於以上有關合股性公司發展歷程的考察，提出若干改革方向上的建議。

一、司法論上應面對社會實際需求

　　成文法律的解釋適用，並非僅是概念式或機械式的運作而已，更須回應社會的實際需求。依照法解釋學理論，法律之解釋方法，固然有文義解釋、體系解釋、歷史解釋、比較法解釋、立法目的解釋等等，但是在具體個案應採取何種解釋方法，以支持何種法律上結論，毋寧是衡量各方利益之後的一種價值判斷。[102]惟判斷時，應以誰的價值為依歸呢？按司法者的權力既然源自國民主體，其為裁判時所依據的價值就應來自大多數國民；司法者宜站在全體國民公僕的立場，探求現在多數台灣人民的價值觀，據以在個案中實現正義。準此，司法者於解釋適用現行有效之企業組織法時，理應儘量尊重台灣一般人民價值觀所支持的民商事習慣，除非有堅強的理由足以否定該項慣行的正當性，否則不該只因為其與若干歐陸法體系所擬制之企業組織理論不同，即逕予以抹煞。

101　參見拙著，《公司法制》，頁 144-146。
102　參見王澤鑑，《民法實例研究叢書，第一冊：基礎理論》（台北：民國 71 年），頁 130-157。

　　　中華民國最高法院對於股東表決權拘束契約的不友善態度，就是一個有待檢討的例子。所謂「股東表決權拘束契約」，依法院見解係指「股東與他股東約定，於一般的或特定的場合，就自己持有股份之表決權，為一定方向之行使所締結之契約」。一九八一年曾有涉及此類契約之案例繫屬於法院，原先地方及高等法院認為，具有財產權性質的股東表決權，依契約自由原則，無妨由數股東事先約定表決權行使之方向，以選任其所最能任任之公司經營者。惟最高法院於七十一台上第四五○○號判決認為，股東表決權拘束契約將「導致選舉董事前有威脅、利誘不法情事之發生，更易使有野心之股東，以不正當手段締結此種契約，達其操縱公司之目的，不特與公司法公平選舉之原意相左，且與公序良俗有違，自應解為無效。」原判決被廢棄發回高等法院更審後，又曾兩度上訴至最高法院，最高法院雖以其他理由，即辯稱該案實係「董事或常務董事表決權」拘束契約，再發回更審，但似乎未改變原先認為股東表決權拘束契約無效之見解。最後該案以和解收場。[103]一九八三年司法院舉辦司法業務研究會時，亦將七十一台上第四五○○號判決列為參考，[104]但似乎未對其見解為進一步的討論。按公司法並無明文肯定或否定股東表決權契約之效力，故其有效與否端視司法者之解釋。

　　　以股東表決權拘束契約，預先安排公司經營者之人選，在台灣企業界甚為常見。清治時傳統合股契約裡，台灣人即習於約定由特定

---

[103]　參見王仁宏，〈股東表決權拘束契約之實例研究〉，《台大法學論叢》，特刊-七十四年度民商事裁判研究專集(1986 年 11 月)，頁 185-194。

[104]　司法周刊雜誌社，《民事法律專題研究（二）-司法院司法業務研究會第三期研究專輯》（台北：民國 73 年），頁 159-160。

人擔任當事以執行合股業務。（見附件一）此亦爲日治前期合股習慣法所接受。至日治後期，台灣人的合股企業，若被實定法視爲組合，則依照其契約，若已依日本的商事法登記爲兩合會社、合資會社及有限會社，則依據其章程，皆大致上可預先安排企業經營者。（日本民法第六七〇、六七二條，日本商法第五十六、一〇九條，日本有限公司法第十一、十三、三十三條）至於較少被台灣人使用的株式會社，依實定法固然無從在章程中訂明經營者人選，但在多數人認可預先安排經營者之正當性底下，另外以契約達成此目的者，恐怕相當普遍。迨國治時期，雖有更多的原台灣人於設立公司時，選擇股份有限公司之型態，以享受其諸多法律上好處，但基於自清治、日治長期以來的實踐活動，似乎少有人認爲事先約定經營者人選爲不妥。

　　若最高法院認爲人們於利用股份有限公司之同時，即不可再延續事先約定經營者之習慣，則應提出強有力的反對理由。股東表決權拘束契約之有效與否，涉及私人自由經營企業之利益，與政府有權干預企業經營以維護公共福祉之利益，兩者相衝突。最高法院於該案例認爲應以後者優先，就應該詳細說明究竟有什麼公共福祉，必須以犧牲私人營業自由爲代價，來加以保障。試觀其判決意旨，似乎是爲了防止該類契約「導致選舉董事前有威脅、利誘不法情事發生，達成操縱公司之目的」，但此類契約「導致」所揭情事發生之因果論證爲何？欲威脅、利誘者大可使用締結此類契約以外的方式達成目的，且果有威脅、利誘等存在，依民法上有關意思表示瑕疵或侵權行爲之規定，使特定契約失其法律上效力即可，何必把所有當事人自主締結的這類契約，一概否定。判決中似乎又以「公司法上公平選舉」做爲所欲維護的公共福祉。但表決權拘束契約，並未改變每位股東依其股份數所擁有的表決權數，這跟公司法上追求各「股份」公平而非各「股東

」公平的理念，有何齟齬之處？

　　最高法院對於外國立法例及判決例，亦顯得不夠虛心。該案當事人似曾列舉德國、美國及日本等國立法例與判決例，以強化其契約有效之主張，但最高法院僅以「原審以此項表決權拘束契約盛行於德國、美國及日本，認係有效，其見解非無可議」，[105]寥寥數語做為交待。誠然外國法例，不一定適於我國法院採納，但不論採納或不採納，法院皆宜分析外國法例與本國法之規範目的是否一致？若一致，兩國的經社、文化等條件是否近似而可依同樣的方式處理？盲目崇拜外國法例固不足取，一味排斥亦屬不智。若最高法院能細心地了解外國法例的理由構成，或許會發現股東表決權拘束契約沒那麼可怕，[106]且台灣商業界之存在此項慣例，其實是「德不孤，必有鄰」。

　　本文想特別指出的是，這種沿襲自傳統合股，以契約預先安排經營者人事之習慣，所以仍存在於「合股式股份有限公司」，正因其迄今仍有事實上需要。或有論者認為，預先就經營者人事達成合意，只可存在於「人合」公司（如無限、兩合、有限公司），而不可存於股份有限公司這般「資合」公司。但股份有限公司之為「資合」，是一個被過度誇張的法學上擬制。舉例而言，依公司法之建構理論，股份有限公司之投資者，不必在乎其他投資者的人品、信用等等個人條件，因為其隨時可自由轉讓所持股份，切斷與公司之關係。但是除了上市公司或上櫃公司外，那一家股份有限公司的股票，可以隨時透過自由交易市場找到買主？換言之，股份有限公司股東之間，仍需互相

105　同上，頁 160。

106　詳見王仁宏，頁 191-205 ；F. O'Neal, R. Thompson, and G. Payne, *O'Nea'ls Close Corporation* (3rd ed., Dearfield, Il.: Callaghan & Co., 1989), ch.5。

信賴、彼此合作，這不算「人合」嗎？正由於持股非可輕易轉讓，當一個擁有資金者於決定是否投資於某一家股份有限公司時，必然會充分考量這家公司究竟是由誰負責經營，就如同合股裡的立山頭家一樣的心情。而當一個人大量投資於某一家股份有限公司，由於持股不易脫手，若公司經營不善可能導致血本無歸，故倘若其有能力亦有時間，自然希望自任經營者，就如同合股裡經常約定由大股東擔任當事。股東表決權拘束契約，恰可滿止這些正當的需求。「股份有限公司」之概念，絕非先驗、不可變的，它應是為當代經濟生活的需要而存在。除非人民固有的商事慣例，已危害及今天在新的生存環境下所產生的新的法律秩序，等同於傳統官尊民卑、男尊女卑等那一類應被淘汰的惡習，否則不應任意為實定法之法律解釋所否定。期盼司法者能多一分尊重台灣人民的心情，少一分「法學專業知識」的傲慢。

　　法官雖可造法，但終究有立法者設下的大框框，有些問題，不能不從立法層面根本解決，故以下再從立法論提出淺見。

二、立法論上宜塑造具有海洋精神的法律

　　立法上實無須拘泥於歐陸法的企業組織型態。不依歐陸式企業組織法，亦可能發展出現代化的資本主義經濟。例如在英美法體系底下，也可發展出與歐陸相同特徵的資本主義經濟，而法制所以相異，乃因各國有其獨特的歷史發展軌跡。[107]當今台灣施行歐陸式企業組織法，是因為過去的統治者分別來自日本內地及中國大陸，彼等本身的法律恰好係繼受自歐陸法，故將之導入台灣，實非出於台灣必然的宿命。按歷史的連續性不是義務，而是出於必要；現行制定法上的企業

---

[107]　參見 Lawrence M. Friendman, *The Legal System-A Social Science Perspective* (New York, N.Y.: Russell Sage Foundation, 1975), p. 208 。

組織型態的傳承，固不宜輕言放棄，但台灣固有的企業組織習慣、英美法上有關企業組織之規定等等，只要能符合台灣當前需要者，都應考慮將其納入制定法之內。台灣為東西方法律文化交匯的海島，正適於如海洋般廣納百川，以成就其偉大。因此個人認為，未來應該參酌外國法上有關「閉鎖性公司」之理論與實務，讓台灣的「合股式公司」，在既有歐陸法為主軸的制定法上，獲得肯認，而不是僅以民間習慣的身分苟且偷生。一九八八年行政院經建會，已曾針對台灣中小規模股份有限公司及有限公司之閉鎖特性,研究股份有限公司與有限公司之分化立法問題。[108]顯然現行公司組織型態及其相關規定之妥適性，已遭質疑。可惜該項研究，雖已列舉許多外國有關閉鎖性公司的立法例，卻似乎未探究台灣本身「閉鎖特性」之形成原因，及檢討其正當性。

於進行公司組織區分立法時，宜以自由、活潑的海洋精神為主調。四周環海的台灣人民，向來具有務實、不守舊地運用己身條件創造利潤之企業傳統，國家法律實不必就企業組織型態為過多的「指導」，只須讓人民儘可能自由地針對個別情況，安排最有利的企業組織模式，以充分發揮經營效能。但這不意謂著全然放縱，例如在保障公司債權人利益的必要範圍內，可能不宜聽任傳統合股習慣中若干不遵從「資本維持」及「資本不變」的作法，續存於「合股式股份有限公司」。另一方面，在放鬆對企業內部組織之管制後，國家法律似應加強對企業外部行為的監督，避免其過度熱衷於私利之追求，竟危害整個台灣共同體之利益。若將台灣人民比擬為組設「台灣號合股」之眾

---

[108] 詳見行政院經濟建設委員會健全經社法規工作小組，《股份有限公司與有限公司之分化立法問題》（台北：民國 77 年）。

多「股東」，即可明白「合股之不存，股東將焉附」之理。

　　茲舉例說明之。過去筆者曾主張一旦公司資本已達一定額度，例如新台幣二億元，即應以法律強制其放棄原有的閉鎖性，促使其成為應受法律較多管制的公開發行公司（因這類公司涉及投資大眾之保障）。[109]惟今思之，覺得有待商榷。僅僅以達到一定資本額，即已意謂著占有相當的經濟資源，進而以之做為施行強制之正當化理由，似嫌不足。故對於達到應予強制的公司資本額額度，及強制其公開發行新股（以稀釋閉鎖性）之比例，皆須從寬考量，否則反而易造成企業不求擴展規模，或者產生鉅大的執行法律之成本，得不償失。其實大規模股份有限公司，原本就比較有向大眾募款的經濟上需要，何妨以其他法律措施（包括健全股市）鼓勵其成為公開性公司，而不必一律採用強制方法，以示尊重人民的選擇。不過，相對的，個人仍主張，立法上宜概括性規定，公司企業不論閉鎖性或公開性，對外皆須負有「社會責任」，[110]以免有些人託詞「公司僅以營利為目的」而為所欲為。（參見中華民國公司法第一條）

三、綜述

　　台灣社會長期以來，一直受到國家權威的操縱與擺佈，即令企業組織法亦不例外。如今由原住民、原台灣人、新住民所組成的台灣人，應走出悲情的過去，掌握國家實定法的制定權，使法律不再是統治者的施政工具，而是造福人民的瑰寶。因此不論是表現於司法上或立法上，都應以台灣主體性法律觀，發展出有利於台灣人民實際運作的企業組織法。它不須是中國式（華人式）的，雖然大多數的台灣人

---

[109]　參見拙著，《公司法制》，頁 147-156， 158-164。
[110]　參見同上，頁 233， 240。

是華人，其傳統習慣源自中國大陸，特別是閩粵，且現行法係自中國大陸傳來的。按每一代的人們都可以有自己的選擇，不必背負包袱、固守舊制。它也不必是西方式的，雖然西方法律制度較能適應今日世界主流的法律生活，但過去那種在強權壓迫底下，不加批判、毫無保留的繼受方式，亦應揚棄。它應該是台灣式的，是配合台灣人生存環境與共同體精神（國民精神）的法律。

肆、結論

　　台灣在原住民自治、荷治及鄭治等時期，皆少有關於人民設立企業組織之規範。至清治時期，以漢人為主的台灣社會，逐漸發展出傳統合股的企業組織型態，其係由二人以上為籌足資金或分散危險而共同出資，以經營事業的企業組織。由於中國清朝政府，沿襲向來中華帝國法典的規範方式，不干預有關合股組織之事項，故台灣民間可依其自行發展出的習慣，相當穩定地規範著合股對內對外的法律關係，直到清治末期才出現稍受西方法影響之變型的傳統合股。

　　十九世紀末，日本將近代國家法律體制帶至台灣，實定法廣泛地規範人民的民商事項。但在日治前期，由於制定法尚承認合股習慣法，台灣人自清治以來的合股習慣仍可延續，且因為在島內與日本歐陸式會社往來，異於傳統合股習慣的新式合股，接續著變型的傳統合股的發展而興起，更有台灣人超越合股的藩籬，開始事實上使用各種日本歐陸式會社組織型態。到了日治後期，台灣人組設日本法上西方式會社，已得到制定法的全面承認，但相對的，合股習慣法卻也喪失其原本在制定法上的地位，致合股在法律上只能廁身於日本民法上組合之中。另一方面，台灣人固然已組設更多的日本法上會社，尤其是

合資會社及株式會社，但合股習慣的實質規範力，並未因制定法的改變而在台灣社會中消聲匿跡。

日治五十年後，另一個近代國家權威－中華民國國民（黨）政府，又移入一套與戰前日本法相近似的企業組織法。跟日治後期一樣，台灣社會中存在的合股組織，並不為實定法所承認，它在法律上可能被歸類為合夥或公司（尤其是有限公司或股份有限公司）。雖然歐陸式公司（會社）組織型能，在台灣經過百年來實定法或商業實務的推廣，已相當為一般台灣人所了解，然而外型以公司之法定型態出現，實際運作上卻蘊含固有合股習慣之「合股式公司」，仍占當今台灣企業的多數。

但是今日，不論在司法上或立法上，卻似乎都不願面對合股式公司存在的事實及其合理性基礎，例如認為股東表決權拘束契約絕對無效，且在股份有限公司立法上排斥閉鎖性企業。這般忽視台灣社會現實的作法，值得吾人再深思。日治五十年已逝，國治後悠悠又已五十個年頭，展望未來，期盼能在下一個五十年發展出具有台灣主體性的企業組織法。

附錄一：傳統合股之例

錦榮發號合股字

同立合約在本銀字人、鳳邑林新發、馬長發、郡城汪耀記、石謨記、王在記、竊謂、理財立法、陶公之遺規堪師、貿易晏子之芳聲可慕、欲效子貢之風、當敦管鮑之義、然貨殖雖云未務、濟美端賴同心、茲我等欲興建生理、獨立難支、爰邀股夥聯財、聚議妥適、二比俱各許諾、擇店在內宮後街、合爲布疋生理五股、名曰錦榮發、議約在本、林新發在本銀伍佰大員、馬長發在本銀一股參佰元、汪耀記一股在本銀伍佰元、石謨記一股在根銀柒佰伍拾大員、王在記一股在本銀肆佰元、計共在本銀貳仟肆佰伍拾大元、採貨擇吉開張、得利王在記石謨記合抽加一、除抽加一外、按股就本均分、不得參差錯綜、當內事王在記、調停設法、當外事石謨記、二人每月辛水均得捌元、出郊採貨無分大小、共相調停、店內當事之人不得私作同途生理、與其恐稍背後傷了一團和氣、孰若議約眼前立規、百年凜遵、自約開張以後、店內貨物銀員、不得私自朋借暗取、倘若生理鴻興得利、務須股夥齊集妥議、要抽若干、方可得支、夥伴悉由當事黜陟、不得靠賴股夥、妄作薦舉、大小務宜至公、免爭長而轉短、是非悉當秉正、勿假公以行私、庶幾生意豐亨、俾綿長於萬世、商業振發、冀久遠乎千秋、此係二比當堂酌議、合立在本約字一樣五紙、每股各執一紙、存據、

馬長發□印　林新發□印

光緒捌年壬午貳月　　　日合立股字人　　石謨記 憑　　汪耀記 忠

王在記 信

附錄二：新式合股之例

布嶼拓殖公司章程

第壹章　總則

第壹條　本公司、稱爲布嶼拓殖公司、

第貳條　本公司、擬於斗六廳布嶼堡大庄設置、

第參條　本公司、以經營農業爲宗旨、其開墾地二處列左、

　　　　一於明治三十九年六月廿八日受臺灣總督府指令第一七四五號許可、斗六廳布嶼堡番社庄大庄舊庄草湖庄貓兒干庄、官有原野面積壹千四百六拾八甲九厘參毫六絲、豫約賣渡之件、係林月汀一人名義、經於明治三十九年七月讓與本公司、

　　　　一於明治三十八年九月十四日民殖第一四二五號許可、斗六廳西螺堡港後庄、官有原野面積六拾參萬八千五百七拾參坪、豫約賣渡之件係李錦李品三李謀番三人名義、經於明治四十一年月日、賣渡於本公司、

第四條　本公司存立期限、擬自明治三十九年七月起、至明治四拾九年七月止、滿十個年爲定、但經本公司總員公議、得以伸縮期限、

第五條　本章程內無載明事項、須遵照帝國會社法、並臺灣總督府法令、以及本島慣例辦理、

第六條　本章程、若由本公司總會股額三分之二以上同意、亦得改訂增減、

第七條　本公司開墾地、將來成功之後、各股主應照股份應得甲數、均配肥瘦憑鬮拈定分割登記、永遠各爲業主、

第八條　本公司區域外附近田畑、如有收買、應由股主連名登記、將
　　　　來分割即照股份之多少勻配、

第二章　出資

第九條　本公司資本金、總額拾五萬貳千圓、分作壹千五百貳拾股、
　　　　每股金壹百圓為定、

第拾條　本公司資本金、不准挪用於公司以外事業、並不准諸董員私
　　　　自挪用、

第拾壹條　本公司股主姓名並股額、開列於左、

　　　　一五　百　股　　林月汀
　　　　一貳百七拾股　　　吳鸞旂
　　　　一貳百貳拾股　　　林獻堂
　　　　一貳百壹拾股　　　林階堂
　　　　一貳　百　股　　　曾文川
　　　　一貳　百　股　　　林瑞騰
　　　　一貳　拾　股　　　謝道隆

第拾貳條　本公司股金交納日限、於事業著手前由公司長通知、須各
　　　　　於限日內繳、不得遲延、

第拾參條　第一回股金交納日限、定明治三十九年八月末日、每股先
　　　　　繳納拾五圓、第二回以後由總會決議施行、

第拾四條　股主接到股金交納限日之通知、倘有過限不繳納或繳納不
　　　　　完者、每金壹圓應貼日步六厘利息、若過限至六拾日、則開臨
　　　　　時總會收回股份、革除名籍、

第拾五條　收回股份、須配與股主內、

第拾六條　各股主對股外人不准讓與股份、若有不得已事由、應經總
　　　　股員應諾方得將股份讓與他人

第拾七條　從新入股股主、應就其入股以前本公司所有債權虧款等並
　　　　享利權、並任其責、

第三章　董員及職任

第拾八條　本公司設公司長一名、應以出願人任之、但將來有違背本
　　　　章程之時、得由總會另選、然須得股額過半以上同意、方可決
　　　　議施行、公司長、代表本公司、并主裁本公司營業一切事權、

第拾九條　本公司設副公司長一名、任期定爲貳個年、總會選任之副
　　　　公司長、幫辦公司長之職務、又依時宜執行公司長之職務、并
　　　　任其責、

第貳拾條　本公司、自支配人以上各使用人之任免薪水應酬等項、應
　　　　由公司長裁定、

第貳拾壹條　本公司設監事四名、其任其定爲一個年、總會選任之、

第貳拾貳條　監事須時查檢本公司營業情形、并金銀出入及一切賬簿
　　　　等項、兼監督董事勤怠、報明總會、

第貳拾參條　本公司設支配人一名、

第貳拾四條　支配人選任及解雇、須由本公司會議決議、

第貳拾五條　支配人應聽公司長指揮監督、遵本公司業務範圍內經理
　　　　一切事宜、亦由公司長任其責、

第貳拾六條　董員薪水應酬等、照總會決議施行、

第四章　會議

第貳拾七條　本公司會議分爲二種、一曰通常會議、一曰臨時會議、
　　　　應由公司長於開議一禮拜前、詳具要議事項通知各股主、

第貳拾八條　通常會議、定於每年二月八日開議、應報明營業情形、
　　　　　或豫定事業經費等項、并將事務如何整理、利益如何攤分、虧
　　　　　款如何填補、以及選舉董員、其他重要事項一切、均可議定、
第貳拾九條　臨時會議、若有緊急不可緩事宜、應由公司長邀股主二
　　　　　名以上、方得招集、
第參拾條　本公司會議內應議決事宜、務有眾股主過半到席方得共決
　　　　　可否、所有決議事項、應登載決議錄內并由到議者署名蓋印、
　　　　　以便保存為憑、

第五章　計算

第參拾壹條　本公司所有各項帳目、每年分作前後期、由公司長決算
　　　　　、并造財產目錄、貨借對照單、營業報章、損益計算單、利益
　　　　　攤分案、并帶具賬簿、以便總會時查檢、
第參拾貳條　本公司應造備股主姓名簿、出資金額簿、金銀出入簿、
　　　　　土地臺帳、其餘營業內必要帳簿、不論何時、聽各股主任便查
　　　　　閱、
第參拾參條　本公司擬自開創墾地後在未成功期間內、并不攤分利益
　　　　　、以裕準備資本金、但遇資本十分充足時、得由總會決議、照
　　　　　股攤分、

第六章　退股、革除、以及解散、

第參拾四條　本公司股主、若因革除或讓與者、即視為退股、若係本
　　　　　人死亡、得由承繼人接承股份、
第參拾五條　股主內、若有退股或革除者、應就本公司歸結賬項先行
　　　　　計算、當時出資之率退還幾分、其餘未歸結者、應俟歸結後、

　　方准退還、

第参拾六條　本公司若遇左列事故、即行解散、

　　一本公司契約期限已滿之時、

　　一總股主情願解散之時、

　　一不能遂行本公司宗旨之時、

第七章　印章

第参拾七條　本公司印章如左、（略之）

第参拾八條　前條內所有印章、係於本公司應享利權應任責承一切文
　　件內蓋用、但除本公司印存置本公司事務所交支配人執掌外、
　　其餘應歸各關係人自行保管、以專責任、

　　本公司總股主、爲後日恪守條約起見、議定章程、計参拾八條、
　　合造具七部、各自署名蓋章、每人各執壹部、存照、

　　　　　　　　　斗六廳沙連堡林圯埔街　　　百五番地
　　　　　　　　　　　　　　　　　　林　月　町
　　　臺中廳藍興堡臺中街土名新庄仔壹番地之四十
　　　　　　　　　　　　　　　　　　吳　鸞　旂
　　　臺中廳貓羅堡阿罩霧庄土名阿罩霧壹九五番地
　　　　　　　　　　　　　　　　　　林　獻　堂
　　　　　同　廳同　堡同　庄　　同　　番地
　　　　　　　　　　　　　　　　　　林　階　堂
　　　　　同　廳同　堡同　庄　　壹参八番地
　　　　　　　　　　　　　　　　　　曾　文　川
　　　　　同　廳同　堡同　庄　　貳四七番地

林　瑞　騰

同廳揀東上堡烏牛欄庄　參百參番地

謝　道　隆

附記：原發表於《商法專論—賴英照教授五十歲生日祝賀論文集》（台北：月
　　旦，1995 年），頁 41 － 105。

百年來台灣法律的西方化

壹、緒言

　　法院、警察、檢察官、律師、抵押權、票據等等法律制度，對於今天的台灣人民，是如此熟悉，以致令人不敢相信：它們在一百年前的台灣，根本不存在。這項百年間巨大的法律上變遷，乃肇始自一八九五年日本帝國領有台灣後之施行日本法。然而由於一九四五年以後統治台灣的國民黨政府，一直以「中國化」做爲歷史教育的宗旨，

一方面抹煞台灣在日治時期的歷史，一方面極力吹噓中國傳統法制的「博大精深」，使一般人或者認爲上述法院等制度，全然是中國自清末一九〇二年以後之法制變革所創設的，或者將這些近代西方所發展出的法律制度，牽強附會爲傳統中國法早已有之。實則，中華民國版的法院等制度，是在一九四五年以後才施行於台灣，相似的法律制度早已自一八九五年日本治台後，陸續實施；而傳統中國法與這些源自西方的制度，就基本精神及立制目的，原屬枘鑿不合，如何等同呢？唯有認同台灣主體性，本於台灣人民的立場，方能不被昔日外來政權偏執的大中國歷史觀所迷惑，以重新檢視一百年來台灣人民法律生活的變遷。

　　這項法律變遷的本質，即是西方化。按台灣在一百年前尚由中國清朝政府統治，其所施行的法律，乃實質上爲維護君主專制權力，形式上由官府制定法（即「大清律例」）及民間習慣規範所組成的「傳統中國法」。惟一八九五年日本帝國統治台灣後，即逐步將其本身移植自近代歐陸的法律制度，施行於台灣。這項奠基於近代西方法治主義及資本主義經濟型態的歐陸法制，因而漸次取代原本傳統中國式法制，深刻地改變整個台灣法律的面貌。日治五十年後接續統治台灣的中華民國國民黨政府，施行迄今者，恰巧是與戰前日本法同樣系出歐陸的法制，與傳統中國法制相去甚遠。此發展歷程，或稱爲「近代化」或「現代化」。然查其實質，無非是逐漸的接受西方的法律制度。且雖一直是以歐陸法爲主，但晚近亦及於英美法，故本文稱之爲「西方化」。

　　法律制度之範圍廣泛，本文僅擬探究關係一般人民法律生活的司法裁判機制，以及刑事及民事（含商事）法律。其實，有別於傳統

中國朝廷體制底下，老百姓之無權過問官府法律的內容，及官府之有限的規範產業、教育、衛生、社會福利等事項；近代西方法制，設有由人民代表組成的議會，負責立法工作並監督行政機關，龐雜的行政法規，亦將社會各部門的活動納入管理。這些西方式立法及行政方面的機制，伴隨著法律西方化，也陸續的施行於台灣。然而，限於個人的能力及時間，在此未能一併詳論，願將來能另以他文補述。

貳、「脫中入西」的法制走向

一、日治五十年

　　台灣在日治前期（ 1895.5.8 至 1922.12.31 ），於實定法（經國家機關制定或承認，以公權力為制裁後盾的法律規範）中，即已引進相當多西方歐陸式的法律。當一八九五年日本領有台灣時，其內地的法律制度已大多採近代歐陸法，台灣在六三法及三一法施行時期（ 1896.4.1 至 1922.12.31 ）固然以立法程序而言，是以律令（即具有與帝國議會所制定之法律同等效力的行政命令）立法為主，但依律令方式立法時，仍可能以日本內地西方式法律之內容為其內容。雖然如另文所指出者，日治前期施行於台灣之法律的內容，大致上是「以殖民地特別法為主」，但這是為了相對照於後期之法律內容大部份已依內地法之內容而言。[1]前期許多台灣殖民地特別法，固然與內地法有異，但其基調仍屬西方歐陸式法律。例如一八九六年律令第四號規定：「在台灣之犯罪依帝國刑法處斷之，但其條項中對於台灣住民難以適用者，依據特別之規定」。一八九八年「有關民事商事及刑事之律令

---

[1]　參閱拙著，〈台灣日治時期殖民地立法之程序與內容〉，《台大法學論叢》，24 卷 1 期(1994 年 12 月)，頁 14-15，17。

」，延續前述原則上依日本帝國刑法處斷之規定。一九○八年以律令發布的「台灣刑事令」亦同旨趣。換言之，業已繼受西方法制的日本帝國刑法，已因律令之規定而大部分被實施於台灣。雖吾人皆知日帝在台灣亦以律令實施日本內地西方式刑法典所無的「匪徒刑罰令」、「保甲連坐」、「笞刑」等等，但不能否認的，當時台灣整個刑法體系，已經是屬於日本所採取的近代歐陸法制，而非如大清律例一類的傳統中國法制。[2]同樣的，一八九九年律令第八號即已規定，台灣人的民刑訴訟案件，依日本已西化的民刑事訴訟法。一九○八年的「台灣刑事令」及「台灣民事令」，亦延襲之。雖另外又以包括「刑事訴訟特別手續」等等律令，擴張司法警察官、檢察官、判官在刑事訴訟上的職權，減少有關保障人權之規定。亦以「民事訴訟特別手續」之律令，強化法官在民事訴訟程序上的職權，削弱當事人等在民訴上的權益。[3]惟正因爲日本繼受自歐陸的訴訟程序，已全面實施於台灣，台灣總督府才有必要用這些特別法，修改該項訴訟程序，以應統治之需。即令是經過修改，當時台灣的西方式的訴訟程序，已跟傳統中國的審案程序大不相同。

　　惟在日治前期，仍有不少傳統中國式法律以「舊慣」之身分被保存於殖民地特別法中。一八九五年日本剛領有台灣時，即不以日本法，而主要依台灣人（即「本島人」，指漢裔台灣住民及平埔族）之舊慣·處理僅涉及台灣人的民商事項（日本法體制採民商法分立，故稱「民商事項」），一八九八年「有關民事商事及刑事之律令」更明確規定，凡涉及日本人的民商事項，依用日本甫繼受自歐陸的民商法

2　以上所列舉各律令之內容，見拙著，同上，頁20，22-24。

3　以上所列舉各律令之內容，見拙著，同上，頁24-25，27。

（但其在台灣涉及物權法事項時仍依台灣舊慣）；僅涉及台灣人及中國人（即「清國人」及嗣後的「中華民國人」）的民商事項，則依其舊慣。一九○八年的「台灣民事令」，重申此旨。[4]上述關於台灣人民商事項的殖民地特別法中，所謂的「舊慣」，係指自舊政權時代留下的習慣，亦即清治時期台灣民間有關「民商事項」的習慣規範，其本屬於傳統中國法之一部分。易言之，這些傳統中國式法律，因其為「舊慣」而為日治前期的日本國家實定法所承認。故倘若另有特別法規定某種民商事項不依舊慣，或者司法機關否定某特定舊慣之具有法律效力，則該項舊慣即不再為日治時期實定法的一部份。

　　總之，日治前期的實定法，有些是依據日本統治者的法規範，有些是依據殖民地人民固有的法規範。前者幾乎等於是西方法，後者則屬傳統中國法。故整體而言，當時的法制已開始朝著告別傳統中國法、迎向近代西方法的「脫中入西」前進。

　　日治後期（ 1923.1.1 至 1945.10.25 ）的實定法，已大部分完成「脫中入西」的工作。由於日本帝國殖民統治政策轉變為「內地延長主義」，眾多日本內地法律，自一九二三年起，直接在台灣生效。而法律內容的「內地法為主」，事實上即意謂更多的西方歐陸式法律，已實施於台灣；本已所剩不多的傳統中國式法律，則愈見式微。例如在台灣殖民地西方式刑法體系裡，殘留的傳統中國法色彩漸淡，笞刑於一九二一年廢除，保甲連坐則於一九四五年廢除，就西方式民刑訴訟法體系而言，較具有傳統中國官府糾問主義精神的「特別手續」已廢除。原先傳統中國法最有發揮空間之「僅涉及台灣人之民商事項」，除了親屬繼承事項外，自一九二三年一月一日起，已改為適用日本

---

[4]　　參見拙著，同上，頁 19 ， 26-27 。

歐陸式民商法,不再依台灣人習慣法。[5]故就日治後期台灣的實定法而言,已經大多屬於西方式法律制度,少有傳統中國法的因素存在。不過,某些在日本內地已採行的西方式法制,仍未實施於台灣,例如行政訴訟制度。

二、國治五十年

自一九四五年迄今,台灣一直施行中華民國法,此為台灣法律西方化的第二個五十年。日本帝國因第二次世界大戰的敗北,而失去對台灣的統治權。一九四五年十月二十五日,代表戰勝的盟軍接收台灣的中國國民政府,於接受在台日軍投降的同時,宣稱其對台灣擁有主權,並認為中華民國法令自是日起,均適用於台灣。原有日本政權頒行的法令,則「除與我國法令及三民主義抵觸以及壓榨箝制台民者外,其餘法令,如係保護社會一般安寧秩序,確保民眾權益,及純屬事務性質者,業經布告周知,暫仍有效」。自一九四六年十月二十五日起,日本法令中暫行保留者只剩二百卅六種法令,其餘二千六百餘種已廢止。[6]關於尚被保留之日本法令至何時、以何種方式被廢止?尚待澄清。不過中華民國政府的確在某程度內,承繼日本在台的法律體制,至少國治初期的行政長官公署制度,即大幅度仿效日本的台灣總督府制度。

整個國家實定法的「脫中入西」,並未因新政權係來自中國大

5 　參見拙著,同上,頁 31-36。

6 　參見台灣省行政長官公署,《三月來工作概要・(34 年 10 月 25 日--35 年 1 月 24 日)》,頁 107;台灣省行政長官公署,《台灣省參議會第一屆第二次大會施政報告》(1946 年),頁 284-285。此 236 種日本時代法令,見長官公署公報冬字第 20 期,民國三五年署法字第三六二八三號布告。

陸而改變，因爲中華民國法體制，本身亦繼受近代歐陸（尤其德、瑞）法制，且其過程深受戰前日本法影響。就像日本統治者帶來其自己的法律，國民黨政府亦將其在中國大陸所制定的法律搬移至台灣。惟新來的中華民國法律制度，大多淵源自二十世紀初，清帝國爲廢除西方的領事裁判權而仿效歐陸法典所制定的各項法律草案，其草案擬訂及法律人才養成，皆受當時日本法學專家的協助。由於中國大陸戰亂連年，一直到一九三〇年代左右，中華民國的歐陸式法典才陸續公布及生效，其雖表示，已參酌德瑞最新立法例，但實質上與當時亦崇尚德國法學的日本法相差無幾。[7]由於戰亂，中華民國歐陸式法典形式上生效後，難以實際施行於中國大陸各地；但一九四五年竟將其效力再延伸至已長期施行近代歐陸式法律的台灣。對台灣而言，雖有政權之替換，但西方式法典不變。甚至因中華民國民法親屬繼承篇之規定，較日治時期台灣人親屬繼承習慣法更趨向於西方法，使日治時依「舊慣」之名得以保存的傳統中國式親屬繼承習慣，亦不爲實定法所接納。然法典基本精神雖不變，執法人員的文化素養卻有別，或因長久沉浸於傳統中國法律思想文化中，許多來自中國大陸的執法人員，經常以傳統中國的法律觀念，操作這套西方式法典，以致法典的「脫中入西」，於實效上可能須打折扣。

不論如何，台灣自日本時代迄今一百年，國家的實定法一直是以西方的歐陸法系爲主調。雖在國治時期的法律中，亦可看到若干繼

[7]　例如現行中華民國法典之總則篇是 1929 年公布及施行，債篇與物權篇是 1929 年公布、1930 年施行，親屬篇與繼承篇是 1930 年公布、1931 年施行。刑法典、民事訴訟法典、刑事訴訟法典等，則是 1935 年才公布及施行。關於中華民國法典之制定經過，可參閱展恆舉，《中國近代法制史》（台北：台灣商務，1973 年），頁 134-218。

受美國法的痕跡，例如證券交易法、動產擔保交易法，但既有的歐陸法體系並未因之動搖。何況歐陸法或美國法皆屬西方法，故實定法之朝向西方化發展應屬無疑。

參、司法制度及其運作

一、司法裁判權與行政權的分離

行使司法裁判權的西方式法院機構，於一八九六年首度出現於台灣。依清朝中國的法制，審斷人民是否犯罪及人民相互間各類紛爭，與施行其他政務一樣同屬地方各級衙門之職權；亦即掌理行政事務的地方衙門，同時擁有「司法裁判權」。惟近代西方法，基於權力分立的理念，將司法裁判權，交由獨立於行政權之外的司法機關—法院—負責行使。這種行政與司法分立的制度，未見於傳統中國，包括清治下台灣。一八九五年日本政府初至台灣施行軍政時，雖曾設有所謂「法院」，但其屬於由軍事長官（行政機關）握有裁判權的軍事法庭。翌年四月進入民政時期後，始以律令，設置擁有司法裁判權之台灣總督府法院，不過就像在日本內地，屬於行政機關的司法大臣對裁判所具有所謂「司法行政監督權」；在台灣，總督亦對法院享有司法行政監督權。透過此項權力，可決定法院人員之任用與升遷，且事實上可能藉以影響法院裁判結果。

從日治到國治，西方式法院在台灣已實際運行近百年。日治時代從一八九六年到最後的一九四五年，一直施行西方歐陸式法院制度，未曾因為宣布戒嚴而使司法裁判權移歸軍事機關。一九四五年國府接收台灣後，法律上亦施行類似日本法的西方式法院制度，由法院掌理司法裁判事務，且仍由法院以外的機關擁有司法行政監督權。亦即

在台灣的高等法院及地方法院，於國治初期是由地位類似總督的行政長官，掌管司法行政監督，[8]長官公署制廢除後，則改由隸屬行政院的司法行政部掌管之。一九四九年後，最高法院隨中央政府遷至台灣，對最高法院之司法行政監督權，係屬於司法院。惟原即在台灣的高等及地方法院之司法行政監督權，仍歸司法行政部。三十餘年後的一九八○年實施「審檢分隸」，高等及地方法院之「審判部門」的司法行政監督權，始脫離行政院改歸司法院，但其「檢察部門」仍隸屬行政院的法務部。宜注意者，自一九四九年至一九八七年為止，台灣因宣告戒嚴，使軍事機關在法律上擁有廣泛的司法裁判權（參照戒嚴法第七、八、九條），然由於軍事機關實際上將大部分司法案件「委交」法院辦理，故西方式法院仍繼續就一般民刑案件為裁判，不過關於涉嫌叛亂罪或重大刑案之司法裁判權，仍掌握於軍事機關手中。

西方式的司法與行政分立且相互獨立，在台灣歷盡波折後才漸入佳境。除了前述行政機關之擁有司法行政監督權，或甚至以戒嚴之名排除法院而直接行使司法裁判權之外，尚有若干性質上無異於司法與行政合一的法律制度。日治時期的「犯罪即決」制度，即是由警察官以地方行政首長之名義，就涉及「輕犯罪」之案件，不經法院而逕行裁決。甚至警察機關依「浮浪者取締」制度，可對於未有犯罪行為者，逕認定其素行「有危害公安之虞」，而強制送至收容所勞動一至三年。此雖無刑罰之名，卻有刑罰之實。當時的民事爭訟調停制度，亦是由地方行政機關內調停課官員以首長之名義，就人民提請調解的

8　依台灣省行政長官公署組織條例第三條第二項之規定，台灣省行政長官對於在台灣省之中央各機關有指揮監督之權，故法院亦受長官公署之指揮監督。

民事紛爭，實質上進行裁決。[9]迨國治時期，依違警罰法，警察機關得對「違警」行為裁決拘留，雖「違警罪」之範圍小於前述犯罪即決制下「輕犯罪」之範圍，但行政機關之擁有該部分的司法裁判權則相似。經四十餘年後，一九九一年的「社會秩序維護法」，始將此裁判權移屬法院的治安法庭，使法院擁有完整的司法裁判權。且國府長期依「取締流氓辦法」、「檢肅流氓條例」，由警備總部逕行認定為「流氓」移送管訓，事實上延續日本人的浮浪者取締制度。直到一九九一年才改由警察機關提報，經法院的治安法庭為最終裁定。此外，國治時期亦有法院外的民事紛爭調解機構，其中之一為「鄉鎮市調解委員會」（自1955年起迄今），但此項調解之法律上效力，已大不如日治時期的「民事爭訟調停」。後者係由政府官員處理調停事宜，其促成調停成立後，該事件即不得再向法院起訴，且行政機關可據以進行民事強制執行；前者則由鄉鎮市公所聘請之民間「公正人士」組成，若調解成立須再報請法院審核調解書內容是否牴觸法令，經法院核定者，始有不得再行起訴及得聲請法院據以強制執行之效力。[10]隨著歲月的流逝，那些實質上司法與行政不分的制度，終於逐漸消退。

二、西方式審級制度

9 參見台灣省文獻委員會，《台灣省通志稿卷三政事志司法篇》（台北：1955年，1960年），第二冊，頁205-212，340-342（以下簡稱《通志稿》）。

10 參照鄉鎮市調解條例，第一、三、四、二十三、二十四條及強制執行法第四條第一項第六款。其調解事項除民事事件外，尚包括告訴乃論之刑事事件。依1984年至1991年之統計，調解成立者約占所有聲請調解事件的百分之五十八，報請法院審核者約有近九成被核可。參見司法院，《司法案件分析》（台北：1994年），頁263-264。

　　西方式法院對於司法案件之裁判，係採數審制，且因而設有各級法院；傳統中國官府則依案情輕重，分由不同層級的官員或皇帝擁有最後裁決權力。於清治台灣，原則上知縣、各廳同知、及知府就其親轄地區，關於（一）戶婚田土錢債等細事及笞杖以下輕罪案件，可審決定案，僅將處理結果送上級衙門（府、道、司、督撫）備查。關於（二）不關涉人命的尋常徒罪案件，則只能審理級擬判（審擬），而將全案移送給其所隸屬的上級衙門（府或道）長官進行覆核，再送更上一級長官覆核（道、司），最後由總督或巡撫批結定案，送中央刑部備查。關於（三）有關人命的徒罪及軍流罪案件，亦只能審擬，再循上述行政層級逐一經各該長官覆核後，轉送中央刑部覆核，再呈請皇帝裁決。關於（四）死罪案件，於審擬後，須由其上級長官循級覆核，再由督撫直接或透過刑部呈送皇帝，皇帝於發交重臣審辦後即做成裁決。[11]依西方式法院制度，如上所述各類案件，原則上皆由各地方法院進行第一審裁判，作成終局判決，若無上訴則該案件即告定案（確定），非僅是擬判而已。若有上訴，則由上一級法院進行第二審裁判，對其終局判決若未有上訴亦即確定。倘第二審裁判未確定，則最後須由最高法院為終審（第三審）判決，對此裁判不得再為上訴。若僅從外觀言，一個重大案件，在清制下須經過數位上下級官員及皇帝的審理，似與西方式法院的審級制度無異；惟兩者之內涵，實不相同。傳統中國法是將裁判事務視為行政之一環，其小案由下級官員裁決，大案由上級官員或皇帝裁決，正表現行政官僚依事項分層裁決之精神；反之依西方法，不分輕重案，各審皆可獨立做成終局裁判，

11　參見張偉仁，《清代法制研究》（台北：中央研究院史語所，1983年），輯一冊一，頁163-164，168-170，173，175-178。有些案件可先行正法或就地正法，係屬上述程序之例外。

惟鑒於人之判斷不免有誤，乃提供數審之機會，因而設有管轄第二審、第三審的上訴法院（高等法院）、最高法院，但上級法院並不能干涉地方法院之為第一審裁判。這項「各審獨立」原則，不存在於傳統中國官僚體系內上下服從的層級關係中；若依西方法的審判觀念，清制其實僅「一審」，因各類案件中，有權定案者僅一位特定的官員或皇帝。

自一八九六年西式法院建立後迄今，台灣曾施行過幾種不同審級數目的審級制度。於日治時期，一八九六年至一八九八年，為三審三級（高等、覆審、地方法院）制；一八九八年至一九一九年，為二審二級（覆審、地方法院）制；一九一九年至一九二七年，為三審二級制，高等法院內又分為上告部及覆審部，以分別管轄第三審及第二審裁判，仍由地方法院擔任第一審裁判；一九二七至一九四三年，為三審二級四部制，即地方法院內復分合議部及單獨部，其實質無異於日本內地的三審四級制。一九四三年至一九四五年二審二級四部制，即第二審上訴被廢除。國治時期，一直是採用三審三級（最高、高等、地方法院）制。應特別指出者，在台灣法院所繫屬的司法案件，於日治時期皆以位於台北的高等或覆審法院，而非以日本東京的大審院，做為最終審管轄法院；國治時期，除前四年（1945 — 1949）第三審係由在中國南京的最高法院管轄之外，一直由位於台北的最高法院，做為最終審管轄法院。故這百年間，台灣大致上擁有一個獨立自主的法院體系。

三、檢察官與法官分立

西方式刑事訴訟程序採「審檢分立」，在每一審須由檢察官及

法官分別擔當訴追者及裁判者的角色，迴異於傳統中國官府對刑案之處理方式。按近代西方法院訴訟程序，係由紛爭當事人為對等且對立的「原告」及「被告」，互做有利於己方之辯解，再由獨立超然於兩造之外的「法官」，以中立者態度裁決其是非曲直。在此訴訟型態下，基於承認政府與人民之間具有「對立關係」，當政府欲對某涉嫌犯罪之人民課予刑罰，即不能由其同時兼任「原告」及「法官」，故須創設「檢察官」以代表國家為原告，以訴追成為被告之人民，另由「法官」不偏不倚地做成裁判。上述這種訴訟上「三面關係」並不存在傳統中國法制裡，其認為透過「審問者（官府）——被審問者（人民）」的「兩面關係」，即可探求真實而為公正裁判，故由身為「父母官」的知縣等主導審案過程，申告犯罪及被控犯罪的「子民」皆僅是「被審問者」。在這種官府糾問主義底下，「審問者」不必分化為檢察官與法官，故自調查案情至做成裁判，悉由一人任之即可（今日所稱「民事」訴訟案件，當時亦以此種兩面關係進行之）。

　　日本治台的第一年所實施之刑事訴訟程序，即有檢察官之設置，故其在台灣法律史業已存在一百年。由於日本在領台之前已繼受歐陸式刑事訴追制度，一八九五年於軍政時期所頒行的「台灣住民治罪令」，即規定由「檢察官」負責偵查起訴、「審判官」負責審理判決。[12]且該令所創設之「檢察官」一詞，原不同於日本內地所稱之「檢事」，但在台灣殖民地一直沿用五十年。甚至，一九四五年以後施行於台灣的中華民國法律，亦採用「檢察官」一詞，指稱在刑事訴訟程序上擔當偵查及起訴之職務者。

　　值得注意的是，百年來台灣的檢察官，一直有「法官化」的傾

---

[12]　參見拙著，〈台灣日治時期殖民地立法之程序與內容〉，頁18-19。

向。理論上檢察官在刑事訴訟程序裡只是跟被告對等的原告，但由於這個「原告」為政府機關，相對的被告僅為一般人民，受到傳統東方式「官尊民卑」觀念影響，做為原告的檢察官，在刑事程序上常凌駕於身為被告的一般人民之上，甚至擁有一部分法官基於「中立裁判者」始能享有的權力。早在一九〇一年，台灣總督府即以律令，將原來在日本內地係屬於預審程序中預審法官（不含檢事），始擁有的搜索扣押權及拘提、羈押非現行犯之權，授予在台灣殖民地的檢察官。以致可能為原告的檢察官，竟於起訴前的偵查階段即對潛在的被告（犯罪嫌疑人），享有「強制處分權」，嚴重破壞理論上原告與被告應有的對應關係。在台灣殖民地的檢察官擁有強制處分權之特例，一直延續到日治結束。[13]巧合的是，一九四五年以後施行於台灣的中華民國刑事訴訟法，本身亦賦予檢察官強制處分權。故日治、國治兩時期的檢察官不但名稱相同，於刑訴上職權亦類似，皆是代表政府的強勢原告，宰制弱勢的一般人民。難怪過去在法庭上，身為原告的檢察官是與法官平起平坐，被告則站立其下方。且不少人認為檢察官與法官既然都是「官」，則人事互調並無不可，而不深究其在西方式訴訟上，角色扮演的差異性。這種種將檢察官「法官化」的做法，似乎顯示傳統中國「官府糾問」的觀念，依舊存在。

四、司法判斷的獨立性

---

[13] 參照明治三四年(1901)律令第四號「關於刑事訴訟手續之律令」，第二條；明治三八年(1905)律令第十號「刑事訴訟特別手續」，第一條；明治四一年(1908)律令第九號「台灣刑事令」，第七條；大正 11 年(1922)勅令四〇七號「有關施行於台灣之法律的特例」，第二十八、三十二條。另參見《通志稿》，第二冊。頁 268-275。

　　在近代西方法中，法官既然被定位爲中立的裁判者，其審判時，當然不能受到行政機關的干預甚至指揮，此即通稱的「審判獨立」原則。亦是將司法審判視爲行政事務之一環的傳統中國法所無。近代歐陸法制爲使司法人員勇於排拒行政機關可能的干預威脅，特別賦予其優於一般公務人員的身分上保障。台灣在日治第二年的一八九六年，雖已開始運作西方式法院制度，但當時並無關於法官特別身分保障之規定，於是誠如一八九七年高野孟矩高等法院長，於審理涉及總督府高官貪瀆案時遭撤職一事所示，審判獨立無由落實。一八九八年在台灣法制上首次出現關於法官特別身分保障之規定，即對其不得任意爲免官、轉官，惟總督仍有權予以休職而僅付四分之一俸給。（其保障較日本內地法官爲差）。加上法官尚須仰總督司法行政監督權之鼻息。故至一九一九年爲止，台灣殖民地審判獨立的程度，十分有限。一九一九年以後，總督原有的休職權已被廢除，基於日本司法界既有之審判獨立的理念，在台灣的法官似乎較以前更能堅持審判獨立，雖然這並不意味已達完全獨立的境界。[14]國治五十年中事實上審判是否獨立之問題，尚有待實證研究。雖中華民國法賦予法官更多的身分保障，亦即終身職，不得任意免職、停職、轉任、或減俸（參照中華民國憲法第八十一條）。但長期被灌輸「以黨領國」、「奉行領袖意志」等教條的國民黨政府司法人員，能否如法律制度所期盼的，不受黨部、行政機關等之干預，獨立依法裁判，實不無可疑。而戰後在台灣新生一代法官，是否已較前堅持審判獨立的信念，也值得注意。總之，儘管百年來台灣法律制度上一直承認審判獨立原則，但其在司法實務上被貫徹的程度，始終是個問號。

14　請詳見拙著，〈台灣日治時期的司法改革（上）〉，《台大法學論叢》，24 卷 2 期(1995 年 6 月)，頁 14-21。

　　檢察官就具體個案的偵查、起訴，是否受上級長官或行政機關之指揮呢？依歐陸法「檢察一體」原則，自最上級的檢察局（署）檢察官長（總長）以降，至下級檢察局（署）檢察官，係上下隸屬，自成一個體系。檢察官行使職權時，須服從上級檢察官之指揮，檢察首長得親自處理所屬檢察官之事務，並得將所屬檢察官之事務，移轉於所屬其他檢察官處理，故與法官之各審獨立裁判，且不受其司法行政監督長官之干預，截然不同。問題在於以檢察長為首的檢察體系，針對具體個案，是否受行政機關指揮？若檢察官被定位為行使國家司法權的「司法人員」，則其就個案行使司法上職權（如強制處分權、提起公訴），即不應受行政權的干預。在日治、國治下的檢察體系實際上是否受行政權指揮呢？依台灣總督府一九〇一年之檔案記載，曾有總督府評議會成員，在內部討論時以如下意見批評某訴訟法草案，亦即：

　　「檢察官凡自信有犯罪，依刑事訴訟法第六十二條以下之規定，非加以起訴不可，……如受外來干涉，自行枉屈，而揚言為奉行為政者之意者，誠屬遺忘其職務上之義務而甘服其他行政官吏之頤使，可謂污染檢察官之職權之最高者！如斯則設置檢察制度之利何在？將檢察官訂為終身官之益又焉在？」。[15]

　　可見檢察官之行使職權不受行政機關干預，至少在理論上已被接受。但吾人亦在同檔案中看到，於一九一五年時，總督府行政部門曾向日本中央政府表示，其須負責台灣檢察事務的指揮監督；且一九四〇年代初期，有關叛亂犯、思想犯案件之偵查及起訴與否，須受總

15　台灣省文獻委員會編譯，《日據初期司法制度檔案》（台北：1982年），頁1047。

督之指揮。[16]故事實上日治五十年裡，就「重大刑案」，司法檢察體系似乎仍須聽命於行政機關。在國治時期，檢察體系雖隸屬於行政院法務部（原稱司法行政部），法務部長只能對檢察事務為一般性指示，不能針對個案指揮檢察官。惟事實上其是否藉人事監督權等，影響檢察官辦案，仍有待深入研究。且在長達三十八年的戒嚴時期，包括政治犯案件在內的「重大刑案」，若由軍事檢察官進行偵辦，則其為不起訴處分時，須經軍事長官核准（參照軍審判法第一四八條）。此無異於行政權指揮司法檢察事務。可知百年來台灣的檢察體系，一直帶有相當濃厚的行政權指導之色彩。

五、人民權利捍衛者的律師

　　為保障一般人民的法律上權利，西方法允許人民使用法律專家—律師—協助其處理法律事務，此亦為傳統中國法所欠缺之制度。如前已述，在西方式刑事訴訟程序上，係由以國家力量為後盾兼具法律專業訓練的檢察官為原告，相對的身為被告的一般人民人單勢薄。為使被告得以與檢察官「地位對等」，宜另有一位法律專家參與程序，以保障被告於法律上應有之權利，此即「辯護士」或稱「律師」之功能所在。在西方式民事訴訟程序上，法官做為中立裁判者，不宜指導原告或被告任何一方為法律上之主張；原被告因此須自己為有利的權利主張，否則法官無法加以斟酌。惟原被告不一定熟知自己在法律上有何等權利義務，此時即有使用法律專家之需要。而且縱令未涉及任

16　參見台灣省文獻委員會收藏，「台灣總督府公文類纂」，大正四年永久保存第三十七卷，第六門司法，四、「裁判所構成法及辯護士法施行之件」；昭和十六年永久保存第八卷，第六門司法，一三、「國防保安法及治維法之刑事手續」；昭和十八年永久保存第六卷，第七門司法，第一類，二四。

何訴訟，一般人民面對複雜的國家實定法，亦期待得到律師的協助。而傳統中國法基於糾問主義，所企求者為被審問者坦白為真實之陳述，自然不希望有專家在訴訟上指導被審問者對抗官府，故傾向於認為所謂的「訟師」是官府權威及真實發現的破壞者，應予嚴懲。[17]然而當老百姓進入「黑暗」的衙門，經常不得不尋求訟師的指點，而從事「地下行業」的訟師，大率為人品不甚高尚之徒，遂趁機挑撥是非，意圖擴大爭端以漁利，常致涉訟者傾家蕩產而後已。清治時期台灣，據說訟師盛行，其與盜賊、蠹役並列為三大民害之一。[18]

日治初期在引進西方法院制度的同時，也將西方的律師制度傳入台灣，至今亦近百年。台灣總督府於一八九八年以府令公布「訴訟代人規則」，所謂訴訟代人，係指受當事人之委任在法院為民事訴訟代理人或為刑事訴訟之辯護人，[19]以往依傳統中國法，涉訟者受訊時孤立無援，且除具有特殊身分（如紳矜、婦女）外皆須親自出庭，根本無類此訴訟代人之存在，故此項規則實為台灣律師制度之濫觴。總督府復於一九○○年以律令公布「辯護士規則」，將日本繼受自歐陸的辯護士制度插枝於台灣土地上，以取代內容較為簡陋的訴訟代人制度。至一九三五年再以律令公布「台灣辯護士令」，進一步要求台灣的辯護士須具備日本辯護士法所定之資格。[20]事實上於一九二○年代之前，在台灣的辯護士皆為日本人，但自一九二一年第一位台灣人辯

---

[17] 參見張偉仁，《清代法制研究》，輯一冊一，頁157。

[18] 參見丁日健編，《治台必告錄》（台北：台灣銀行，1959年），頁55，385。

[19] 參見《日據初期司法制度檔案》，頁241-243。

[20] 詳見拙著，〈台灣日治時期的司法改革（上）〉，頁7，12。

護士在台北執業開始，台灣人辯護士的數目持續增加，至一九四五年，已達四十六人（當年在台辯護士總人數為一〇九人），且相當受到社會尊重。[21]一九四五年中華民國法律施行於台灣後，雖名稱上從「辯護士」改為「律師」，但其實質殆無不同，且原台灣辯護士亦可取得律師身分。國治時期的律師制度，曾長期因酬庸性地允許軍法官等取得律師資格，卻又緊縮正規的律師高考錄取人數，而遭致批評。惟近年來已趨改善，如今全台律師，人數眾多，分布漸均勻，其在台灣政治、社會各方面的影響力亦日增。

六、司法公信力

　　日治五十年，由於司法人員的清廉不貪，使得這套引進自歐陸的法院制度，逐漸得到許多台灣人民的信賴。但由於當時犯罪即決制度的氾濫，除一九二〇年代之外，平均若有一件刑事案件是依法院程序，由檢察官、法官處置，即有六件是依犯罪即決程序事實上由警察官裁決。[22]以致西式法院雖有相當正面的形象，卻未能充分發揮其功能。

　　而國治五十年，徒有與日治時大致相似的西方法院制度，卻因傳統中國貪瀆文化之弊，至今仍喚不回台灣人民對司法的信心，誠可嘆也。

肆、刑事制裁的變遷

---

[21]　參見同上，頁 37，46。

[22]　參見 Tay-sheng Wang, *Legal Reform in Taiwan under Japanese Colonial Rule (1895-1945): The Reception of Western Law,* Ph.D. diss., University of Washington, 1992, pp.238-240。

一、國家獨占刑罰權

在清治台灣，對於破壞社會秩序之行為，官府固然可發動官府權威課以刑罰，民間團體亦可享有部分的刑罰權力。於傳統中國的天朝體制，雖官府制定法（即大清律例等律典）針對各種可能危害皇權及社會治安的「犯罪行為」，課予輕重、種類不同的處罰。但做為中華帝國的統治者，面對廣土眾民，若想切實執行官府律典之規定，以監督百姓的一舉一動，所需執法成本（包括人員及設備）非常高。為了以最少的成本達到有效的統治，朝廷的執法機關只設到「縣」級衙門，且將施行刑罰的重點，置於可能危害官府統治權及嚴重破壞社會治安的罪行；另一方面則默許當地百姓組成的身分團體（如家族）、地域團體（如村庄），對其成員擁有相當程度的處罰權，以維護社會秩序。只要這些民間團體之施行刑罰，未侵犯到官府權威，官府並不加過問。一旦老百姓覺得除了繳些田賦外，「帝力何有於我哉」，自然不會挑戰朝廷權威，這不正是中華帝國統治者的希望嗎？清朝中國統治下的台灣，亦是如此。街庄為維持其秩序，對管內人民施以處罰，族長亦以其宗規家法懲罰族人，而官府皆默許之。[23] 這些民間的處罰，有時候涉及官府律典所規範之事項，且有時候其處罰之嚴厲程度超過律典之規定。例如因兒子屢行竊盜且好賭，不從訓戒，乃會同親屬協商後，將其子以鐵鎖束足、監禁屋內，且減給食物，致半年餘而死。此外，民間對於與有夫之婦通姦或強姦一般婦女者，或縛巨石於其身，投入水中使溺斃，或埋其體而露其首，聽任行人唾面或以竹木

---

[23]　參見戴炎輝，《清代台灣之鄉治》（台北：聯經，1979年），頁19，42；張偉仁，輯一冊一，頁149。

揶揄。然官府對此概置之不問。[24]

　　一百年前，日本統治者將近代西方的國家體制帶至台灣，使國家機關獨享刑事制裁的權力。依近代西方法理論，惟有國家權力機關才享有刑罰權，任何受害的人民私自對加害人施以刑罰報復，仍不免於國家之處罰。於日治初期，台灣人似乎還不甚習慣國家獨占刑罰權，仍有不少依清治時民間習慣對為非作歹者施加殘酷處罰之例，而這些處罰在日本國家實定法眼中，皆屬「私刑」，施行者須負傷害罪等刑事責任。[25]這項制度能被貫徹執行，應有賴於日本政府同時在台灣施行其沿襲自西方的「警察制度」，擁有分佈遍及全台各個角落的警察機關，才能偵知各地方發生的犯罪行為，而施以國家的刑事制裁。欠缺警察制度支援的清朝縣廳衙門，在街庄里堡並無長駐官員監控犯罪情況，故其縱令想獨占刑罰權，也難以實行。

　　日治五十年結束時，台灣人似乎已視國家獨占刑罰權為當然；接續統治的國民黨政府，因其法律同樣係繼受近代歐陸法制，故依然由國家獨占刑罰權，且佐以警察制度。今日吾人雖偶聞黑社會份子以私刑遂行其報復，但一般人民大致上已肯認國家獨占刑罰權之制度。

二、近代歐陸式刑法典的實施

　　日本政府所獨占之國家刑罰權的行使依據，是內容上異於清治時期傳統中國法的近代歐陸式刑法規範。其相異之處，至少有下列幾項。

24　參見伊能嘉矩，《台灣文化志》（中譯本，台中：台灣省文獻委員會譯編，1985年），上卷，頁228-229。

25　其例請參閱上內恆三郎，《台灣刑事司法政策論》（台北：台灣日日新報社，1916年），頁119。

　　首先是關於刑罰種類。大清律例上的處罰為傳統中國的「五刑」：⑴死，含絞、斬（此兩者又分監候與立決兩種）、凌遲、梟示。⑵流，即遣送至外省或邊遠地區，並依距離遠近分成數「等」。⑶徒，即遣送至本省內其他縣份，並依居留外地的時間長短（一年至三年）分成五等。⑷杖，以大竹板責打，依次數為六十、七十、八十、九十、一百分為五等。⑸笞，以小竹板責打，依次數為十、二十、三十、四十、五十分為五等。日本統治後的刑事制裁方式，於軍政時期雖仍有死刑，但僅限以斬首為之，且只立決一種，並引進歐陸法制中的「自由刑」，亦即一定期間（一日以上十五年以下）內將犯罪者留置於封閉場所藉以剝奪其自由，以及「財產刑」，即罰金。一八九六年進入民政時期後，刑之種類改依日本刑法典，其間雖因明治四十年(1907)日本新刑法典的制定而略有不同，但大體可分：⑴死刑，以絞首立決之。⑵自由刑，有所謂「懲役」與「禁錮」，皆分「無期」與「有期」（一月以上十五年以下），且拘禁於「監獄」施以矯治教育（此項制度亦仿效自西方者），不同者為懲役須服一定勞役而禁錮則不必；另有「拘留」，指拘禁於拘留場（例如設置於警察局內）一日以上，三十日未滿。⑶財產刑，含「罰金」及「科料」，前者為二十圓以上，後者為十錢以上，二十圓未滿。⑷附加刑，例如沒收供犯罪之物或犯罪所得、剝奪或停止公權等。[26]惟台灣總督府於一九○四至一九二一年，曾對台灣人施行笞刑，例外地保存傳統中國式刑罰。

　　其次，傳統中國法依行為人或受害者之「身分」，而予以差別

26　參照明治二八年(1895)日令第二一號「台灣住民刑罰令」，第四至九條；日本明治十三年舊刑法，第六至四十四條；日本明治四十年新刑法，第九至二十一條。

性刑事處置。例如受「刑不上大夫」觀念之影響，對皇親國戚及官員等之審問、判刑程序較一般百姓慎重，且可以罰俸、收贖、降級、革職等抵刑。又爲了維護家族內尊長權威，凡卑幼侵犯尊長者，應受較侵犯一般人爲重的處罰，而尊長侵犯卑幼者，卻受較侵犯一般人爲輕的處罰，甚至其親疏關係愈親者，加重或減輕的程度愈大。相對的，近代歐陸刑法強調人人平等，原則上不問行爲人之身分，一概依同樣訴訟程序、課以同等刑罰。實質上施行於台灣的日本刑法典，雖在「對皇室之罪」、「殺害直系尊親屬之罪」等處仍留有傳統的身分上差別主義遺跡，但大多數已採歐陸法上刑罰平等原則。於殖民地的刑事司法實務，一九二○年代以後，大致上已不因犯罪行爲人之身分爲日本人或台灣人，而有差別對待。[27]

　　再者是傳統中國法經常是以「家族」做爲規範之對象，近代歐陸刑法則既以「個人」爲規範對象，每個人僅爲自己的行爲負責，故不因某個人之違法而處罰其家族。例如依清律，家族中有某人「車服違式」，則受罰者爲家長而非該違式的個人；又如家族中有某人「謀反大逆」，則處罰及於整個家族。類此以家族爲刑罰上一單位的規定，已不見於近代日本刑法典。但依照僅施行於台灣人的保甲制度，個人卻可能因其鄰人之有犯罪行爲而受罰（雖最重刑爲科處罰金），有悖於西方式個人主義刑法體制。

　　至今台灣猶施行著歐陸式刑法。日本的歐陸式刑法制度，透過日治五十年政府的切實執法及人民的普遍「遵法」，應已相當程度爲台灣人民所熟悉。一九四五年政權轉替後施行於台灣的中華民國刑法典，由於同係源出歐陸法，故與日治時期刑法體制幾無大差異。其亦

27　參見 Tay-sheng Wang, pp. 306-307。

採歐陸式刑罰種類，分死刑、無期徒刑、有期徒刑（二月以上，十五年以下）、拘役（一日以上，二月未滿）、罰金，以及從刑——褫奪公權、沒收，且不曾有笞刑之設。於法典上，除少數如殺害直系尊親屬須加重處罰等規定外，大多已採取處罰平等、個人責任等原則。惟司法實踐上，仍迷戀傳統中國法律文化的執法人員能否貫徹歐陸式刑法典的要求，仍有待進一步研究。

伍、民事法律的變遷

一、「民事」概念的導入

今日的實定法就法律事項，嚴格區分為「刑事」或「民事」，但是對台灣人民而言，所謂「民事」的概念實屬舶來品。西方自羅馬法上的「市民法」，發展出「民事」的概念，指稱不涉及國家刑罰權、僅屬於私人間一般社會生活關係者，而與涉及國家刑罰權之「刑事」為相對稱的法律概念。廣義的民事概念，尚包括所謂的「商事」，因皆屬私人間社會生活關係之故。尤其在不另外獨立出商事法的制度（即民商不分立），例如中華民國法制，更是如此。華裔台灣人在其固有的法律文化中，並無上述民事之概念。若以今稱為「民事」之事項做為觀察對象，則誠然其中一部分在傳統中國律典（戶律）有加以規範，通稱「戶婚田土錢債」等「細事」。惟，戶婚田土事項與民事事項，係在相異的法律體制下的不同概念。簡言之，官府律典上有關戶婚田土等規定之法律效果，大多為笞或杖，若以西方法視之，根本是刑事事項；且其並未賦予人民各種「權利」，以請求相對人履行「義務」，或藉以請求國家強制義務人為履行。於原住民裔台灣人的固有法律觀念中，似乎也沒有西方法之民事概念。

　　民事法之概念，既係西方法（不問歐陸法或英美法）之產物，其之傳入台灣，須待已繼受歐陸法的日本近代法體制，於一八九五年以後之施行於台灣。自一九四五年迄今，再由同屬歐陸法系的中華民國法律承襲之。

二、國家實定法全面規範民事事項

　　清治時期台灣，就今日稱為民事之事項，實際上大多由民間社會依其地方習慣處理。在節約統治成本的考慮下，傳統中國官府對於今日稱為民事事項之人民間一般社會生活關係，不太關心。官府律典所規範者，大多是有關稅收的田地歸屬、及有關家族倫常的婚姻關係，故其涵蓋的一般社會生活層面相當有限，且規定本身亦不夠精密周到。老百姓事實上是不得不依其自行發展出來的地方習慣，處理諸多社會生活關係。即令老百姓就此類事項發生糾紛，尋求官府裁決，官府也經常責成民間團體依當地習慣解決；若官府自為定案，亦不一定是依照律典上之規定，可能是參酌當地習慣而為裁示。總之，今稱民事事項者，在清治時期台灣，大多由各地的習慣加以規範，官府制定法與之相關之規定，既數目有限且實效性堪慮。

　　日本的近代西方式國家體制，則以實定法全面介入一般人民的民事事項。日本至一八九八年，終於完成以歐陸法為師、內容包羅萬象、足以規範各類私人間社會生活關係的民法及商法。同年，台灣總督府即以律令規定，有關「民事商事」事項（即本文前述之廣義的民事事項），依日本民法及商法，但僅涉及台灣人及中國人者，則依舊慣（有例外性規定於茲省略）。換言之，在台灣屬於民事事項的私人間社會生活關係，皆須受國家實定法的規範，只不過日本人與台灣人之間的民事關係，依歐陸法民商法，而台灣人之間或其與中國人之間

的民事關係，依台灣固有習慣。在此必須了解：台灣舊慣之所以在日
治前期被援用於台灣人的民事事項，是出於律令（國家實定法）之承
認！故適用於個案之習慣內涵，也須受國家執法機關的認可。這跟清
朝官府之大多放任由民間依習慣自行規範其「民事事項」，性質不同
，不可相提並論。

　　台灣人在清治時期所形成之習慣的內容，因此有「歐陸法化」
的現象。按日本的執法者，須以歐陸民法體系內各種法律概念，重新
詮釋舊慣的內容，其結果可能與原有意義產生出入。且其可能以歐陸
法價值觀爲準，認爲某些台灣舊慣爲「違反公序良俗」應屬「無效」
，使其不爲國家實定法權威所支持。尤其是日本政府有時直接以立法
方式，制定特別法排除「應依舊慣」之普通法，以引進歐陸式民法上
制度，例如就某些土地「權利」之得喪變更，不再如舊慣般僅以當事
人間意思合致爲已足，尚要求須向國家機關爲登記始發生法律效力。
28

　　自一九二三年之後，台灣人有關民事事項之習慣，進一步爲實
定法所排斥。由於此後日本民法（除親屬繼承編外）及商法等直接在
台灣生效（不再依有關民事之律令），台灣人的民事「財產法」事項
，須適用日本民法及商法等以決定其法律關係。台灣人的固有習慣，
於實定法上僅能就其民事「身分法」事項，發生規範效力，雖歐陸式
民事財產法以屬「任意法」者居多，屬「強行法」者較少，29故關於

28　參見拙著，〈台灣日治時期殖民地立法之程序與內容〉，頁27。
29　不問個人意思如何，必須受其適用者，是爲「強行法」，而原則上尊重個
　　人意思，在個人無特別意思，或意思不明時，才有其適用者，則爲「任意
　　法」。

允許個人自由約定的民事事項，仍可將民間習慣之內容，納入雙方約款中，使發生實定法上效力；但在沒有特別的約款或意思不明時，則須依民商法上規定，而非存在於民間社會之習慣。可見民間習慣的規範力量，已被國家實定法壓擠至相當有限的空間。

一九四五年後，在中華民國民法體系底下，民間習慣在實定法上地位更加微不足道。其民法第一條規定：「民事，法律所未規定者，依習慣；……」亦即習慣僅就法律所未規定者才有補充的效力。由於歐陸式民法典可解釋適用於絕大多數民事事件，故習慣得以補充之機會極小。且國治時期實定法，並沒有親屬繼承事項依習慣之規定，故幾乎所有民事事項，皆依繼受自歐陸法之民法典的規定，除非法典本身明定，另有習慣時改依從習慣（但此類條文很少），[30]因此，民間習慣若非透過當事人雙方有效的約定，實難以得到國家司法機關的承認與保障。

三、財產法之例

百年來台灣的民事財產法內涵，由傳統中國式的台灣習慣法，改依歐陸式民事法典，再引入若干英美法系民事制度。雖今天民間仍常利用傳統中國的「合會」關係籌款或投資，於民法物權篇，亦存有傳統中國的「典」關係，但是整個民事財產法無疑地已走上西方法化之途。

從「胎」到「抵押權」之變遷，即是西方法化的一例。依清治時期台灣習慣，借款人為取信於貸與人，常將某種有價值之物交付於

30　例如中華民國民法第二○七條第二項：「前項規定如商業上另有習慣者，不適用之」，第四三九條：「承租人應依約定日期支付租金。無約定者依習慣，無約定亦無習慣者，應於租賃期滿時支付之。……」。

貸方以作為信用憑物，此稱「胎借」，此項信用憑物經常是載有土地取得等之契字（即契約書，依當時交易習慣，其可證明自己在法律上的地位，例如為某地之業主）。以借款人稱出胎人，貸與人稱承胎人。若這項借款屆期不還，依當時習慣，承胎人只能繼續持有該有關土地等之契字，迫使出胎人儘速返還借款之本金及利息，承胎人不可主動變賣契字所載之土地等以獲得價金抵償。[31]

　　一八九五年，日本統治後，「胎」雖做為舊慣而續存於實定法中，但已以歐陸民法觀念，解釋胎在舊慣上的法律關係，引進西方法上「權利」制度，稱承胎人依舊慣所得享受之利益為「胎權」，實定法可運用公權力確保此項利益之被實現。惟一九○五年以律令公布之「台灣土地登記規則」，卻使胎權的實質內涵完全遠離舊慣。其第一條規定，就已登錄於土地台帳之土地，關於胎權之設定、移轉、變更、處分，除因繼承或遺言所生者外，非經依此規則為登記不生效力。依舊慣，胎關係之得喪變更，以當事人意思合致為已足；但此項規則將胎權視為歐陸民法上「物權」之一種，且對於權利之變動，採取「登記生效」主義，不同於日本民法上的「登記對抗」主義——權利變動於當事人意思合致時即已生效，但須為登記始可對抗第三人。其第二條又規定，胎權人就供債務擔保之土地，得先於其他債權人而接受其債權之償還；拍賣法中關於抵當權之規定，可準用於胎權。如前所述，依舊慣承胎人於屆期未獲償還時，僅能繼續持有載有土地取得等之契字以壓迫出胎人出面解決，但依此項規則，胎權人不但可就該供擔保之特定土地等進行拍賣、換取價金，且可優先於其他債務受清償

---

[31]　參見臨時台灣舊慣調查會編，《台灣私法》（台北，1910年），第一卷上，頁710-741。

，這使得胎權之法律效力，已相當於日本歐陸式民法上的抵當權（中華民國民法譯為「抵押權」），已脫離胎借的原始意義，但因實定法仍然謂「依舊慣」，故維持「胎權」之名稱。迨一九二三年起，實定法不再承認台灣人有關財產法事項之習慣法，故凡是過去發生之胎權，此後適用日本民法有關抵當權之規定（一九二二年勅令第四○七號第六條）。且由於日本民法已直接施行於台灣（一九二二年勅令第四○六號），故胎權除改稱為抵當權之外，其權利變動改從日本民法的登記對抗制度。但事實上胎權之變質為抵當權，早已發生於一九○五年。

　　一九四五年改行中華民國民法，原本有關抵當權之法律規定，除了把名稱改為「抵押權」，以及抵押權之得喪變更，回復至一九○五年的登記生效制度之外，其餘殆無變化。然而自一九二三年以後已不為國家的實定法所承認之「胎權」一詞，仍然流行於今日的台灣民間社會，許多人在提供房地擔保而為借款時，仍使用「胎權」、「一胎」、「二胎」、「三胎」等名詞，此處所謂的胎是已相當於抵押權的胎，並非清治時期民間習慣上的胎。又國治之後，關於抵押權，另有一項新的發展，即抵押權的標的物擴及「動產」。按自日治時期以來抵押權的標的物，皆循歐陸法成例，以土地、房屋等「不動產」為限。但國治時期由於曾受美國經濟援助，於財產法方面亦繼受若干美國法制，一九六三年公布的「動產擔保交易法」，即因此引進「動產抵押」制度，且其係採「登記對抗」主義（參照第五及十五條）。這說明台灣民事財產法之朝向西方資本主義法制發展，並不拘泥於歐陸法，同時也擷取部分英美法。

四、商事法之例

　　相對於財產法（特別是與土地權利有關者）之由日本政府推動歐陸法化工作，商事法方面則台灣人民相當主動的接受歐陸法的新制度。以台灣人務實、趨利的性格，只要新的西方式商法制度對其有利，就算實定法不公地對待台灣人，台灣人也自有法子突破實定法的束縛。

　　沿襲自西方法的「會社」（日語）或稱「公司」（華語）制度，百年來即在台灣蓬勃地發展。於日治前期，僅由台灣人所組成的企業體，只能依舊慣組成「合股」，但台灣商人由於在島內與已採用歐陸式會社組織的日本人企業有所往來，遂在有關合股的習慣中，逐漸吸納日本會社的各種組織模式與運作方式，因而頗異於清治時期的傳統合股組織型態。此可謂是台灣民間自主的繼受西方法。且台灣人只要與一名日本人共組企業體，依實定法之規定，即不再依舊慣而改依日本民商法，故有許多台灣人以日本人充當人頭，順利地依法組設及運作會社組織。至一九二三年以後，全由台灣人組成的企業體，亦可依法組設日本法仿自歐陸的各類會社組織，即株式會社、有限會社、合資會社、合名會社、株式合資會社。於日治末期，就屬於較大型企業、重「資合」性的株式會社而言，「台灣人的會社」較之「日本人的會社」，雖在資本總額上大為落後，但在設立的家數上，則已大致平分秋色。施行於一九四五年以後的中華民國公司法，與戰前日本有關會社的法律極為相似，因同採歐陸式公司組織型態，故株式會社等同股份有限公司、有限會社等同有限公司、合資等同兩合、合名等同無限、株式合資等同股份兩合。一九六六年公司法為重大修改時，雖仍維持既有的歐陸法體制，但已參酌英美公司法而為修改。且與公開發行股份有限公司之組織、運作有密切關係的「證券交易法」亦是仿

效美國法而制定者。台灣整個公司法制的西方法化,十分明顯。[32]

　　近代西方為促進資本主義經濟的活絡而發展出的「手形」(日語)或稱「票據」(華語)制度,亦在這百年中為台灣人所接受。在日治前期,只要交易的一方為日本人,日本商法上繼受自歐陸、可代替現地或現金交付的手形制度,即可能為台灣人所接觸與使用。[33]一九二三年以後,台灣人在任何場合皆可依法使用手形,其在台灣社會因此更為普遍。跟會社一樣,進入國治時期後只是名稱上由「手形」改為「票據」,其實質並無差異。即令到今天,老一輩曾受日本統治的台灣人,仍會以台語唸「手形」來指稱票據。這項事實說明台灣社會在日本時代即已熟知西方式的票據制度,且此項經驗相傳至今。

五、身分法之有限西方化

　　身分法是這百年來台灣民事法變遷中,比較少西方法化的部分。按台灣人親屬繼承事項,在日治五十年,實定法皆傾向於支持沿襲自傳統中國、強調尊長權及夫權的台灣固有習慣。當然實定法參酌西方法之理念,以「違反公序良俗」為由,也否定不少身分上舊慣。例如台灣總督府法院不承認舊慣上之女婢及一些買賣色彩濃厚的婚姻約定,且廣泛地承認妻之裁判離婚請求權,對於妾制度雖不加否定但承認妾有任意離異權等等。[34]於國治時期,民法中關於親屬繼承之規定,已大量繼受歐陸法制,例如設有強調兩性平等之不分男系女系子孫皆可繼承的規定。但受限於法典制定當時(一九三〇年),傳統中

---

[32]　請參閱拙著,〈台灣企業組織法之初探與省思--以合股之變遷為中心〉,本書,頁304-324。

[33]　參見高橋忠義,〈商法を本島人に適用すべし〉,《台法月報》,8卷1期(1915年1月),頁53。

[34]　參見 Tay-sheng Wang, pp. 380,382-384,386。

國法思想在中國大陸仍甚囂塵上,故猶保存許多男尊女卑的規定。一九八五年民法親屬篇已有不少強化兩性平等的修改,但晚近許多婦女團體仍要求除惡務盡,應將尚存對女性不公的規定予以刪除。是以至少在法律理念上,向來最重傳統的身分法領域,也漸有接受現代西方法的趨勢。

陸、未來展望

一、人民的法律

一百年來的台灣,各有五十年分別在日治、國治底下,進行法律制度的西方化,但是在法律文化上,則未必已接受近代西方政治民主、個人自由平等的法律基本精神。因爲不論日治或國治(至少兩蔣時代),統治者皆沉浸於傳統中國專制、權威思想當中,其貫徹西方式實定法的誠意不足。且兩個五十年之法制西方化,皆非出自台灣人民的自我選擇,而是被迫遵從。以致某些西方式法律制度,並未落實到一般人民日常生活中。換言之,已「脫中入西」的國家實定法法律觀(價值觀),與一般人民從社會生活經驗、從學校教材(例如「中國文化基本教材」一類)所習得的法律觀,經常不一致。這是台灣當前法律秩序紊亂的根本原因之一。

若源自近代西方的「國民主權」觀念應該被肯定,那麼國家實定法的忠實信徒(法學家、司法官、律師、行政官員等),憑什麼要求一般人民必須接受他們所不熟悉甚至排斥的實定法上法律觀?是所謂「公權力」嗎?是那種「制式的暴力」嗎?假如是,那麼國民主權的價值觀也同時被埋葬了。其實「讓人民做決定」的必要前置作業,是「讓人民充分知悉各種訊息」,缺少充分訊息提供所呈現的「民

意」，是「統治者製造出來的民意」。若整個學校教育、社會教育（含大眾傳播媒體的資訊提供），不去說明實定法沿襲自西方的基本價值觀是什麼？其與傳統中國法的價值觀有什麼差異？爲什麼應選擇西方的價值觀？則人民當然沒有機會透過了解而從心裡接受西方式的實定法，只可能迫於國家權威而外表上服從之。因此，人民要成爲國家實定法的主人，首先須打破統治者對教育及傳播媒體的壟斷，讓法律專業者能夠向人民充分的剖析傳統中國與現代西方法制的利弊得失，再由人民爲最終的選擇。

二、台灣的法律

　　法律的台灣本土化，應是台灣人民當前的努力方向。雖過去百年來台灣一直輸入西方的法律制度，但展望未來，台灣人民倒也不必全盤的西方化，而應本於台灣主體性立場，考量台灣的風土人情，以擷取能符合台灣人民需要的現代西方法律。更不必對已趨沒落的傳統中國法懷有莫名的溫情，中國因素本來就僅是台灣法律文化的一部分而已，其之去留，端視能否配合台灣未來的發展，何妨讓舊慣從此走入歷史。總之，在經歷百年來西方法律制度的大量移植及傳統中國法律文化的頑強抗頡之後，如今應該摒棄以往「西方化」或「中國化」的迷思，而發展屬於台灣自己的法律體系。

柒、結論

　　自一八九五年，台灣法制即開始邁向「脫中入西」。日本於領台之前已幾乎全面繼受西方歐陸法制，西方式法律因而隨日本統治者的登台，而逐漸取代原施行於台灣的傳統中國式法律。固然在日治前期，不少殖民地特別法擇取傳統中國法之內容，但整個國家法律的基

本架構，概屬日本的歐陸式法制。迨日治後期，內地法延長主義更進一步削弱原本所剩不多的傳統中國式法律，使台灣的國家法律，已大多數屬近代西方式。一九四五年後雖改從中華民國法，但其亦源自歐陸、與戰前日本歐陸式法典極為類似，倒是與傳統中國法典大相逕庭。故一百年來台灣的法制，一直朝著告別傳統中國法、迎向近代西方法的方向發展。

就司法制度而言。以司法權獨立於行政權為立制基礎的近代西方式法院制度，自一八九六年即由日本人施行於台灣，此項歐陸式法院制度，伴隨行政機關之猶擁有司法行政監督權，於戰後仍為國府沿用。惟過去在法制上，依然存有不少實質上司法與行政合一者，例如日治時的犯罪即決制、浮浪者取締、民事爭訟調解；及國治時的違警罰法、流氓取締等。百年來西式法院一直實施有別於傳統中國的審級制度，但其審級數目因時而異。在每一審，依西方式刑事訴訟程序，係由檢察官擔當原告，訴追為一般人民的被告，再由法官以超然中立的立場，判斷犯罪與否及罪責。此與傳統中國不分檢察官法官的包青天式審判程序全然不同。然近百年來台灣的檢察官，卻一直對潛在的被告擁有強制處分權，顯現出官尊民卑的法制特色。而法官能否不受外力干涉、獨立依法審判呢？大體而言，日治時法官的身份保障不夠，但依日本司法實務，審判仍相當獨立；國治時身份保障制度雖較完善，過去卻一直欠缺獨立審判的傳統。另一方面，協助人民主張法律上權利的西方式律師制度，亦自日治初期即傳入台灣，且於今發展日盛。總之，日治時司法公信力相當高，但因犯罪即決制氾濫，人民接觸西式司法的機會相對減少，而國治時則司法公信力亟待提升。

在刑事制裁方面。日本治台後即依近代西方法律體制，由國家

獨占刑罰權，不許私人恣行刑罰。且刑罰之科處已改依歐陸式刑法典，故其刑罰方式不同於傳統中國的五刑，原則上不因行為人或被害人身份而有差別待遇，並以個人而非以家族為處罰對象。

今日「民事」的觀念亦是一百年前由日本人傳入台灣。且異於傳統中國官府的放任態度，國家實定法已全面規範民事事項。雖日治前期台灣人民商事項仍依舊慣，但在後期除親屬繼承外皆改依日本歐陸式民商法。嗣後的中華民國民法，亦排斥民間習慣的適用。使得民事財產法及商事法方面，已大幅西方化，惟身分法方面，西方化程度較淺。

雖法制上已脫中入西，但日治、國治兩時期的統治者，並沒有真正施行較保障人民之西式法制的誠意，台灣人民也沒機會自主選擇所要的法制內容。盼望未來的台灣法律，是人民的、而非統治者的，是台灣式的、而非迷惘於中式或西式。

附記：原發表於一九九五年八月十七日，並經收錄於《台灣近百年史論文集》（台北：吳三連台灣史料基金會，1996 年），頁 377-397。

事 項 索 引

國立台灣大學法學叢書

〈作者簡介〉

王泰升

		一九六〇年生於台灣台南市
現　　職		國立台灣大學法律學系暨法律學研究所副教授
學 經 歷		美國華盛頓大學法學博士（ Ph.D. ）、法學碩士
		國立中興大學法學碩士
		國立台灣大學法學士
		執業律師（國內訴訟及國際商務）
主 要 著 作		台灣在日治時期的法律改革（即將出版）
		East Asian Legal Systems （合著，1997）
		Legal Reform in Taiwan under Japanese Colonial Rule （ 1895-1945 ）: The Reception of Western Law （ 1992 ）
		從所有與經營分離論公開發行公司法制（ 1989 ）

台灣法律史的建立　國立台灣大學法學叢書（一〇七）

作 者 ／ 發 行 人	王泰升
	地址：台北市徐州路二一號
	電話：（ 02 ）3519641 轉 482　傳真： 3779500
	劃撥：1335755-1　戶名：郭惠玲
叢 書 編 輯	國立台灣大學法學叢書編輯委員會
總 經 銷	三民書局　台北市復興北路三八六號　（ 02 ）500-6600
經 銷 處	台大法學院圖書部　台北市徐州路二一號（ 02 ）394-9278
	南天書局　台北市羅斯福路三段二八三巷一四弄一四號一樓 （ 02 ）3620190
印 　 刷	金華打字行　台北市懷寧街九二號五樓　（ 02 ）3821169
定 　 價	新台幣五〇〇元（精裝）
	1997 年 9 月 初版　有著作權・翻印必究

Printed in Taiwan　ISBN： 957-97232-9-X （精裝）

國家圖書館出版品預行編目資料

臺灣法律史的建立／王泰升著． --初版． --臺北
　市：王泰升發行：三民總經銷，1997 [民 86]
　　　面；　　公分，--（國立臺灣大學法學叢書；
　107 ）
　　含索引
　　ISBN 957-97232-9-X （精裝）

1. 法律 - 臺灣 - 歷史 - 論文，講詞等

580.9207　　　　　　　　　　　　　86011086